Hartwig Hausdorf

GRENZERFAHRUNGEN

Abenteuer am Rande der Realität

Hartwig Hausdorf

GRENZERFAHRUNGEN

Abenteuer am Rande der Realität

„Grenzerfahrungen“
1. Auflage Oktober 2019

Ancient Mail Verlag Werner Betz
Europaring 57, D-64521 Groß-Gerau
Tel.: 00 49 (0) 61 52/5 43 75, Fax: 00 49 (0) 61 52/94 91 82
www.ancientmail.de
Email: ancientmail@t-online.de

Verantwortlich für die Produktsicherheit:
Ancient Mail Verlag – Werner Betz
Europaring 57, 64521 Groß-Gerau
Email: ancientmail@t-online.de

Bibliografische Information der Deutschen Nationalbibliothek:
Die Deutsche Nationalbibliothek verzeichnet diese Publikation in der Deutschen Nationalbibliografie; detaillierte bibliografische Daten sind im Internet über http://dnb.dnb.de abrufbar.

Covergrafik: Hartmut Großer
Covergestaltung: Werner Betz
Druck: WIRmachenDRUCK GmbH, D-71522 Backnang

ISBN 978-3-95652-274-1

Inhalt

Anhang

Vorwort

Abenteuer am Rande unserer Realität

Seitdem Menschen auf diesem unseren Planeten leben, gibt es auch Abenteuer, die diese zu bestehen haben. Erlebnisse also, welche sich deutlich, aber nicht immer wohltuend abgrenzen von der Routine des Alltags. Sicher gab es Zeiten in der unruhigen Geschichte dieser Menschheit, als der gesamte Tagesablauf, ja das gesamte Leben, ein einziges Abenteuer darstellte. Und zwar in jener frühen Periode, als man am Morgen nicht mit Bestimmtheit zu sagen vermochte, ob man auch den Abend erleben würde. Da ging es einfach nur darum, den alltäglichen Kampf um das nackte Überleben zu bestehen.

Diese „Abenteuer", die es gegen Säbelzahntiger und andere Fressfeinde zu bestehen galt, sind es aber nicht, die Sie, verehrte Leserinnen und Leser, zwischen den Deckeln dieses Buches finden.

Im Mittelpunkt stehen vielmehr jene außergewöhnlichen Abenteuer, die uns ein gutes Stück über die Grenzen dessen hinausführen, was wir als „Wirklichkeit" wahrzunehmen gelernt haben. Natürlich auch die Menschen - bekannte und weniger bekannte –, die diese Erfahrungen gemacht haben. Und, im Vertrauen gesagt, in etlichen Fällen sicher nur allzu gerne auf ihre Erlebnisse am Rande der Realität verzichtet hätten. Bei anderen Zeitgenossen mögenn derlei Ereignisse nicht selten einen tiefen Riss in ihrem bisherigen, vertrauten Weltbild ausgelöst haben.

Ich bin mir ziemlich sicher: Bei keinem Protagonisten der nachfolgend erzählten Geschichten dürfte dessen Leben danach noch dasselbe gewesen sein. Einmal abgesehen davon, dass ein paar von ihnen ihr „Abenteuer" gar nicht überlebt haben. Zu bizarr war ihr Kontakt mit der „Anderswelt" hinter jener Grenze, die zu überschreiten wir alle eine tiefsitzende Scheu hegen. Denn es lebt sich noch immer recht bequem und sicher in diesem kleinen, beengten Koordinatensystem, das mit an Sicherheit grenzender Wahrscheinlichkeit nicht unser gesamtes Universum abbildet.

In einer so fürchterlich nüchternen Zeit wie jener, in der wir gerade leben, sind es gerade solche Abenteuer, die einen schier unwiderstehlichen Reiz auf uns ausüben. Wie kann es noch unbekannte oder längst ausgestorben gewähnte Kreaturen in einer Welt geben, die angeblich bis in ihre allerletzten Winkel erforscht ist? Wie können materielle Dinge plötzlich vor unseren Augen auftauchen, umgekehrt andere aus dieser Welt verschwinden, ohne auch nur die geringsten Spuren zu hinterlassen? Und wie kann die Zeit, über deren Ablauf wir doch scheinbar so vollkommen Bescheid wissen, regelrechte „Purzelbäume" schlagen, ebenso physikalische Gesetze, festgeschrieben in unseren Lehrbüchern, einfach ihre Gültigkeit verlieren? Und die existentiellste aller Fragen: Wie verhält es sich mit dem körperlichen Ableben? Ist mit dem Tod alles zu Ende, oder wechseln wir nur in eine andere Ebene, die mit der Welt wie wir sie kennen, eng verbunden ist? Bleiben wir „drüben" oder kommen wir zurück, gibt es tatsächlich so etwas wie eine Wiederkunft in einem neuen Körper?

So manche der nachfolgenden Abenteuergeschichten, wenn nicht gar alle, könnten Sie weit über die Grenzen dessen hinaus führen, was Sie sich überhaupt vorstellen konnten. In diesem Sinne erkannte bereits vor Jahrzehnten der berühmte Philologe Professor Werner Jäger (1888 – 1961):

„Die Wirklichkeit hört nicht an jenem Punkt auf, wo unser Wissen von ihr aufhört." Nur weil unserem Schulwissen noch die passenden „Schubläden" für ungewöhnliche Dinge fehlen, spricht das wahrlich nicht gegen deren Existenz.

Was die Diskussion rund um das Mysterium „Zeit" betrifft, steuerte das Universalgenie Albert Einstein (1879 – 1955) folgendes Bonmot bei: „Für uns überzeugten Physiker sind Vergangenheit, Gegenwart und Zukunft nur eine Illusion!" Was für den Laien sicher schwer vorstellbar sein mag, aber unser Universum „tickt" bestimmt ganz anders, als wir gemeinhin glauben.

So bunt die Themenbereiche auch sein mögen, aus welchen die insgesamt 46 Geschichten dieses Buches zusammengewürfelt sind, haben sie doch eines gemeinsam: Die Personen, von denen diese Erlebnisse am Rande der Realität stammen, haben sie allesamt wirklich erlebt und erlitten. Zwei der Abenteuer entstammen meinem eigenen Erfahrungsschatz – darunter ein wahrhaft verwirrender Vorfall, den ich im zarten Alter von nur vier oder fünf Jahren gemeinsam mit meinem damaligen Spielkameraden mitten am hellen Tag erlebte. Ich habe noch nie zuvor ein Wort darüber verloren, und ringe stattdessen seit Jahrzehnten um eine halbwegs probate Erklärung dafür. Vielleicht war dieser Vorfall sogar der eigentliche Auslöser für mein lebenslanges Interesse an den vielfältigen Rätseln und Geheimnissen unserer Existenz ...

1 Tragisch verlaufene Expedition

Die Ersten im australischen Outback

Der norwegische Forscher und Schriftsteller, Abenteurer und Ethnologe Thor Heyerdahl (1914 – 2001) machte sich vor allem mit spektakulären Expeditionen weltweit einen Namen. Zum Beispiel durch die Atlantiküberquerung mit den Papyrusbooten „Ra I“ und „Ra II“, die er nach alten ägyptischen Vorbildern bauen ließ.[1] Mit diesem Projekt experimenteller Archäologie konnte er belegen, dass die Ägypter schon lange vor Kolumbus in der Lage waren, den amerikanischen Kontinent zu erreichen.

In Sichtweite der Ugab-Terrassen, zwischen Khorixas und Outjo im Norden von Namibia gelegen, befindet sich die Farm Omburo, auf deren Gelände steinzeitliche Felsmalereien entdeckt wurden. Vier Mal bereits bewunderte ich dort eine auf vier- bis fünftausend Jahre geschätzte Zeichnung, die nach Ansicht einiger Archäologen einen Ägypter zeigen soll. Nach Südwestafrika zu gelangen, war für sie wohl eine der leichteren Übungen – vor allem, wenn man bedenkt, dass die Söhne aus dem alten Land am Nil um einiges weiter kamen. Und zwar bis Australien. Dort sind auf zwei Felswänden, ungefähr 200 Kilometer nördlich von Sydney, an die 300 altägyptische Hieroglyphen in den Stein geritzt. Sie erzählen die Geschichte eines Prinzen, den das Abenteuer seines Lebens fernab seiner Heimat verschlug, und dann in einem tragischen Schicksal gipfelte.

Naturgemäß regt sich da bei Vertretern der konservativen Archäologie heftigster Widerspruch – Fälschungsvorwürfe machen die Runde. So kamen bald Gerüchte auf, ein paar Studenten, die Anfang der 1980er Jahre mitten im Outback zwischen den Ortschaften Kariong und Woy Woy campierten, seien die Urheber der nach Meinung der Kritiker gefälschten Inschriften. Ohne aber zu bedenken, dass Bewohner der beiden genannten Orte bereits um die Wende vom 19. zum 20. Jahrhundert von den seltsamen Felsritzungen berichteten.

Was gleichfalls gegen eine Fälschung spricht, ist die Tatsache, dass etliche der auf den Felswänden eingravierten Hieroglyphen noch gar nicht in den einschlägigen Wörterbüchern verzeichnet sind. Logischerweise können sie dann aber auch nicht von jenen angeblichen Fälschern abgekupfert worden sein. Zu diesem Ergebnis kam der australische Ägyptologe Ray Johnson, der als einer von ganz wenigen Gelehrten sein Leben der Erforschung und Übersetzung der frühesten Hieroglyphen gewidmet hatte. Akribisch erstellte er eigene, mit der Hand geschriebene Wörterbücher; zudem übertrug er immer wieder uralte Texte aus den Archiven des Ägyptischen Museums Kairo ins Englische.[2,3]

Johnsons Übersetzung jener archaischen Hieroglyphen aus dem Outback enthüllte das tragische Abenteuer vorzeitlicher Entdecker, die es in ein fernes Land mit einer unbarmherzigen Natur verschlagen hatte. Am Ende steht der viel zu frühe Tod des adeligen Anführers der Expedition, eines Prinzen mit Namen Djeseb. Eine Sequenz von drei Kartuschen – das sind Umrahmungen um die Herrschernamen in alten ägyptischen Inschriften – nennt Pharao Ra-Djedef als regierenden König am oberen und unteren Nil, der Sohn des Khufu (Cheops), der seinerseits der Sohn Snofrus war.

Diese Fakten erlauben es, den zeitlichen Rahmen der Expedition ziemlich genau auf die Periode kurz nach der Regentschaft Khufus zu datieren, der von 2551 bis 2528 v. Chr. herrschte. Ihm wird auch der Bau der Großen Pyramide in Giza zugeschrieben, obwohl dies äußerst fraglich erscheint. Neuere Hinweise lassen nämlich auf ein wesentlich höheres Alter des einzigen noch existierenden antiken Weltwunders schließen. Auf diesem zeitlichen Rahmen basierend, muss jene ägyptische Expedition nach Australien vor mindestens 4500 Jahren stattgefunden haben. Und der erwähnte Prinz Djeseb wäre dann mit hoher Wahrscheinlichkeit ein Sohn von Pharao Ra-Djedef, der das Land am Nil nach Khufu regierte.

Die Hieroglyphen skizzieren die Reise Prinz Djesebs, ebenso die Umstände seines tragischen Ablebens:

„Zwei Jahre schon verfolgte er seinen Weg, müde, aber stark bis zum Ende. Immer die Götter anrufend, frohen Mutes, und die Insekten erschlagend. Er, der Diener der Götter, sprach, Gott bringt die Insekten (…) Wir wanderten über Berge, Flüsse und Wüsten, in Wind und Regen, und es war kein See in Sicht (…). Er wurde getötet, als er die Standarte des goldenen Falken in diesem fremden Land vor sich hertrug, Berge, Flüsse und Wüsten auf seinem langen Weg überquerte."

Die Inschriften auf demjenigen der beiden Felsen, der stärkere Verwitterungsspuren aufweist, erlauben einen sehr genauen Einblick in die Umstände von Prinz Djesebs Tod. Der Text fängt an mit einer Glyphe für „Schlange", gefolgt vom Symbol für die Klauen des Todes („beißen") sowie dem Zahlwort für „zwei". Das liest sich übersetzt wie folgt:

„Die Schlange biss zweimal zu. Jene getreuen Nachfolger des göttlichen Herrschers Khufu, dem mächtigen Gebieter des Unteren Ägypten, Herr der zwei Dechsel (beilartiges Werkzeug mit einem quer zum Stiel gestellten Blatt, ein Herrschaftssymbol des alten Ägypten; HH), werden nicht zurückkommen. Wir müssen jedoch vorwärts gehen und nicht zurückblicken. Alle Bäche und Flussläufe sind ausgetrocknet. Unser Schiff ist schwer beschädigt, wir haben es mit Stricken notdürftig zusammengeflickt.

Der Tod wurde durch eine Schlange gebracht. Wir gaben Eigelb aus der Medizintruhe und beteten zu Amen dem Verborgenen, denn er wurde zweimal getroffen."[2,3]

Dieser ganz besondere Umstand, dass der Prinz nicht nur einmal, sondern gleich zweimal von einer Schlange gebissen wurde, ist ein nicht zu unterschätzendes Indiz für die Glaubhaftigkeit dieser abenteuerlichen Geschichte. Im Regelfall beißen Giftschlangen nur ein einziges Mal zu, wenn sie angreifen, und spritzen durch ihre Giftzähne so viel Gift wie möglich in ihr Opfer. Das ist bei allen Arten gleich – vollkommen egal, ob es Kobras oder Klapperschlangen, Mambas oder was auch immer sind.

Mit einer einzigen Ausnahme: Die in etlichen Regionen Ost- und Südaustraliens vorkommende Braunschlange (Pseudonaja textilis) zeigt ein für Giftschlangen sehr untypisches Angriffsverhalten. Sie gilt als äußerst nervös, wird schon bei vermeintlicher Bedrohung hoch aggressiv und beißt sofort zu. Das zur Familie der Giftnattern zählende Reptil belässt es nicht bei einem Biss, sondern tut dies bis zu vier- oder fünfmal.[4] Es muss eine Braunschlange gewesen sein, der der Prinz aus Ägypten zum Opfer gefallen war. Im Buschland dieser Region nördlich Sydney ist sie weit verbreitet, und ihr Biss führt ohne schnelle Gabe eines Gegenmittels zum Tode.

Eine weitere Folge von Hieroglyphen beschreibt den Leichnam des Prinzen auf der Totenbahre:

„Er, der gestorben ist, wurde hier begraben. Möge er ewiges Leben erlangen. Niemals wieder wird er an den Wassern des heiligen Meeres stehen."

Im weiteren Verlauf des an den Felswänden verewigten Hieroglyphentextes werden die vielfältigen Vorbereitungen und Rituale des Begräbnisses beschrieben. Ganz offenbar kam es hierbei zu einer unvorhergesehenen Störung, als eine kleine Gruppe unter den Expeditionsteilnehmern aufbegehrte und ihren neuen Befehlshabern die Gefolgschaft verweigerte.

„Wir verschlossen den Seiteneingang zur Totenkammer mit den Steinen, die wir ringsum fanden. Die Kammer aber richteten wir nach den Sternen des westlichen Himmels aus."

Plötzlich bricht die Litanei der Begräbnisrituale unvermittelt ab, als ob die Arbeiten infolge massiver Schwierigkeiten zu einem jähen Stillstand gekommen wären. Eine separat stehende Schriftzeile mag den Grund hierzu andeuten:

„Ich zählte die Dolche der Fellachen, nahm sie an mich, und brachte sie an einen sicheren Ort."

Wie es aussieht, konnte die Meuterei ohne Blutvergießen beendet, das Begräbnisritual fortgesetzt und auch vollendet werden. Nach der

Aufzählung einiger Gebete sowie der bei dem einbalsamierten Leichnam hinterlassenen Beigaben schließt der dem Stein anvertraute Text mit folgenden Worten:

„Die drei Türen der Ewigkeit wurden mit dem hinteren Ende des königlichen Grabes verbunden und daraufhin versiegelt. Daneben stellten wir ein Gefäß mit den heiligen Opfergaben, wenn er von seinem Tode erwachte. So fern von seiner Heimat ist der königliche Körper und sein Besitz bestattet."[2,3]

Damit endet der außergewöhnliche Bericht über die unglaubliche Expedition, den tragischen Tod und das streng nach den damals geltenden Regeln vollzogene Begräbnis des ägyptischen Königssohnes. Diesem war offenbar schon vor mehr als 4.500 Jahren das Abenteuer beschieden, mit einer Mannschaft wagemutiger Gefährten Australien anzusteuern. Jenes unbekannte Land im Süden – „Terra australis incognita" –, welches in der Folge Jahrtausende lang in den Köpfen der Menschheit herumspuken sollte. Den Skeptikern wird diese Geschichte nicht gefallen, will sie doch so gar nicht in das Geschichtsbild passen, das wir in der Schule gelernt haben. Da ist man dann schnell dabei, alles nur als Schwindel, als „Hoax" abzutun.

Doch wer hat eine halbwegs plausible Erklärung für die Tatsache, dass der Hawkesbury River, der in dieser Gegend in den Ozean mündet, bei den dortigen Ureinwohnern seit Urzeiten „Berow-Ra" genannt wird? Das ist altägyptisch und bedeutet so viel wie „der Fluss des Sonnengottes".

Als ich vor ein paar Jahren die „Hieroglyphenfelsen" im Outback von New South Wales persönlich in Augenschein nahm, befand ich mich unversehens selbst inmitten eines unglaublichen Geschehens. Mehr davon an späterer Stelle ...

2 Eine Fotografie aus dem Jahr 1531

Die Erscheinungen des Juan Diego

Mexiko, am 9. Dezember im Jahre des Herrn 1531. An dem Tage macht sich der 57jährige Juan Diego noch vor Sonnenaufgang auf den Weg von seinem Heimatdorf Tolpetlac nach Tlatilolco. Sechs Jahre zuvor hatte sich der Azteke, dessen ursprünglicher Name Cuauhtlatohuac lautete, taufen lassen und sich fortan Juan Diego genannt. Fast täglich legt er den neun Meilen langen, sehr beschwerlichen Weg zurück, um die Frühmesse zu besuchen. Jener Dezembermorgen aber bildet den Auftakt zu einer rätselhaften Erscheinungsserie, die greifbare Spuren hinterließ, welche uns noch heute im 21. Jahrhundert sprachlos machen.

Als er an einem Hügel mit dem Namen Tepeyac vorbei wandert, hört Juan Diego ganz plötzlich von dessen Spitze eine seltsame und ihm unirdisch erscheinende Musik. Als er ungeachtet dessen seinen Weg zur Messe fortsetzen will, ruft ihn vom Tepeyac aus eine Stimme: „Juanito, Juan Dieguito!" Er blickt sich um und gewahrt „ein edles Fräulein, deren Gewand leuchtet wie die Sonne, als ob es vom Licht widerstrahle." Juan fällt auf die Knie, als ihn die Erscheinung anspricht und behauptet, sie sei „die vollkommene heilige Jungfrau Maria". Sie wäre gekommen, damit man ihr hier, auf dem Tepeyac, ein Heiligtum errichte. Und er, Juan Diego, sei auserwählt worden, dieses Anliegen dem Bischof von Mexiko vorzutragen.

Gehorsam begibt sich der Azteke auf den weiten Weg nach der Hauptstadt. Erst nach stundenlangem Warten wird er zum Bischof Juan de Zumarraga vorgelassen. Der hört sich zwar den Bericht Juan Diegos einigermaßen interessiert an, vertröstet diesen jedoch mit den Worten, „man werde sich zu gegebener Zeit mit seiner Angelegenheit beschäftigen". Die Bittstellung vor dem Gottesmann war - genau genommen – nichts als eine herbe Enttäuschung.

So kehrt er unverrichteter Dinge zum Tepeyac zurück, wo er erneut der Marienerscheinung ansichtig wird. Juan beklagt sein Scheitern und bittet die „Königin des Himmels“ inständig, doch jemand anderen, der würdiger sei, zum Bischof zu schicken. Die aber bleibt hart und besteht darauf, dass er persönlich hingehe und bittet, auf dass „durch deine Vermittlung mein Wunsch, mein Wille ausgeführt werde.“

Also spricht er tags darauf erneut beim Bischof vor, der einerseits etwas verärgert, aber auch irgendwie beeindruckt auf des Bittstellers Hartnäckigkeit reagiert. So erteilt er diesem den Auftrag, er möge die Erscheinung doch um ein sichtbares Zeichen bitten, das ihm glaubhaft machen könne, dass sie wirklich die „Königin des Himmels“, die Jungfrau Maria sei.

Voller Zweifel und beinahe mutlos begibt sich Juan Diego zu dem Hügel Tepeyac. Wie würde die Dame auf das Ansinnen des Bischofs reagieren? Offenbar erwartet diese ihn bereits, denn einmal mehr wird er der ominösen Erscheinung ansichtig. Die hört sich Diegos Bitte um besagtes Zeichen an und ist sogar bereit, ein solches zu gewähren. Am folgenden Morgen, dem 12. Dezember 1531, solle Diego wieder an diesen Ort kommen. Doch die Dinge entwickeln sich zunächst ganz anders als erwartet.

Denn an diesem 12. Dezember ist Juan Diegos Onkel Juan Bernardino ganz unvermittelt schwer erkrankt. Die Familie rechnet mit dem Schlimmsten, und so soll der Neffe schnellstmöglich einen Priester holen. Auf dem Wege dorthin schleicht er am Hügel vorbei - in der Hoffnung, nicht von der Erscheinung bemerkt zu werden. Die lässt sich jedoch nicht austricksen, und schneidet ihm förmlich den Weg ab. Als Diego ihr traurig über des Onkels plötzliche Erkrankung berichtet, erklärt sie ihm, dass sie diesen noch im selben Augenblick heilen werde. Angeblich sei besagter Juan Bernardino tatsächlich auf wundersame Weise gesundet. Wie auch immer: Nun erteilt die „edle Dame“ detaillierte Anweisungen für das Vorhaben, das von Bischof Juan de Zumarraga eingeforderte „Zeichen“ beizubringen.

Diego soll auf den Tepeyac steigen und dort, wo ihm zum ersten Mal die Jungfrau erschienen ist, verschiedene Knospen und Blüten pflücken. Und dies mitten im Winter, respektive der vegetationsarmen Jahreszeit. Gehorsam pflückt Juan Diego sie ab, und verbirgt sie in seiner Tilma, einem Obergewand aus groben Agavenfasern, einem Poncho oder einer Schürze ähnlich. Hierauf kehrt er zu der wartenden Gestalt zurück, welche die Ausbeute einer Prüfung unterzieht und wieder in die Tilma Juans zurücklegt. Der bekommt schließlich den Auftrag, die gesamte Blütenpracht zum Bischof zu tragen.

Dort muss Juan Diego ein weiteres Mal stundenlang ausharren, bevor er vorgelassen wird. Vor den Augen des Bischofs und weiterer kirchlicher Würdenträger kommt es nun zu dem, was heute als das „Wunder von Guadelupe" bezeichnet wird. Als der Zeuge der mehrmaligen Marienerscheinung die Blumen aus dessen Umhang auf dem Boden ausbreitet, erscheint auf diesem urplötzlich das Bild der Jungfrau Maria.

Endlich ist auch der bis dahin zweifelnde Bischof Juan de Zumarraga von der Echtheit der Erscheinungen überzeugt. Wie es die geheimnisvolle Gestalt befohlen hat, wird auf dem Hügel Tepeyac zunächst eine kleine Kapelle, und schließlich 1695 eine große Kathedrale errichtet. Dort wird die Tilma mit dem wundersamen Bildnis für die Allgemeinheit ausgestellt.[5,6]

Mittlerweile inmitten der 20-Millionen-Metropole Mexico City gelegen, die bekanntlich auf morastigem, schwankenden Untergrund steht, wird 1976 eine neue Basilika erbaut, welche Platz für mehr als 100.000 Menschen bietet.

Einleitend habe ich bereits festgestellt, dass das Zeugnis von Juan Diegos Abenteuer am Hügel Tepeyac heute für steigende Ratlosigkeit sorgt. Das Bild auf der Tilma ist bereits an sich ein echtes Wunder. Der Stoff besteht aus groben Fasern der Agave, einer in den wärmeren Regionen Amerikas heimischen Pflanze mit dickfleischigen Blättern. Solche Gewebe haben üblicherweise eine Lebensdauer von nicht mehr als 20 Jahren. Nachweislich stammt die Tilma aber spätestens aus dem Jahre 1531, wird also bald 500 Jahre alt sein. Sie hätte eigentlich längst zu Staub zerfallen müssen, wurde sie doch in den ersten 100 Jahren völlig ungeschützt aufbewahrt.

Aber noch ungleich phantastischer mutet das an, was heutzutage noch deutlich auf dem Stoff zu sehen ist. Die farbige Mariengestalt mit einer Höhe von 142,24 Zentimetern präsentiert erstaunlich frisch erhaltene Farben. Akribische Untersuchungen in den vergangenen Jahrzehnten führten zu Resultaten, auf die man sich keinen Reim machen kann. Da das Bildnis lange Zeit unablässig Weihrauch sowie dem Rauch zahlloser Kerzen ausgesetzt war, hätten die Farbpigmente längst zerstört sein müssen. Doch nicht nur vom Qualm und Rauch, sondern gleichfalls vom ultravioletten Licht, welches die von den Gläubigen über die Jahre gestifteten Kerzen emittierten.

Anders, als es den Anschein hat, ist die Mariengestalt auch nicht gemalt, wie der an der Universität Heidelberg lehrende Nobelpreisträger für Chemie Professor Richard Kuhn (1900 – 1967) bereits 1936 feststellte. Der Wissenschaftler fand heraus, dass sich tatsächlich keinerlei Farbe auf und in den Fasern befand; zudem waren auch keine Pinselstriche auszumachen. Noch verwirrender waren die Ergebnisse einer 1963 vorgenommenen, gründlichen Analyse durch Experten der Firma Kodak. Dabei kam zutage, dass das Bildnis auf der Tilma seinem Wesen nach den Charakter einer Fotografie besitzt![7]

Für diese wirklich phantastisch klingende Schlussfolgerung spricht auch eine Entdeckung, die bereits 1929 von dem mexikanischen Berufsfotografen Alfonso Gonzales gemacht worden war. Gonzales fiel auf, dass sich in den Augen der Marienfigur etwas widerspiegelt, das ganz offensichtlich ein menschliches Gesicht darstellt. Weitere Untersuchungen folgten, bei denen immer mehr Einzelheiten ans Licht des Tages kamen. Den Höhepunkt markieren die Analysen des Augenarztes Dr. Jorge Escalante Padilla in den 1980er Jahren. Dieser setzte Computer und Elektronenmikroskop ein und stieß auf verblüffende Details. In den Pupillen Marias machte er zweifelsfrei die Bilder von drei Personen sowie einer danebenstehenden Familie aus.

Ein älterer Mann, ganz offensichtlich Bischof Juan de Zumarraga, unterhält sich angeregt mit einem anderem Mann, einem Dolmetscher mit Namen Gonzales. Auf dem Boden kauert Juan Diego, der gerade die Tilma ausbreitet und die von ihm auf dem Tepeyac gepflückten Blumen verteilt. Ferner ist noch eine vierköpfige indianische Familie zu erkennen. Es sind dies die Mutter, welche ihr Neugeborenes auf dem Rücken trägt, sowie der Mann mit einem kleinen Jungen, dem Sohn der Familie.[8]

Mit anderen Worten: Auf der „Tilma von Guadelupe" ist fotografisch exakt jene Szene festgehalten, wie sie sich damals am 12. Dezember 1531 in der Residenz von Bischof Juan de Zumarraga in Mexikos Hauptstadt abgespielt hat. Mit allen Beteiligten und Augenzeugen des zuvor von der mysteriösen Mariengestalt angekündigten „Wunders". Detailgetreu gespiegelt in den Pupillen der „Königin des Himmels", die während der ganzen Vorgänge unsichtbar allen Personen im Raum geblieben war. Sichtbar gemacht erst durch die moderne Technik unserer Zeit – denn die Abbildungen in den Pupillen sind so winzig, dass sie in ihrer Gesamtheit erst durch Anwendung digitaler Fototechnik zu erkennen sind.

Als ich vor ein paar Jahren in der Basilika von Guadelupe, auf einem Transportband stehend, langsam an diesem geheimnisvollen Artefakt entlangfuhr, fragte ich mich, wer wohl hinter jenen Vorgängen gestanden haben mag, die dem damals 57jährigen Juan Diego das größte Abenteuer seines Lebens bescherten.

3 Durch die Lüfte

Hans Buchmanns unglaubliche Reise

Was dem Schweizer Hans Buchmann im Jahre des Herrn 1572 widerfahren war, verdanken wir den detaillierten Aufzeichnungen des Luzerner Apothekers, Dichters und Chronisten Renwart Cysat (1545 – 1614). Lapidar stellte Cysat einleitend fest:

„Anno 1572, den 15ten Tag des Novembers, wurde abermals ein Landsmann, Hans Buchmann oder auch Krißbühler genannt, von Römerschyl bei Rottenburg, mir gar wohlbekannt, unversehens verloren. Hieraus entstand viel Aufregung und Aufhebens. Auch die Obrigkeit war damit beschäftigt.“[9]

Was war geschehen? Jener Hans Buchmann aus Römerschyl - das heutige Römerswil im Kanton Luzern - hatte sich an besagtem 15. November 1572 auf den Weg gemacht, um bei einem Gläubiger endlich seine Geldschulden in Höhe von 16 Gulden zu bezahlen. Als es dunkel geworden, und der zu diesem Zeitpunkt 50 Jahre alte Buchmann noch immer nicht heimgekehrt war, begannen seine zwei erwachsenen Söhne nach ihm zu suchen. In einem nahegelegenen Wäldchen wurden sie schon bald fündig – doch alles, was sie von ihm entdeckten, war dessen Hut, der Mantel, ein paar Handschuhe sowie ein zur Sicherheit mitgenommenes Gewehr mit dazugehörigen Hüllen, die ein Stück abseits lagen.

Ein fürchterlicher Verdacht stieg in Buchmanns Söhnen auf. Sie hatten Angst, ihr Vater sei umgebracht worden. Schnell war auch ein Verdächtiger parat: Hans Buchmanns Vetter Klaus Buchmann, mit dem der spurlos Verschwundene bereits seit Jahren in einem Zwist lag. Der Mann wurde angezeigt, von der Polizei vernommen und wieder auf freien Fuß gesetzt. Ein rechtlich nicht zu beanstandendes Vorgehen. Denn es war ihm keine Tat nachzuweisen, und er galt gemeinhin als unbescholtener Bürger. Und wie sollte er auch ein Mörder sein, solange nicht einmal die Leiche des Vermissten aufgetaucht war? So hing zwar weiterhin ein vager Verdacht über ihm, doch der Obrigkeit waren schlicht und einfach die Hände gebunden, die Sache weiter zu verfolgen.

Einige Monate zogen so ins Land, und als schon niemand mehr an diese Möglichkeit glauben wollte, kehrte der längst für tot Erklärte in sein Dorf zurück:

„Schließlich kam er an Lichtmeß des folgenden Jahres (also am 2. Februar 1573; HH) heim. Ohne Haare, ohne Bart und Augenbrauen, mit verschwollenem Gesicht, zersprangtem Angesicht und Kopf so schützlich gestaltet, dass man ihn mit Ausnahme seiner Angehörigen, der Gestalt nach nicht erkennen konnte."[9]

Die Neuigkeit machte in Windeseile die Runde; es taucht ja bekanntlich nicht jeden Tag ein Totgeglaubter wieder bei seinen Angehörigen auf. Auch die Behörden erhielten Kenntnis von der überraschenden Wendung in dem mysteriösen Fall:

„Als die Obrigkeit all dies vernommen, ließ sie ihn gefangensetzen, und erstlich zwei- oder dreimal befragen, ihm vorhaltend, aus welcher Ursache er boshaftiger- und gefährlicherweise entlaufen sei, warum er bezüglich seines Vetters solch einen Mordverdacht mit Absicht verursachte, wie auch Neid und Hass, worunter jener leiden musste."[9]

Hans Buchmann, welcher krank und müde, ausgezehrt und scheinbar um Jahre gealtert, sich vor den Behörden zu verantworten hatte, erzählte nun die wohl abgefahrenste Geschichte, die den Gendarmen von Rottenburg jemals zu Gehör gekommen war. Doch zunächst lassen wir Renward Cysat, den Luzerner Schreiber, zum weiteren Verlauf des Geschehens zu Wort kommen:

„Er hatte an die 16 Gulden Münzen zu sich genommen an jenem Tage, als er verlorenging, um sie einem, dem er sie schuldete, zu bringen. Den hatte er aber nicht gefunden. Also sei er halb erschöpft nach Sempach gegangen, wo er bis gegen Abend zwar etwas gesumpt, aber nicht zuviel getrunken habe."[9]

Hans Buchmann hatte also einen langen und beschwerlichen Fußmarsch auf sich genommen, um seine Schulden zu begleichen, doch seinen Gläubiger hatte er nicht angetroffen. Deshalb musste er unverrichteter Dinge wieder umkehren, und machte unterwegs Rast in Sempach. Der Chronist Cysat hielt fest, dass Buchmann „zwar etwas gesumpt, jedoch nicht zuviel getrunken" habe. Was wohl bedeutet, dass er weder betrunken noch anderweitig seiner Sinne beraubt war, als er das Gasthaus verließ, um den Rest seines Weges heimwärts zu marschieren.

Kurz darauf nahm das Schicksal in dem Waldstück, in dem die Söhne Buchmanns später auf dessen Habseligkeiten stießen, seinen dramatischen Lauf:

„Als er dann heimgehen wollte bei angehender Nacht, und in den Wald an den Ort, wie oben gemeldet, kam, sei gächlich ein seltsames Gestöße und Saußen ertönt. Anfangs war es einem ganzen Imbd oder Bienenschwarme gleich, danach aber, als käme allerlei Saitenspiel gegen sein Haar, dasselben ihm ein Gruseln und Beängstigung verschafft, so dass er nicht wusste wo er war oder wie ihm geschehen wolle. Jedoch habe er sich ein Herz gefasst, sein Gewehr gezückt und um sich gehauen. Da habe er von Stund' an seine Vernunft, Gewehr, Mantel, Hut und Handschuhe verloren, und sei gleich damit in den Lüften hinweg in fremdes Land getragen worden, welches er nicht kannte, und auch selbst niemals dort gewesen sei. Er habe nicht gewusst, wo er gewesen sei, wohl aber habe er die Schmerzen, das geschwollene Gesicht, den geschwollenen Kopf und die Haar- und Bartlosigkeit empfunden."[9]

Und dann folgt die größte Überraschung: Hans Buchmann befindet sich in Mailand - im Norden Italiens südlich der Alpen. Er ist vollkommen verängstigt und konfus, ausgehungert und nahezu verdurstet, dem Tode näher als dem Leben. Nur langsam kommt er wieder zu sich. Er versteht kein einziges Wort Italienisch, vermag sich in der ungewohnten Umgebung kaum verständlich zu machen. Erst als er einen deutschen Gardeknecht trifft, wird ihm geholfen. Der Soldat tauscht für ihn italienisches Geld ein und Buchmann gelobt, vor seiner Heimkehr in die Schweiz eine Wallfahrt nach Rom und nach Loreto zu unternehmen. Und endlich, nach etlichen Monaten der Wanderschaft, kehrt er am 2. Februar 1573 in seine Heimat unweit dem Sempacher See zurück.

Dort wird er von den Behörden einvernommen, dort verblüfft er die bodenständigen Schweizer Gendarmen mit einer schier unglaublichen Räuberpistole, deren Einzelheiten frappierend an ähnliche Begebenheiten in moderner Zeit erinnern. Diese nennt man Entführungen – im anglo-amerikanischen Sprachgebrauch auch unter dem Begriff „Abductions" bekannt geworden – und schreibt sie mutmaßlich nicht von dieser Welt gekommenen, im Klartext: außerirdischen Intelligenzen zu.[10]

Natürlich kann man Geschichten wie dieser auch zweifelnd gegenüberstehen. Skeptiker werden einwenden, Buchmann sei Alkoholiker gewesen und habe das alles nur als abenteuerliche Ausrede erfunden. Er habe an dem fraglichen Tag, statt das geschuldete Geld zurückzugeben, die Sempacher Gastwirtschaft besucht, und sei dort regelrecht „versumpft". Auf dem Weg heim wäre ihm dann klar geworden, wie falsch er gehandelt habe, worauf er es vorzog, das Weite zu suchen.

Später allerdings hätte ihn die Reue gepackt. Buchmann habe sich erneut auf den Rückweg gemacht, wobei er überfallen wurde, was seine Verletzungen und Entstellungen hinreichend erklären würde. Ebenso könnte man den Verlust von Bart- und Haupthaar wie auch der Augenbrauen mit einer Syphilis erklären, die sich Buchmann auf dessen „Wanderschaft" zugezogen habe. Kann sein, muss es aber nicht. Die Analyse der damaligen Vorfälle lässt vielmehr völlig andere Rückschlüsse zu.

Hans Buchmann war, wie der Luzerner Chronist Renward Cysat ausdrücklich bemerkte, nicht betrunken. Und warum sollte er, als er spontan den Entschluss gefasst hatte, nach Mailand zu verschwinden, Mantel und Hut, Gewehr und Handschuhe mitten im Wald zurücklassen? Die Gewehrhüllen lagen verstreut am Boden - er musste die Waffe gezogen haben, um sich gegen irgendeinen ganz plötzlich erschienenen Angreifer zur Wehr zu setzen.

Und weshalb sollte er, endlich in Mailand angekommen, halb verdurstet und verhungert gewesen sein? Buchmann hatte an die 16 Gulden österreichischen Geldes dabei, abzüglich ein paar Kreuzer, welche ihn seine Einkehr in die Sempacher Wirtschaft gekostet haben mag. Dies war zu jener Zeit ein durchaus erkleckliches Sümmchen. Aus welchem Grund sollte er überdies nach Mailand gehen? In eine fremde Stadt, die er überhaupt nicht kannte, in ein Land, welches er nie zuvor betreten hatte. Zu Menschen, deren Sprache er überhaupt nicht verstehen konnte. Wäre es nicht weitaus sinnvoller gewesen, Hans Buchmann wäre in eine andere Richtung gezogen? Zum Beispiel in die anderen Kantone der Schweiz, oder nach Österreich, oder in das seinerzeit noch in zahlreiche Kleinstaaten aufgesplitterte Deutschland. Dort hätte man ihn verstanden, dort hätte er sich problemlos verständlich machen können.[10]

Was geschah also wirklich am Abend jenes 15. November 1572? Der Eidgenosse ist allein im Wald unterwegs, da hört er plötzlich ein „Sausen“ in der Luft, ein Geräusch ähnlich jenem, wie es von einem Bienenschwarm verursacht wird. Und es kommt immer näher. Panisch vor Angst reißt er sein Gewehr aus den Hüllen, feuert es ab, und schlägt dann damit wild um sich. Im nächsten Augenblick wird er vom Erdboden emporgehoben und verliert auch noch die Besinnung. Was weiter mit ihm geschieht - er weiß es nicht. Nur ganz undeutlich kommt es ihm vor, dass er durch die Lüfte hinweg in ein fremdes Land getragen wird. Als er wieder zu sich kommt, ist er Hunderte von Kilometern von seinem Wohnort entfernt. Sein Körper ist ausgezehrt, er leidet Hunger und Durst. Sein Gesicht ist furchtbar angeschwollen, und all seine Haare ausgefallen. Was er erlebt hat, muss für ihn die schlimmste Erfahrung seines Lebens gewesen sein. Ein Abenteuer, auf welches er sicher gern verzichtet hätte.

Abschließend finde ich es noch äußerst interessant, was der erwähnte Chronist und Stadtschreiber aus Luzern von dem Erlebnis des

Hans Buchmann hielt. Er vermutete, der so unvermittelt Verschwundene sei „von einem Nachtkobold“ entführt worden. Im Verständnis der damaligen Zeiten – man glaubte noch unerschütterlich an die Existenz von Elfen, Teufeln und Kobolden – lag er möglicherweise gar nicht so falsch. Er benutzte nur einen anderen Namen für ein ebenso altes wie mysteriöses Phänomen, welches uns heute unheimlich vertraut erscheint.

4 Die „fliegende Missionarin"

Bei den wilden Jumanos am Rio Grande

Für einen Menschen, der nachweislich noch nie seine Heimat verlassen hatte, waren die Umstände und Folgen ihres Handelns mehr als abenteuerlich. Und dass sie sich ihre Exkursionen nur eingebildet hatte, ist angesichts der von ihr bewirkten Wunder überhaupt nicht vorstellbar. Doch besser, ich berichte die gut bezeugten Vorfälle von Anfang an.

Die „Vertreter Gottes auf Erden" waren vollkommen ratlos. Aufs tiefste erschüttert und völlig außer sich würde es noch besser treffen. Spekulationen machten die Runde, dass einzig der „Leibhaftige" seine Finger im Spiel haben konnte. Mit rechten Dingen konnte das alles jedenfalls nicht mehr zugehen.

Man schrieb das Jahr 1630. Gerade erst war der spanische Franziskanerpater Alonso de Benavida von einer zehnjährigen Reise nach den neuen Kolonien in Amerika zurückgekehrt. Er war einer jener so zahlreich ausschwärmenden Missionare, die im Auftrag des „Heiligen Stuhls" zu Rom die Urbevölkerung der Neuen Welt zum Christentum zu bekehren hatten. Mit dem Kreuz und der Bibel – doch wenn das nichts half, auch mit dem Schwert und dem Feuer. Eine der Regionen, in die es Pater Alonso verschlagen hatte, befand sich am Rio Grande. Dort, wo heute die Staaten Texas und Mexiko aneinandergrenzen, war der fromme Gottesmann auf den wilden Stamm der Jumano-Indianer gestoßen.

Sein Missionierungseifer erfuhr allerdings rasch einen deutlichen Dämpfer. Denn bereits bei seinem allerersten Zusammentreffen mit den Jumanos musste er feststellen, dass er den weiten Weg vollkommen umsonst angetreten hatte. Denn diese als Jäger und Sammler ihr Dasein fristenden Eingeborenen waren ganz offenbar bereits zum christlichen Glauben bekehrt worden. Und nicht nur das. Alonso de Benavidas Verwirrung steigerte sich weiter, als ihm die

Jumanos klarmachten, dass ihnen das Christentum von einer mysteriösen „Dame in Blau“ nähergebracht worden sei. Die hätte ihre Wunden gepflegt und ihnen von Jesus Christus erzählt, ihrem Herrn und Retter, der für die Sünden der Menschheit den Tod am Kreuz erlitten hatte.

Auch den Beweis für ihre Behauptungen mussten die Jumanos dem Franziskanerpater nicht schuldig bleiben. Voller Stolz präsentierten sie ihm eine kleine Sammlung von Rosenkränzen, Kreuzen und einem Messkelch. Alle diese Kostbarkeiten waren ihnen von dieser geheimnisvollen Dame im blauen Gewand geschenkt worden. So setzte der von den an Hexerei grenzenden Vorfällen tief verunsicherte Priester noch vor seiner Rückkehr in die Heimat einige Briefe auf, die er an Papst Urban VIII. und König Philipp IV. von Spanien sandte. Er bat um Aufklärung, wer ihm da bei seinem Missionierungsauftrag zuvorgekommen war. Seinem Wissen und den Informationen des Ordens zufolge hatte noch kein Geistlicher vor ihm das Territorium der Jumanos betreten.

Szenenwechsel. Wir befinden uns jetzt im Kloster Agreda, in der Sierra del Moncayo, westlich der Stadt Zaragoza in Nordspanien gelegen. Zwischen 1620 und 1631 brachte die junge Ordensschwester Maria Coronel de Agreda die Oberen ihres Klosters fortwährend mit der Behauptung in Verlegenheit, sie würde regelmäßige „Missionsflüge“ unternehmen. Und zwar zu dem Indianerstamm der Jumanos, der mehr als 5.000 Kilometer Luftlinie westlich am Rio Grande lebt. Doch kein Mensch war bereit, ihren „abgefahrenen“ Geschichten Glauben zu schenken, hatte sie das Kloster von Agreda nachweislich nicht verlassen. Zu allem Ungemach behauptete sie auch noch, sie würde die Erde im Verlauf ihrer Missionsflüge stets in Gestalt einer Kugel wahrnehmen. Dies war zur damaligen Zeit alles andere als ungefährlich und hätte leicht zu einer Anklage vor der Inquisition führen können.

Im Jahre 1602 als Tochter streng gläubiger Eltern geboren, erlebte Maria Coronel bereits in frühester Kindheit häufig paranormale Phänomene und Visionen. Als Maria dann in die Pubertät kam, fiel sie beinahe regelmäßig in ekstatische Trance-Zustände. Mit 17 Jahren trat sie schließlich in das Franziskanerinnenkloster zu Agreda ein. Das Leben dort war karg und von strengster Disziplin geprägt. Maria unterwarf sich langen Fastenzeiten, übte häufigen Schlafverzicht, und praktizierte Selbstgeisselung. Zu den erstaunlichsten Eigenschaften, die sie in jener Zeit entwickelte, gehörte die Fähigkeit, auf unausgesprochene Gedanken ihrer Mitschwestern zu antworten. Hinzu kam noch die Begabung, spontan zu schweben, also der Levitation.[11]

Bekannt wurde Maria Coronel de Agreda jedoch durch das später zweifelsfrei nachgewiesene „Talent", zur gleichen Zeit an zwei verschiedenen Orten zu sein. Diese Fähigkeit wird mit dem Begriff Bilokation bezeichnet. Erstaunlicherweise wird dieses Phänomen überdurchschnittlich häufig von Personen mit äußerst starker religiöser Prägung berichtet. Unter diesen Fällen finden wir jenen des katholischen Moraltheologen Alfonso Maria di Liguori (1696 – 1787) und den des Francesco Forgione, besser bekannt als Pater Pio (1887 – 1968). Bei beiden wurde ihr doppeltes Erscheinen von besonders vielen Augenzeugen bestätigt.[12,13]

Und diese ungewöhnliche Fähigkeit führte Maria von Agreda über die Wasser des Atlantischen Ozeans hinweg in eine unwirtliche Wüstenregion, welche die Heimat der Jumanos und ein paar weiterer Indianerstämme ist.

Als der eingangs erwähnte Pater Alonso de Benavida von dessen verhinderter Missionsreise nach Spanien zurückkehrte, kam ihm die Kunde über die wundersamen Aktivitäten von Maria Coronel de Agreda zu Ohren. So stattete er dieser bei nächster Gelegenheit einen Besuch in ihrem Kloster ab. Im Verlauf einer intensiven Befragung zeigte die Franziskanerin tiefgehende Kenntnisse der Sprache und der Lebensweise der Jumano-Indianer und konnte sogar einzelne Krieger exakt beschreiben.

Bei seinem Besuch gelang es Marias Glaubensbruder Alonso de Benavida auch, Licht in einige Ungereimtheiten zu bringen. Woher stammten die wertvollen sakralen Gegenstände wie Kruzifix, Messkelch oder Rosenkränze, die ihm die Ureinwohner als Beweis ihrer Bekehrung vorweisen konnten? Wie Benavida herauszufinden vermochte, waren jene samt und sonders auf unerklärliche Weise aus der Sammlung des Klosters Agreda verschwunden. Als der Pater zum ersten Mal Schwester Maria gegenübertrat, da wurde ihm auch klar, warum die Jumanos ihm stets von einer geheimnisvollen „Dame in Blau" erzählt hatten. Es war die Farbe der Ordenskleidung, die im Kloster von Agreda von allen getragen wurde.

5 Goethes „Pandämonium“

Seltsame Begegnung auf dem Weg nach Leipzig

Es gibt wohl kaum einen Zeitgenossen, für den Johann Wolfgang von Goethe (1749 – 1832) kein Begriff ist. Nicht im Inland, ebenso wenig in vielen Ländern dieser Welt, in denen die Pflege der deutschen Sprache und Kultur zur Aufgabe der Goethe-Institute gehört. Strahlender Dichterfürst im Olymp der Literatur, hinterließ er seiner Nachwelt ein Lebenswerk, das seinesgleichen sucht. Was indes nur sehr wenigen bekannt sein dürfte, ist eine abenteuerliche Begegnung mit dem Unbekannten, die der junge Goethe im Alter von gerade einmal 19 Jahren erlebte.

Im sechsten Teil seines 14bändigen Werkes „Dichtung und Wahrheit“ berichtete der Autor über seine erste Reise von Frankfurt nach Leipzig, die er am 13. September 1768 begann:

„Wir waren bald zur Allerheiligen-Pfordte hinaus gefahren, und hatten bald Hanau hinter uns, da ich denn zu Gegenden gelangte, die durch ihre Neuheit mein Aufsehen erregten, wenngleich sie auch in der jetzigen Jahreszeit wenig Erfreuliches darboten. Ein anhaltender Regen hatte die Wege äußerst verdorben, die überhaupt noch nicht in den guten Stand gesetzt waren, in welchem wir sie nachmals finden; und unsere Reise war daher weder angenehm noch glücklich. Doch verdanke ich dieser feuchten Witterung den unvermuteten Anblick eines Naturphänomens; denn ich hatte nichts Ähnliches je wieder gesehen, noch auch von anderen, die es gewahrt hätten, solches vernommen.

Wir fuhren nämlich zwischen Hanau und Gelnhausen bei Nachtzeit eine Anhöhe hinauf und wollten, obgleich es schon finster war, doch lieber zu Fuße gehen, als uns der Gefahr und der Beschwerlichkeit dieser Wegstrecke aussetzen. Auf einmal sah ich auf der rechten Seite des Weges in der Tiefe, eine Art von wundersam erleuchtetem Amphitheater. Es blinkten nämlich in einem trichterförmigen Raume unzählige Lichtchen stufenweise übereinander, und leuchteten so lebhaft, dass das Auge davon geblendet wurde. Was jedoch den Blick noch mehr verwirrte, war, dass sie nicht etwa still saßen, sondern hin und wieder hüpften, sowohl von oben nach unten als auch umgekehrt und nach allen Seiten. Die meisten jedoch blieben ruhig und flimmerten fort. Nur höchst ungern ließ ich mich von diesem beeindruckenden Schauspiel abrufen, das ich genauer zu beobachten gewünscht hätte.

Auf Befragen wollte der Postillion zwar von einer solchen Erscheinung nichts wissen, sagte aber, dass sich in der Nähe ein alter Steinbruch befinde, dessen mittlere Vertiefung mit Wasser aufgefüllt sei. Ob dieses nun Pandämonium von Irrlichtern oder eine Gesellschaft von leuchtenden Gestalten gewesen, will ich nicht entscheiden."[14]

Es ist äußerst bedauerlich, dass der junge Goethe – aufgrund der baldigen Weiterfahrt seiner Kutsche – keine Gelegenheit mehr hatte, die mysteriöse Angelegenheit näher zu untersuchen. Er beschreibt seine Sichtung zwar als ein „Naturphänomen", aber welches natürlich auftretende Phänomen sollte sich ihm da unvermittelt offenbart haben? Waren es möglicherweise Leuchtkäfer? Die sind jedoch erstens viel früher im Jahr zu beobachten, und zwar von Ende Mai bis in den Juli hinein. Zweitens hätte der naturwissenschaftlich gebildete Goethe diese auch eindeutig als solche erkannt und beschrieben. Leuchtkäfer pflegen zudem nicht auf einem so eng begrenzten Raum zu verharren.

Haben wir es hier mit sogenannten „Erdlichtern" zu tun – angeblich aus dem Boden austretende Leuchterscheinungen? Der leider viel zu früh verstorbene Naturwissenschaftler Dr. Johannes Fiebag (1956 – 1999) bemerkte hierzu: „Die Existenz solcher Lichter ist jedoch sehr umstritten, und ich kenne – als Geologe – keinen fachspezifischen Beitrag in einer geologischen oder geophysikalischen Zeitschrift, welcher sich damit beschäftigt. Ich will hier nicht ausschließen, dass es solche Energieformen gibt (auch wenn ich mir den Mechanismus ihrer Entstehung nur sehr schwer vorstellen kann). Jedoch nur aufgrund der Tatsache dass sich in der Nähe ein Steinbruch befand, zu mutmaßen, Goethe habe ein 'Erdlicht' beschrieben, erscheint doch recht spekulativ."[10]

Soweit die Einschätzung des Geologen. Was der junge Goethe damals wirklich gesehen hat, wird wohl für alle Zeit ein Rätsel bleiben. Und wer weiß, was ihm widerfahren wäre, hätte er sich der geheimnisvollen Erscheinung genähert. Doch die bevorstehende Weiterfahrt seiner Postkutsche hat ihn davon zurückgehalten. Möglicherweise nicht unbedingt zu seinem Nachteil ...

6 Unheimliche Begegnung am Don

Albtraum einer ganzen Dorfgemeinschaft

Eine bäuerliche Region am Ufer des Don, einem der großen und viel besungenen Ströme Russlands, südlich von Moskau. Es war Ende des 18. Jahrhunderts, als den Bewohnern eines Dorfes an besagtem Fluss die Überraschung ihres Lebens widerfuhr. Ganz unvermittelt stießen die Bauern bei ihrer Feldarbeit auf eine große, ungefähr drei Meter durchmessende Kugel von grauer Farbe, die nahe bei einem kleinen Wäldchen lag.

In Windeseile hatte sich diese Neuigkeit herumgesprochen, und immer mehr Menschen strömten herbei, um das wunderliche Objekt zu bestaunen. Vergebens fragten sich die Leute, worum es sich wohl handeln und woher es gekommen sein mochte. Ganz bestimmt nicht von der Straße – denn in diesem Falle hätte es von seinem Lauf über den Weg oder durch die Wiesen und Felder eine deutlich sichtbare Spur hinterlassen. Wenn diese Kugel aber vom Himmel gefallen oder – wie viele der abergläubischen Bauern ganz ernsthaft in Erwägung zogen – von der Hölle und dem „Leibhaftigen" ausgespien worden wäre, dann hätte man eine Vertiefung im Gelände bemerken müssen. Das war jedoch nicht der Fall.

Die Oberfläche dieser ominösen grauen Kugel war von ungewöhnlich glatter Beschaffenheit, mit Ausnahme einiger feiner Rillen. Da und dort bildeten diese verschieden große Kreise, die wie mit dem Zirkel gezogen schienen. Einer der Versammelten machte den Vorschlag, das seltsame Ding wieder zu entfernen, und einfach in den Don zu rollen. Der große Fluss würde es schon ins Meer tragen. So wäre man die Kugel, von der man nicht wüsste, ob sie vom Himmel gefallen oder geradewegs aus der Hölle gekommen sei, auf elegante Weise wieder los. Doch so sehr sich die Leute auch mühten, es gelang ihnen nicht, dies vermaledeite Teufelsding auch nur einen Zentimeter vom Fleck zu bewegen. Als dann der Abend herandämmerte, beschlossen die Bauern, nach Hause zu gehen, und den Albtraum einfach zu vergessen. Vielleicht würde er ebenso plötzlich, wie er aufgetaucht war, über Nacht wieder in seine unbekannten Gefilde verschwinden.

Gerade wollten sich die ersten Leute auf den Weg machen, als aus dem nahen Wäldchen ein lautes Wiehern und das Geräusch von Pferdehufen zu vernehmen war. Wie um ihre Hoffnung auf eine „stille" Lösung des Problems zu vereiteln, sprengte plötzlich ein Kosakenhauptmann namens Puschkin heran. Jener war als maßloser Säufer und Raufbold bekannt, stand aber ebenfalls im Ruf, kühn und furchtlos bis zum Äußersten zu sein.

Auf irgendeine Weise hatte auch Genosse Puschkin von dem rätselhaften Objekt am Don gehört, und war gekommen, um das Problem auf „seine Weise" zu erledigen. Nachdem er sich über den Stand der Dinge informiert hatte, erging er sich in einer Schimpfkanonade wider das „feige Bauerngesindel", welches es nicht auf die Reihe gebracht habe, das Rätsel um den Eindringling zu lösen. Sodann ließ er, den Säbel gezogen, sein Pferd sich gegen die Kugel aufbäumen und hieb wie wild auf sie ein. Dabei fluchte er, was das Zeug hielt, bedachte das unbekannte Objekt mit den unflätigsten Namen und forderte Himmel und Hölle heraus. Mehrere Bauern, die noch am Ort des Geschehens geblieben waren, bekreuzigten sich wortlos und kreidebleich im Gesicht.

Wie lange Puschkin auf das Objekt einhieb, immer wieder gleich dem Romanheld Don Quixote gegen Windmühlenflügel vergebens anstürmte, vermochte keiner der entsetzten Anwesenden später zu bestimmen. Plötzlich kam Bewegung in die Kugel; eine der kreisförmigen Rillen öffnete sich, und etwas wie ein riesiges Auge starrte den kühnen Kosakenhauptmann drohend an. Nach einer kurzen Schrecksekunde - die Leute schrien und flehten Puschkin an, endlich mit seinem gottlosen Treiben aufzuhören - teilte der unerschrockene Kämpfer erneut mit höhnischem Lachen seine Hiebe aus, bis schließlich die Klinge zerbrach. Selbst das ließ ihn nicht zur Raison kommen. Unter einer Tirade von Flüchen und Verwünschungen versuchte er hartnäckig, mit den Resten seiner Waffe jenes „Auge“ zu durchbohren, welches sich jedoch als nicht verwundbarer als der Rest der Kugel erweisen sollte.

Nun aber geschah etwas schier Unvorstellbares. Die Bauern, die sich voller Furcht hinter die Bäume des angrenzenden Wäldchens geflüchtet hatten, mussten zu Tode erschrocken beobachten, wie der Kosake mitsamt seinem Pferd nach und nach an Konsistenz verlor. Puschkin selbst schien in seinem Kampfesrausch nichts von alledem zu bemerken, denn er hieb weiterhin wie von Sinnen, jedoch völlig ohne Wirkung, auf die Kugel ein. Wenige Augenblicke später waren Ross und Reiter völlig unsichtbar geworden. Für kurze Zeit konnte man noch, wie aus einem tiefem Abgrund, den Nachhall seines wütenden Brüllens und des Klirrens seines abgebrochenen Schwertes auf der Kugel hören. Dann senkte sich beklemmende Stille über das schreckliche Szenarium.

Endlich flohen auch die letzten unentwegten Zeugen des gespenstischen Schauspiels, in der festen Überzeugung, der „Leibhaftige“ habe sich nun den gottlosen Kosaken persönlich geholt. Von den Bauern aus dem Dorf wagte sich keiner an den fürchterlichen Ort zurück. Darum entging ihnen auch das Verschwinden der ominösen Kugel, die sich nicht minder geheimnisvoll, wie sie aufgetaucht war, wieder von den Ufern des Don entfernt hatte.

Puschkin war entgegen der allgemeinen Meinung nicht in der Hölle gelandet. Zwei Tage nach seinem mysteriösen Verschwinden tauchte der Abgängige mitsamt seinem Reittier wieder auf. Beide schwankten ganz heftig wie Betrunkene, was die Bauern sehr verwunderte, galt der zügellose Kosake doch weithin als ausgesprochen trinkfest. Puschkin selbst vermochte sich an nichts zu erinnern, was sich in der Zwischenzeit abgespielt und wo er die vergangenen 48 Stunden zugebracht hatte.

Als er jedoch vernahm, wie die Dorfbewohner hinter vorgehaltener Hand über die Kugel sprachen, gewann er offenbar seine Erinnerung zurück, und geriet darüber heftig in Rage. Er machte sich aufs Neue nach dem Schauplatz des Geschehens auf und nahm sich vor, das ganze Wäldchen kurzerhand in Brand zu setzen und diese höllische Kugel darin auszuglühen. Unterwegs belud er, pausenlos und übelst vor sich hinfluchend, sein Pferd mit Reisig. Als er jedoch an der besagten Stelle ankam, war die Kugel spurlos verschwunden, und nichts erinnerte mehr an sein bizarres Abenteuer mit dem unbekannten Objekt.[15]

7 Wunder gibt es immer wieder

Sechs Schiffe, Kurs Australien …

Wo hört das, was wir üblicherweise als „Zufall“ bezeichnen, auf? Und wo beginnen seltsame Kräfte und Zusammenhänge zu wirken, deren Gesetzmäßigkeiten sich uns bislang erfolgreich entziehen konnten? Ein unfassbares Geheimnis scheint hinter jenen hochkomplizierten Verkettungen verschiedener Ursachen und Wirkungen zu liegen, die im Alltag zu einer sinnvollen Konstellation von Menschen, Orten und Ereignissen führen.

Der Schweizer Psychologe Carl Gustav Jung (1875 - 1961) prägte dafür den Begriff der Synchronizität. Er verstand hierunter ein nichtkausales Ordnungsprinzip unserer Natur, derzeit noch nicht erklärbare Sinn-Zusammenhänge zwischen physikalisch unabhängigen Ereignissen. Ein weiterer wichtiger Begriff in diesem Kontext, der im Grunde dasselbe aussagt, ist jener der Koinzidenz. Bereits der große deutsche Philosoph Arthur Schopenhauer (1788 - 1860) definierte diese als „das gleichzeitige Vorkommen von Ereignissen, die nicht kausal verbunden sind.“[16]

Der auch mit dem Dichterfürsten Johann Wolfgang von Goethe befreundete Philosoph führte diesen Gedanken noch genauer aus: „Gleichzeitige Ereignisse verlaufen in parallelen Linien. Ein- und dasselbe Ereignis, obwohl ein Glied in vollständig unterschiedlichen Ketten, kommt dennoch in mehreren vor, so dass unweigerlich das Schicksal des einen Individuums auf das Schicksal eines anderen trifft. Jeder ist der Hauptdarsteller in seinem eigenen Drama, während er gleichzeitig auch in einem fremden Drama eine Rolle spielt.“[17]

Der Dritte im Bunde - und zudem der erste, der die Gesetze der Koinzidenz wissenschaftlich untersuchte, war der bekannte Wiener Biologe Dr. Paul Kammerer (1880 – 1926). Bereits im Alter von 20 Jahren begann er ein „Tagebuch der Koinzidenzen“ zu führen. Viele der darin verzeichneten Ereignisse waren ganz banal So hatte Kammerer viele Stunden auf den Parkbänken Wiens zugebracht und akribisch alle Menschen registriert, die an ihm vorübergingen. Das Ergebnis dieser Notizen war, dass er Personen mit einander gleichenden Merkmalen zu bestimmten Zeiten auffallend gehäuft erblickte. Begegnete ihm ein Mann mit einem Vollbart, musste er in aller Regel nicht allzu lange warten, bis weitere Rauschebärte auf der Bildfläche erschienen. Der Biologe nannte dieses Phänomen die „Serie" und war überzeugt, dass Koinzidenzen nur die Spitze eines Eisberges darstellen. Hinter ihnen verberge sich ein übergeordnetes kosmisches Prinzip, über das die Menschheit noch so gut wie nichts wisse.[18]

Genug der Theorie. In der folgenden Geschichte möchte ich über eine solche „Serie" berichten, die uns an den Rand dessen führt, was sogar den Verstand des leichtgläubigsten Zeitgenossen zu überfordern vermag. Das Dumme an der ganzen Sache ist allerdings, dass sie sich genau so abgespielt hat, wie es die zahlreichen direkt Betroffenen auch damals hautnah erlebt hatten.

Im Jahre 1829 geriet Schoner „Mermaid" vor der Ostküste von Australien in einen geradezu apokalyptischen Orkan. Dem Steuer nicht mehr gehorchend, lief das Schiff auf ein Riff, wo es auf der Stelle zerschellte. Todesverachtend sprangen Matrosen und Passagiere in die Fluten, und fanden sich alle glücklich bei Anbruch des nächsten Tages auf einem schmalen Strandstreifen wieder. Sie hatten nicht mehr als ihr eigenes nacktes Leben retten können. Für den Augenblick jedoch war dies ungleich mehr, als sie sich wenige Stunden zuvor noch erhoffen konnten.

Zwei Tage später entdeckte ein Matrose im Ausguck des Dreimasters „Swiftsure" die Schiffbrüchigen. Dies schien ihre Rettung. Die war indes nur von kurzer Dauer. Denn fünf Tage darauf warf eine unvermutete Strömung den Segler auf ein Riff. Niemand wurde zum Glück verletzt oder gar getötet, der Dreimaster war jedoch nur mehr ein Wrack.

Nach der zweiten Schiffshavarie waren nur wenige Stunden vergangen, da bemerkte die Besatzung des Segelschiffes „Governor Ready", was geschehen war. Der Kapitän ließ beidrehen, und alle

Menschen konnten gerettet werden. Aber auch dieses Glück war nur von kurzer Dauer, denn sechs Stunden später brach dort an Bord Feuer aus. Verzweifelt kämpften die Matrosen gegen die Flammen, doch das Feuer behielt die Oberhand, und alle mussten wieder in die Rettungsboote umsteigen.

Weit abseits der üblichen Schiffsrouten und außer Sichtweite der Küste dümpelten die Havaristen in den kleinen, zerbrechlichen Booten auf hoher See. Eng zusammengedrängt waren sie daran, alle Hoffnung auf eine Rettung zu verlieren. Die kam, schneller als erwartet, in Form des Küstenschiffes „Comet", das durch ein Unwetter von seinem Kurs abgekommen war. „Zufällig" kreuzte dieses in ihrer Nähe und konnte die Schiffbrüchigen dreier Untergänge an Bord nehmen.

Als die Geretteten an Bord der „Comet" ihre Erlebnisse zum Besten gaben, lief es allen eiskalt über den Rücken. Drei aufeinanderfolgende Schiffsunglücke beflügelten die Phantasie der ohnehin abergläubischen Seeleute. War ein „Jonas" an Bord, wollte der unermessliche Ozean diesen „Unglücksraben" um jeden Preis haben? Was würde noch alles geschehen, fragte sich eine zunehmend gereizte Mannschaft.

Fünf Tage später erhielten sie die Antwort auf diese Frage. Denn am vierten Tag nach der Rettung nahm jener Orkan, der die „Comet" von ihrem Kurs gezwungen hatte, wieder gewaltig zu. Es kam, wie es kommen musste: Der Großmast knickte einem Streichholz gleich ab und ging über Bord. Das Schiff schlug sofort leck, und Wasser drang in den Rumpf ein. Von Entsetzen gepackt, sprangen die Seeleute in das einzige vorhandene Rettungsboot, während die Aufgenommenen der drei vorangegangenen Havarien zusehen mussten, wie sie sich über Wasser hielten.

Einmal mehr gab es, wie durch ein Wunder, kein einziges Menschenleben zu beklagen. Eine endlos scheinende Nacht und den ganzen folgenden Tag trieben das Rettungsboot und eilig zusammengezimmerte Flöße in der von Haien nur so wimmelnden See. Schließlich wurden alle, ohne Ausnahme, von einem anderen Segler, der „Jupiter", aus den gefährlich aufgepeitschten Wellen gefischt.

Langsam wird es zur Routine, aber noch einmal steht uns ein Schiffbruch ins Haus. Manchmal lassen sich Wiederholungen ganz offenbar nicht vermeiden. Zwei Tage später zerbarst die „Jupiter" auf einer Klippe und teilte damit das Schicksal all ihrer Vorgängerinnen „Mermaid", „Swiftsure", „Governor Ready" und „Comet". Glücklicherweise geschah dies in Sichtweite des Dampfers „City of Leeds", der auf dem Weg von England nach Australien war. Der drehte sofort bei, um die inzwischen fast einhundert Schiffbrüchigen an Bord zu nehmen. Alle waren trotz der vorangegangenen, dramatischen Ereignisse in guter Verfassung. Darum kam der Schiffsarzt nicht in die Verlegenheit, eine ältere Dame zu vernachlässigen, die ihn schon seit mehreren Tagen intensiv in Anspruch genommen hatte. Ihr Name war Sarah Richley, und sie war in der Hoffnung nach Australien gefahren, dort ihren seit nunmehr zehn Jahren verschollenen Sohn - Peter Richley - wiederzufinden.

Während der langen Seereise war die alte Dame sehr krank geworden. So krank, dass der Schiffsarzt kaum noch Möglichkeiten sah, ihr Leben zu retten. Bereits im Delirium, verlangte sie, ihren Sohn wieder zu sehen. Der Arzt wollte ihr die restlichen Stunden etwas erleichtern, und suchte deshalb an Bord nach einem jungen Mann, der in etwa das Alter, Aussehen und Gestalt ihres verschwundenen Sohnes hatte. Mrs. Richley hatte ihn während der langen Fahrt nach Australien in allen Einzelheiten beschrieben. Zum Glück musste der Schiffsarzt nicht lang suchen, denn einer der Überlebenden der „Mermaid" - des ersten Schiffs dieser unglaublichen Serie - erklärte sich spontan bereit, die Rolle des verlorenen Sohnes zu spielen.

Der Bordarzt gab ihm kurz ein paar Instruktionen und sagte, dass der Name der alten Dame Sarah Richley sei und sie aus der englischen Grafschaft Yorkshire käme.

Weiter kam er nicht. Denn plötzlich wurde der junge Mann im Gesicht kreidebleich und konnte nur mit Mühe stammeln, dass er selbst Peter Richley, und die ältere Dame demzufolge seine Mutter sei.[19]

Man braucht kaum hinzuzufügen, dass sich Mrs. Richley rasch wieder erholte. Unbewusst hatte der Schiffsarzt genau das passende

Heilmittel gefunden. Doch dass es fünf Schiffsuntergänge in Serie brauchte, um ihren verlorenen Sohn auf den richtigen Dampfer zu bringen, darf man mit gutem Recht als Meisterleistung jener mysteriösen Kraft bezeichnen, die danach zu streben scheint, im Alltag zu sinnvollen Konstellationen von Menschen, Orten und Ereignissen zu führen. Und was die Gesetzmäßigkeiten hinter solchen Ereignissen betrifft, liegen sie vielleicht darin begründet, dass es gar keine Gesetzmäßigkeiten gibt.

8 Die Irrfahrten des Ole Oleson

Gestrandet im Indischen Ozean

Im Gegensatz zu dem vorangegangenen, wirklich mehr als haarsträubenden Abenteuer, das alle unsere Vorstellungen über den Begriff „Zufall" ordentlich durcheinandergebracht haben dürfte, erlitt der Protagonist der hier folgenden Geschichte nur einen einzigen Schiffbruch. Und der weitere Ablauf des Geschehens war von gänzlich anderer Qualität als das ebenso aufwendige wie Material verschleißende „Happy End" vor der Küste Australiens.

Als junger Seemann hatte der Däne Ole Oleson im Jahr 1862 auf der Brigg „Christine" angeheuert. Sein bisheriges Leben als „Landratte" in dem nordeuropäischen Königreich war ihm wohl etwas zu monoton geworden; außerdem erhoffte er sich, auf diese Weise etwas mehr von der großen weiten Welt kennenzulernen. Der kleine Zweimaster befuhr eine Route, die ihn von Dänemark aus durch den Atlantik nach Süden, um Afrika am Kap der Guten Hoffnung vorbei und auf dem Indischen Ozean nach Indien bringen sollte. Widrigste Wetterverhältnisse sorgten jedoch dafür, dass das Segelschiff nie sein Ziel erreichen sollte.

Das Ende der Seereise kam rasch. Von einer Stunde zur nächsten zogen östlich von Afrika, auf halbem Wege nach Indien, dunkle schwere Wolken auf. Mit einem Mal brach ein gewaltiger Sturm über die „Christine" herein. Wie von einer Riesenfaust wurde die Brigg hin- und hergeworfen, und zu schlechter Letzt gegen die Felsen einer kleinen Insel geschleudert. Sie brach vollständig auseinander, und sank in nur wenigen Minuten mit Mann und Maus.

Eine Handvoll Überlebender, unter ihnen auch der junge Oleson, klammerten sich mit letzter Kraft an die schroffen Felsen und zogen sich daran hinauf. Doch ihre anfängliche Freude, dem sicheren Tod durch Ertrinken entronnen zu sein, schlug bald um in eine grausame Erkenntnis. Sie mussten feststellen, dass das karge Eiland aus nichts als nackten Felsen bestand. Da fand sich keinerlei Vegetation, es gab weder zu essen noch zu trinken. Eins war klar: Die Schiffbrüchigen würden elendig verhungern und verdursten, wenn nicht sehr bald ein Schiff auf dieser Route entlang käme, und sie entdecken und retten würde.

Wie viele Tage sie hungernd und dürstend und bald die Hoffnung verlierend auf jenem einsamen Fels im weiten Ozean ausgeharrt hatten, vermochte Ole Oleson später nicht mehr zu sagen. Doch dann tauchte, wie aus dem Nichts, tatsächlich ein großes „Schiff" auf. Aber nicht aus dem Meer – denn es kam direkt von oben auf sie zugeflogen. Das „Schiff" stürzte förmlich aus den Wolken hernieder. Es drehte erst im allerletzten Augenblick ab und schlug nur wenige hundert Meter entfernt explodierend auf die vorgelagerten Klippen.

Als sich der erste Schreck ein wenig gelegt hatte, kletterten die Matrosen zu dem völlig zerstörten, noch immer brennenden und teilweise ins Wasser abgerutschten Wrack hinüber. Aber was sie dort zu sehen bekamen, war gelinde gesagt schauerlich. Alle Insassen des fliegenden Objekts waren getötet worden – es waren jedoch keine Menschen, wie wir sie kennen! Die leblos im und um das havarierte „Schiff" herumliegenden Wesen hatten eine Größe um die vier Meter. Ihre Haut besaß eine bronzene Farbe, und ihre Kleidung war von einer Art, wie man sie nie zuvor gesehen hatte. Einer der Männer der „Christine" war von ihrem Anblick so entsetzt, dass er durchdrehte und laut schreiend in den Ozean sprang. Seine Leiche wurde nie gefunden.

Jungmatrose Ole Oleson und die restlichen Überlebenden gingen schließlich daran, das fremdartige Wrack genauer in Augenschein zu nehmen. Dabei entdeckten sie Werkzeuge von ungewöhnlichen Ausmaßen. Menschen normaler Größe hätten sie nur schwer benutzen können. Im Wrack waren auch metallene Kästen von sonderbarem Aussehen und unbekannter Funktion, sowie eine Art Nahrung, die sie beim besten Willen nicht identifizieren konnten. Letztlich war es aber genau diese fremdartige Nahrung jener unbekannten Havaristen, welche ihr Überleben sichern sollte. Schließlich mussten sie ja allesamt kurz zuvor noch befürchten, auf der entlegenen Felseninsel an Hunger und Durst zu sterben, nie von einem vorbeifahrenden Schiff entdeckt zu werden.

Aus einer Anzahl unterschiedlicher Teile jenes Wracks bastelten die Männer von der „Christine" ein kleines Floß zusammen, mit dem sie sich zurück auf die Weiten des Ozeans wagten. Alle nahmen auch irgendwelche Erinnerungsstücke an sich, von denen sie glaubten, dass diese irgendeinen Wert besäßen. Ole Oleson streifte einer der Gestalten einen prächtigen Ring vom Finger, welcher aus einem unbekannten Metall gefertigt und mit zwei seltsamen, feurig leuchtenden Steinen besetzt war.

Mit den gemischten Gefühlen all derer, denen ein ungewisses Schicksal bevorsteht, verließen sie die unheimliche Insel. Wie lange sie dieses Mal auf dem Wasser trieben, wusste Ole Oleson gleichfalls nicht mehr zu sagen. Nach und nach verzehrten sie die in dem Wrack bei den Toten gefundenen Nahrungsmittel. Doch trotzdem starben unterwegs noch zwei Matrosen vor Entkräftung. Ihre Odyssee endete erst, als sie von einem russischen Frachter, der sich auf dem Weg nach Australien befand, entdeckt und geborgen wurden.

In der Folge wanderte Ole Oleson in die Vereinigten Staaten aus, wo er sein Abenteuer viele Jahre später der texanischen Zeitung „Houston Post" anvertraute. In der Zwischenzeit war er mit dem Ring jenes riesenhaften Fremden, den er über alle Widrigkeiten seiner Odyssee gerettet hatte, zu verschiedenen Juwelieren gegangen. Doch keiner dieser Experten war in der Lage, das unbekannte Metall oder die Steine zu identifizieren. Und die Redakteure der „Houston Post", denen Oleson die Trophäe als Beweis für seine abenteuerliche Geschichte präsentierte, zeigten sich nicht minder ratlos.[20]

Leider weiß heute niemand mehr, was aus dem Mitbringsel des Matrosen geworden ist, als dieser zu Anfang des 20. Jahrhunderts das Zeitliche segnete ...

9 Royales Phantom

Eine Sage wird Realität

Eines ist klar: Hätte ein x-beliebiges Mitglied der königlichen britischen Marine diese Beobachtung gemacht und für die Nachwelt dokumentiert, wäre dem Bericht sicher keine so große Bedeutung zugemessen worden. In diesem Falle aber betraf es ein Mitglied der „Royals", wie man heute zu sagen pflegt, und da fiel das Erlebte weit stärker ins Gewicht.

Allein sein Name lässt uns in einer längst vergangenen Seefahrer-Romantik schwelgen: „Der Fliegende Holländer". Die uralte Seemannssage ist in der christlichen Seefahrt so bekannt geworden, dass nahezu alle Geisterschiffe mit ihm in Verbindung gebracht werden. Lange Zeit nur in mündlicher Form weitergegeben, wurde sie dann im 19. Jahrhundert auch in der Kunst thematisiert. Zum Beispiel von dem Dichter Heinrich Heine (1797 – 1856), oder von dem Komponisten Richard Wagner (1813 – 1883) in dessen gleichnamigem Bühnenwerk.[21]

Obwohl das legendäre Geisterschiff ein Phänomen ist, das ursprünglich mit dem Kap der Guten Hoffnung an der Südspitze von Afrika und der Ostindien-Route in Verbindung steht, ist es angeblich von unzähligen Seeleuten beinahe auf der ganzen Welt gesichtet worden. Sein hervorstechendstes Merkmal sind die geblähten Segel, die das Phantomschiff sogar bei Flaute volle Fahrt machen lassen. Der Sage nach war der „Fliegende Holländer" ein Kauffahrteischiff aus dem 17. Jahrhundert. Dessen frevelhafter Kapitän soll sich 1680 bei widrigen Winden vermessen haben, das sturmgepeitschte Kap der Guten Hoffnung zu umsegeln. Er verfluchte Gott und schwor dabei, dass er diesen Versuch bis zum Jüngsten Tag nicht aufgeben werde. Zur Strafe wurden Kapitän und Mannschaft dazu verdammt, bis in alle Ewigkeit gegen die Stürme zu kreuzen, und sich vergebens abzumühen, das Kap zu umsegeln.[21] Soweit die Legende.

Jedenfalls soll das Handelsschiff seinen Zielhafen Batavia – bis 1950 der alte holländische Name der indonesischen Hauptstadt Djakarta – niemals erreicht haben. Bis heute ist die Anzahl der Schiffsbesatzungen, die in dem fraglichen Gebiet ein Phantomschiff gesehen haben wollen, nicht einmal mehr zu schätzen. Die Überlieferung sagt auch, dass die Begegnung mit jenem ruhelosen Wanderer der Meere Unglück bringe. Ein Mitglied der Crew eines Schiffes, dem der „Fliegende Holländer" auf offener See begegnet, sei dem Tode geweiht. Meistens stürze der glücklose Seemann aus der Takelage – die Gesamtheit der Segel eines Schiffes – auf Deck oder gleich direkt ins Meer.

Nun aber zu der höchst abenteuerlichen Begegnung eines jungen britischen Seekadetten mit dem legendären Phantom. Es geschah in den frühen Morgenstunden des 11. Juli 1881. Das dampfgetriebene Kriegsschiff H.M.S. Inconstant – als sie 1868 auf den „Pembroke Dockyards" vom Stapel lief, galt sie als das mit Abstand schnellste Kriegsschiff der Welt[22] – kreuzte in den Gewässern zwischen Melbourne und Sydney. Der besagte Offiziersanwärter war für die Bordwache eingeteilt und somit verantwortlich für den nachfolgenden Eintrag in das Logbuch. Ich möchte hier keinesfalls unerwähnt lassen, dass dieses auf sämtlichen Schiffen zu führende Tagebuch ein ernsthaft und sorgfältig zu führendes Dokument darstellt. Es wird ihm beispielsweise bei Seegerichtsverfahren höchste Beweiskraft zugesprochen. Nicht zutreffende beziehungsweise gefälschte Einträge wurden schon zu allen Zeiten strengstens geahndet. So hielt der Seekadett äußerst akribisch fest, dass mit ihm noch mindestens ein weiteres Dutzend Besatzungsmitglieder des Kriegsschiffes Zeugen dieses unheimlichen Phänomens geworden waren.

„4.00 Uhr am Morgen. Der „Fliegende Holländer" querte unseren Bug. Er strahlte ein eigenartig phosphoreszierendes Licht aus, wie ein Gespensterschiff, welches gänzlich in Glut steht, und inmitten dieses Lichtes hoben sich deutlich die Masten und Spieren und Segel einer etwa 200 Yard entfernten Brigg ab, als sie backbord (an der in Fahrtrichtung linken Schiffsseite; HH) vorauslief; dort hat sie auch der

Wachoffizier von der Brücke aus gesehen, wie auch der Leutnant auf dem Achterdeck, der auf der Stelle nach vorne zum Vorderdeck geschickt wurde. Doch als er dort ankam, waren keine Spur und keine Zeichen eines Schiffes mehr zu sehen, weder in der Nähe noch bis zum Horizont obwohl die Nacht klar war, und die See ruhig. Insgesamt dreizehn Menschen hatten dieses Schiff bemerkt. Zwei andere Schiffe des Geschwaders, die „H.M.S. Tourmaline" wie auch die „H.M.S. Cleopatra", welche steuerbord (die rechte Seite eines Schiffs; HH) vor uns segelten, fragten nach, ob wir das seltsame rote Licht auch beobachtet hätten."

Dieser ungemein detaillierte Bericht über das mysteriöse Phantomschiff sowie dessen rasche „Identifizierung" als der „Fliegende Holländer" wurden vom Kapitän des britischen Kriegsschiffs keineswegs in Zweifel gezogen. Die explizite Benennung eines glatten Dutzends weiterer Augenzeugen mag ein Grund dafür gewesen sein. Der andere aber auch, weil der betreffende Kadett zur See ein englischer Prinz war. Es war kein Geringerer als der vormalige Herzog von York, der nachmals als König George V. von 1910 bis 1936 auf dem britischen Thron regieren sollte.[23,24]

10 Im „Tal der sieben Tode"

Alptraum für Abenteurer und Glücksritter

Vorab bemerkt: Die nachfolgend geschilderten Vorstöße in eine nichts als Unheil und Verderben bringende Region auf dem indischen Subkontinent sind auf keinen Fall zur Nachahmung empfohlen. Mehr noch: Dies wäre derzeit auch nicht möglich, denn die Behörden in der Hauptstadt New Delhi halten seit etlichen Jahrzehnten ganz bewusst die geographische Lage des sinistren Fleckens Erde geheim, welches unter dem Namen „Tal der sieben Tode" bekannt geworden ist. Damit soll unter allen Umständen verhindert werden, dass wahnsinnige Zeitgenossen, angelockt von Sagen und wilden Gerüchten, noch einmal eine Expedition ohne Wiederkehr wagen, wie es gegen Ende des 19. Jahrhunderts und noch drei Mal Anfang des 20. Jahrhunderts geschah.

Der Abenteurer Graham Dickford gehörte zu jener Sorte unbelehrbarer Glücksritter, von denen es in den Jahren des britischen Empire nur so wimmelte. Vor allem in den zahlreichen Kolonien am Rande der Zivilisation – und dazu gehörte auch Indien in jenen Tagen – ließen solche Leute nichts unversucht, um ganz schnell zu Reichtum zu kommen. Dabei setzten sie ohne Bedenken ihr eigenes, aber oft genug auch das Leben anderer Menschen leichtfertig aufs Spiel.

Die britischen Behörden Indiens erfuhren 1892 von der Existenz des besagten Graham Dickford, als dieser in beklagenswerter Verfassung in ein Hospital eingeliefert wurde. Nur groteske Wortfetzen von sich gebend, berichtete der Abenteurer stammelnd von seinen grauenvollen Erlebnissen. Gemeinsam mit ein paar weiteren Burschen seines Schlages war es ihm gelungen, ein mysteriöses Tal im Herzen des Dschungels aufzustöbern und dort einzudringen. Ein paar Inder hatten ihm hinter vorgehaltener Hand erzählt, dass sich darin ein uralter Tempel mit unbeschreiblichen Schätzen befände. Doch statt des erhofften Goldes hatten die Schatzsucher nichts als eine Vielzahl der unglaublichsten Schrecken gefunden. Und, beinahe selbstredend, zum Schluß den Tod.

Bis auf Dickford waren alle seine Gefährten ums Leben gekommen. Und dem Anführer jenes verhinderten Raubzuges selbst, dem zwar fürs erste die Flucht aus der Hölle gelungen war, blieben auch nur noch wenige Tage zu leben. Unaufhörlich wurde er von starken Fieberschüben durchgebeutelt. Auf seinem über und über mit eitrigen Wunden bedeckten Kopf war kein einziges Haar mehr, und sein ganzer Körper wies grauenhafte Verbrennungen auf. Im Delirium gab er einen immer wieder von halb erstickten Schreien unterbrochenen Bericht ab. Er beschwor „große fliegende Feuer“, „Schatten in der Nacht“ und „Gespenster, deren Blicke töten“. Wilde Phantasien und Schreckensvisionen im Angesicht des nahen Todes, oder wirkliche Vorfälle, die sich in seine verwundete Seele eingebrannt hatten?

Vergeblich versuchten Ärzte und Krankenpfleger, aus ihm eine einigermaßen verständliche Version seiner Geschichte herauszubringen. Doch das Gegenteil war der Fall: Seine Schilderungen gerieten von Stunde zu Stunde verworrener. Und gerade drei Tage, nachdem man den Abenteurer gefunden hatte, verstarb der Mann. Sein Ende war grauenhaft: Dickford schrie unablässig und schlug in Panik wild um sich, so dass die indischen Krankenpfleger einfach vor Schreck davonliefen.

Graham Dickfords Geschichte im Fieber seines nahenden Todes war der erste Bericht über jenes höllische „Tal der sieben Tode“. Doch niemand schenkte seinen Worten Glauben, bis im Jahre 1906 eine von den britischen Behörden organisierte Expedition die Erzählungen des unglücklichen Schatzjägers bestätigte. Der Besuch des Tales, das in der Folge als „Hexenkessel der Natur“ bezeichnet wurde, kostete zwei Todesopfer.

Offenbar beherbergt diese todbringende Landschaft eine Reihe der giftigsten Schlangen des Subkontinents. Auch sollen Giftpflanzen dort üppig gedeihen. Über alledem schwebt das „große fliegende Feuer“, das der Leiter der britischen Expedition wie folgt beschrieb:

„Man braucht nur eine kleine Flamme anzuzünden, sofort wird der Boden von einem höllischen Brausen erschüttert, und gleich darauf springt eine enorme Stichflamme von einem Ende des Tals zum anderen."

Die beiden britischen Forscher der Expedition von 1906 fanden unter äußerst merkwürdigen Umständen den Tod. Sie waren in einen engen „Trichter" hinabgestiegen und begannen urplötzlich bizarre, verworrene Bewegungen zu vollführen. Schließlich sanken sie tot zu Boden. Ihre zu Hilfe eilenden Kameraden konnten nur noch die Leichen bergen und sich nicht lange am Ort dieses namenlosen Schreckens aufhalten. Denn sie nahmen recht schnell Betäubungs- und Erstickungssymptome bei sich wahr. Während der darauffolgenden Nacht wurden sie von fürchterlichen Albträumen gequält, und noch mehrere Tage danach litten sie an permanenter Übelkeit.

Im Jahr 1911 wagte sich eine zweite Expedition in dieses unheilschwangere Tal. Von sieben Männern – allesamt erfahrene Dschungelkenner, die schon ungezählten Gefahren getrotzt hatten – kamen gerade einmal zwei lebendig zurück. Die restlichen fünf waren in die Mitte einer freien Fläche zwischen niedrigen Hügeln getreten, und hatten ganz plötzlich angefangen, sich wie mechanisch im Kreise zu drehen. Auf die Zurufe der anderen, die außerhalb der Fläche standen, reagierten sie nicht. Dieses gespenstische Treiben hatte erst ein Ende, als sie alle fünf wie vom Blitz getroffen leblos zu Boden sanken.

Trotzdem wagte sich eine weitere Gruppe in den sinistren Hexenkessel. Eine Truppe von Jägern, bestehend aus erfahrenen und zu allem entschlossenen Männern, drang wiederum acht Jahre nach dem zuvor geschilderten Vorfall in das „Tal der sieben Tode" ein. Die Jäger machten eine grauenvolle Entdeckung: In dem Talkessel lagen 17 menschliche Skelette. Aber auch diese Expedition kam nicht ungeschoren davon. Drei der Teilnehmer stürzten sich ohne erkennbaren Anlass von einer Felswand hinunter und zerschellten am Talboden. Noch wenige Augenblicke zuvor hatten sie sich ganz normal mit den anderen unterhalten, dann stürzten sie sich urplötzlich in den Abgrund.

Seit dieser letzten Expedition im Jahr 1919 hat sich – soweit bekannt – niemand mehr in den todbringenden Kessel hineingewagt. Und die Behörden des längst unabhängigen, modernen Staates Indien haben keinerlei Interesse am erneuten Aufleben tragischer Vorfälle. Noch während der Kolonialzeit hatten Wissenschaftler angenommen, des unheimlichen Rätsels Lösung gefunden zu haben. Sie vermuteten „natürliche Gase", die aus dem Boden entweichen würden, von denen die einen leicht entzündlich wären, was das „große fliegende Feuer" erklären würde. Andere Gase würden die Nervenzentren blockieren und nach kurzer Zeit einen tödlichen Kollaps verursachen.

Könnte es sich bei einem dieser Gase um Methan handeln? Diese sehr verbreitete Kohlenwasserstoffverbindung ist Hauptbestandteil von Erdgas. Sie ist farb- und geruchlos und brennt mit einer schwachblauen Flamme. Jedoch können Gemenge von Methan und Sauerstoff oder mit der Luft aus unserer Atmosphäre beim Entzünden äußerst heftig explodieren.[21] Neuerdings versucht man auch die noch immer rätselhaften Vorgänge im berühmt-berüchtigten „Bermuda-Dreieck" mit gewaltigen Methangas-Blasen zu erklären, welche vom Grunde des Meeres an die Oberfläche steigen, und zum Beispiel für das sofortige und spurlose Verschwinden mancher Schiffe verantwortlich seien. Ob dies wirklich die oft mysteriösen Vorgänge, die so manche Besatzung von der Wasseroberfläche gerissen haben, hinreichend erklären kann, bleibt abzuwarten.

Außerdem vermuteten die besagten Wissenschaftler ein besonderes Klima, welches das üppige Wuchern von Giftpflanzen sowie das prächtige Gedeihen tödlich giftiger Schlangen in jenem Tal begünstigen würde.[25]

Dies würde erst einmal unser Streben befriedigen, für alle Mysterien möglichst einfache, „natürliche" Erklärungen zu finden. Was wäre aber, wenn uns „irgendetwas" an bestimmten Orten nicht will, dort von menschlicher Neugier, Abenteuer- und Forschungsdrang unbehelligt bleiben möchte? Wir wissen um die vielfältige Natur um uns, aber können uns nur schwerlich vorstellen, nicht über alles die vollständige Kontrolle zu besitzen. Ab und zu scheinen wir mit etwas „da draußen“ konfrontiert zu werden, welches erstaunlich aktiv und kraftvoll, und auch nicht immer in unserem Interesse agiert. Und dann werden eben aus Jägern ganz plötzlich Gejagte.

11 Reichlich ungewöhnliches Fortbewegungsmittel

Abenteuerliche Seereise „post mortem“

Wenn wir eine Reise unternehmen, so tun wir dies heute in aller Regel mit dem Flugzeug oder der Bahn, per Schiff oder auch mit dem eigenen, zwei- oder vierrädrigen Untersatz. Noch vor einhundert und mehr Jahren dominierten Pferd und Kutsche. Keines dieser Verkehrsmittel nutzte der Protagonist der nachfolgenden Geschichte. Zumindest jedoch war sein ungewöhnliches Fortbewegungsmittel „standesgemäß“ und den äußeren Umständen durchaus angemessen. Ganz nebenbei trat er auch den Beweis an, dass man die unglaublichsten Abenteuer „erleben“ kann, selbst wenn man nicht mehr unter den Diesseitigen weilt ...

Charles Francis Coghlan wurde 1841 auf Prince Edward Island nördlich von Nova Scotia im Osten Kanadas geboren. Bereits als Jugendlicher vermochte er seine außergewöhnliche schauspielerische Begabung nicht zu verbergen. So trat er zum ersten Mal im Jahr 1860 auf der Bühne eines Londoner Theaters auf. Danach ging es Schlag auf Schlag mit seiner Karriere. Die nachfolgenden Jahre brachten ihm den Durchbruch und die internationale Anerkennung als Schauspieler. Charles Coghlan war einer der besten Interpreten seiner Zeit für die Werke des englischen Dramatikers William Shakespeare (1564 – 1616). Er galt als Spitzendarsteller und gab mit seiner eigenen Theatertruppe Gastspiele in den Vereinigten Staaten.

Vom Ruhm und Erfolg wurde er nachgerade verwöhnt, konnte er doch einen Triumpf nach dem anderen feiern. Prince Edward Island blieb Zeit seines Lebens die wahre Heimat dieses Ausnahmekünstlers. Sein Impresario Sir Johnston Forbes-Robertson, berichtete in dessen Buch „Schauspieler unter drei Regierungen“, wie er Coghlan, der mehrere Jahre vor seinem Tod wieder auf der Insel lebte, noch einmal in London die Hauptrolle in einem Drama von Shakespeare vermittelte.

Es scheint jenen Leuten, denen die Bretter der Bühnen alles bedeuten, ein schier unstillbarer Drang zu einem nomadisierenden Leben in die Wiege gelegt zu sein. Darum ging Coghlan 1899 noch einmal auf eine ausgedehnte Tournee durch die Vereinigten Staaten. Dort verstarb er vollkommen überraschend am 27. November 1899 nach kurzer Krankheit in Galveston, einer texanischen Küstenstadt am Golf von Mexiko, in der er gerade gastierte. Hier wurde er in einem schlichten Holzsarg, in einer Gruft aus Granit, auf dem städtischen Friedhof beigesetzt.

Er sollte nicht lange dort bleiben. Denn nicht einmal zwölf Monate später, am 8. September 1900, fegte ein gewaltiger Hurrikan über Galveston hinweg. An die 6000 Menschen, in etwa ein Sechstel der gesamten Bevölkerung der Stadt, fielen der Naturkatastrophe zum Opfer. Die wütenden Urgewalten legten 4000 Gebäude in Trümmer, und der Sachschaden belief sich auf die damals astronomisch hohe Summe von 30 Millionen US-Dollars. Doch das war noch nicht alles.

Die vom Golf hereinbrechenden Fluten verschonten auch nicht den Friedhof der Küstenstadt. Sie zerstörten die Gruften und legten deren Inhalte frei. Kürzlich Verstorbene und längstens Beerdigte bildeten ein grausiges Durcheinander. Viele der Särge trieb der Sturm auf das offene Meer hinaus, wo sie sich in alle Richtungen zerstreuten und nie mehr gefunden wurden.

Als die schier grenzenlose Zerstörungswut des Hurrikans endlich gebrochen war, erfasste eine Welle auch den Sarg von Charles Francis Coghlan, lenkte den Totenschrein in südöstlicher Richtung. Dort folgte dieser den Strömungen der Westindischen Inseln, welche ihn dem Golfstrom zuführten. Weiter um die Spitze Floridas herum führte die „Reise“ in den Atlantischen Ozean, direkt nach Norden. Der Golfstrom fließt ziemlich schnell; täglich legt er bis zu 200 Kilometer und mehr zurück. Aller Wahrscheinlichkeit nach riss er den Sarg des Mimen bis in die Nähe von Neufundland, wo dieser in der Folge durch einen neuerlichen Sturm wieder aus der Strömung herausgeschleudert wurde.

Nachdem der Golfstrom ihn freigegeben hatte, trieb der Sarg offenbar ziellos vor der Ostküste Kanadas, wo er wie ein Ball den unbeständigen Winden und Wellen ausgesetzt war. Das musste mehrere Jahre so dahingegangen sein.

Genauer gesagt, bis zum Oktober 1908. Da fuhren mehrere Fischer von der Prinz-Edward-Insel hinaus, um ihre Netze im St.Lorenz-Golf auszulegen. Dabei fiel ihnen eine große Kiste auf, die auf dem Wasser herumdümpelte und langsam in Richtung auf die Küste zutrieb. Weil diese Kiste über und über mit Entenmuscheln und anderem Schalengetier überkrustet war, musste sie wohl für lange Zeit im Wasser gelegen haben.

Welche Reichtümer mochten sich wohl in der ominösen Kiste befinden? Dies war sicher der erste Gedanke der Männer. Deshalb machten sich die Fischer sofort an die Arbeit und kratzten die dicke Muschelschicht ab, um die vermeintliche Schatzkiste in Besitz zu nehmen. Wie groß jedoch war die Überraschung, als sich das Behältnis als Sarg entpuppte, der statt Gold die sterblichen Überreste eines Mannes in mittleren Jahren barg.

Aber noch ungleich größer war die Verwunderung, als sie eine silberne Plakette am Deckel der Totenlade entdeckten. Diese wies den Verstorbenen als Charles Francis Coghlan aus. Dessen Name war auf der ganzen Insel wohlbekannt.[19]

Nur wenige Meilen entfernt befand sich jenes Dorf, wo Charles Coghlan geboren und aufgewachsen war. Ganz in dessen Nähe stand auch sein Haus, in dem er sich regelmäßig von seinen ausgedehnten Reisen und Tourneen auszuruhen pflegte. Die Bewohner der Insel sahen die abenteuerliche Heimkehr ihres berühmtesten Mitbürgers als ausgesprochenen Wink des Schicksals an. Mit dem ganzen Programm an Ehrungen und Feierlichkeiten wurde der Mime auf dem Gottesacker jener Kirche, in der er auch getauft worden war, zu seiner letzten Ruhe gebettet. Seine abenteuerliche Seereise „post mortem“ hatte ihn wieder zu seinen Anfängen zurückgeführt. Der Kreis hatte sich geschlossen.

12 Abenteuer in Versailles

Ausflug in die Vergangenheit?

Es ist sicher nicht von Nachteil, an dieser Stelle ein paar Sätze über die Örtlichkeit zu verlieren, an der zwei englische Lehrerinnen ein ziemlich verstörendes Abenteuer miteinander teilten, das sie weit über die Grenzen ihres Vorstellungsvermögens geführt haben dürfte.

Das Schloss von Versailles, einstmals der glanzvolle Mittelpunkt des französischen Hofes und auch Sitz der Regierung, war ursprünglich ein bescheidenes Jagdhaus, in dem sich König Ludwig XIII. (1601-1643) von den Widrigkeiten bei Hofe zu erholen pflegte. Dessen Sohn und Nachfolger, der „Sonnenkönig" Ludwig XIV. (1638 – 1715), beschloss in einer Anwandlung beispielloser Prunksucht, Versailles zu einem gewaltigen Denkmal für seine Person zu machen. Nach dem Tod dieses verschwenderischen Monarchen errichtete dessen Urenkel Ludwig XV. (1710 – 1774)noch einige Erweiterungsbauten wie Petit Trianon. Dies ist ein kleines Lustschlösschen, in das sich die spätere Königin Marie Antoinette (1755 – 1793) in den Jahren vor der Französischen Revolution von 1789 besonders gerne zurückzog.[26]

Szenenwechsel. Man schrieb den 10. August 1901. Die zwei Engländerinnen Miss Anne Moberly, Rektorin des renommierten St. Hugh College in Oxford und deren Kollegin Miss Eleanor Jourdain hatten gerade das Schloss von Versailles in aller Ausführlichkeit besichtigt. Daraufhin verließen sie den Prunkbau, und wandten sich den herrlichen, weitläufigen Parkanlagen zu. Ihr nächstes Ziel war das bereits erwähnte Petit Trianon. Der Weg führte sie erst zu einem verlassenen Gehöft, vor dem ein veralteter Pflug stand.

Plötzlich kamen ihnen zwei Männer in langen grünen Mänteln entgegen, die auf ihren Köpfen längst aus der Mode gekommene Kopfbedeckungen trugen. Und zwar „Dreispitze" – dies sind Hüte mit hochgebogener, an drei Stellen befestigter Krempe, wie sie in den achtziger Jahren des 17. Jahrhunderts eingeführt wurden.[21] Als Miss

Jourdain die Männer nach dem Weg fragte, deuteten die statt einer Antwort nur wortlos geradeaus.

Nach einer kurzen Wegstrecke stießen die Lehrerinnen an ein allein stehendes Häuschen, auf dessen Treppe eine Frau mit einem Wasserkrug stand. Die Frau beugte sich zu einem etwa dreizehnjährigen Mädchen hinab, das seine Hände nach dem Krug ausstreckte. Sowohl die Frau als auch das Mädchen wirkten in ihren Bewegungen äußerst sonderbar, beinahe wie erstarrt.

Nun beschlich die beiden Engländerinnen ein unbehagliches Gefühl. Sie spürten, dass irgendetwas nicht mit rechten Dingen zugehen konnte. Höchst verunsichert setzten sie ihren Weg fort, bis sie auf einen Pavillon innerhalb eines Geheges stießen. An diesem Ort, der die Frauen in eine regelrecht depressive Stimmung versetzte, trafen sie auf einen von Pockennarben gezeichneten Mann von mittlerem Alter, der mit einem Mantel bekleidet war und eine Art Sombrero trug. Ein weiterer, jüngerer Mann in einem langen, dunklen Mantel und mit altertümlichen Schnallenschuhen kam auf sie zugelaufen. In unfreundlichem Ton forderte er die zu dem Zeitpunkt bereits verunsicherten Engländerinnen auf, sofort diesen Ort zu verlassen.

Anne Moberly und Eleanor Jourdain folgten der Anweisung und gelangten daraufhin an eine schmale Brücke, die über eine kleine Schlucht mit einem Wasserfall führte. Auf der anderen Seite schlängelte sich der Pfad an einer von Bäumen gesäumten Wiese entlang. Schließlich kamen sie zu einem beschaulichen Landhaus mit einer Terrasse an der nördlichen und der westlichen Seite.

Dort sah Miss Moberly eine weibliche Gestalt im Gras sitzen, welche ihren Rücken dem Landhaus zugewandt hatte. Die Frau schien zu malen oder zu zeichnen. Sie trug dabei ein sommerliches, tief ausgeschnittenes Kleid und musterte die Engländerinnen recht intensiv, als diese vorübergingen. Als sie dann die Terrasse betraten, bekam Miss Moberly das Gefühl, als wandele sie im Traum. Erneut fiel ihr Blick auf die fremde Dame im Gras, die nur sie und nicht Miss Jourdain wahrgenommen hatte. Von der Terrasse aus erblickten sie ein zweites Haus; aus diesem trat ein junger Mann heraus und erbot sich, ihnen den Weg zu zeigen.

Im nächsten Moment schloss sich mit lautem Knall eine Tür, und von einem Augenblick zum nächsten befanden sich beide Lehrerinnen in einer Menschenmenge, die wieder nach der um das Jahr 1900 herrschenden Mode gekleidet war. Mit einem Schlag war ihr verwirrendes Abenteuer vorbei.

Zurückgekehrt nach England, zerbrachen sich die beiden Lehrerinnen schier die Köpfe über ihre teilweise recht unterschiedlichen Wahrnehmungen. Es war einzig Miss Moberly, welche die malende oder zeichnende Dame auf der Wiese vor dem Haus erkannt hatte, während Miss Jourdain den veralteten Pflug vor dem verlassenen Hof stehen sah. Immer deutlicher wurde es beiden Frauen bewusst, dass irgendetwas mit ihren Reiseerlebnissen nicht stimmte, ja, überhaupt nicht stimmen konnte.

Miss Jourdain besuchte bereits im darauffolgenden Jahr noch einmal das Petit Trianon, und 1904 fuhren beide gemeinsam ein weiteres Mal nach Versailles. Bei diesem Besuch fiel ihnen auf, dass das alleinstehende kleine Haus, vor dem Eleanor Jourdain die Frau mit dem Krug und das junge Mädchen gesehen hatte, nun vollkommen anders aussah. Auch dort, wo den Zeuginnen die zwei Männer mit dem altertümlichen Dreispitz auf dem Haupt begegnet waren, schien plötzlich alles verändert. Jener Pfad, den ihnen der Fremde mit den Schnallenschuhen gewiesen hatte, existierte überhaupt nicht mehr. Alles war anders. Es gab keine Holzbrücke und auch die kleine Schlucht nicht mehr. Und wo die Dame im Sommerkleid – Miss Moberly hatte diese als „zwar recht hübsch, aber nicht sonderlich sympathisch" charakterisiert - mit ihren Malutensilien auf der grünen Wiese gesessen hatte, war nur noch üppiges Gebüsch zu finden.

Das „Abenteuer Versailles" ließ die beiden Damen nicht mehr los. In den nachfolgenden Jahren versuchten sie darum auch, so viele Informationen wie möglich zu bekommen, um Licht ins Dunkel ihrer Erlebnisse vom 10. August 1901 zu bringen. Dabei ergaben sich eine Reihe recht merkwürdiger Details, die tatsächlich für eine Realität hinter den Ereignissen sprechen. Es hat fast den Anschein, als wären die Damen Moberly und Jourdain in eine Art Momentaufnahme vom Vorabend der blutigen Französischen Revolution des Jahres 1789 hineingeraten.

* Der von Miss Jourdain gesehene, altertümliche Pflug gehörte vor der Revolution zum Inventar des Petit Trianon.

* Die beiden Männer in den grünen Mänteln und den zeitgenössischen Dreispitzen auf dem Kopfe konnten als die Brüder Bersy identifiziert werden. Sie waren am 5. Oktober 1789 auf Wachdienst, als sich die Königin Marie Antoinette im Petit Trianon aufhielt.

* Ebenso ließ sich das etwa dreizehnjährige Mädchen als Marion identifizieren, die Tochter des Gärtners.

* Der von Pockennarben gezeichnete Mann mittleren Alters wurde als Graf Vaudreuil erkannt, der in den letzten Monaten von Marie Antoinettes Regentschaft eine wichtige Rolle spielte.

* Bei dem nervösen Mann in Schnallenschuhen, welcher die Engländerinnen in barschem Befehlston anwies, sofort den Ort zu verlassen, handelte es sich aller Wahrscheinlichkeit um einen Pagen, welcher vom Haushofmeister des Schlosses zum Petit Trianon abkommandiert worden war. Seine Aufgabe war es, Marie Antoinette unverzüglich zur Flucht zu veranlassen, um dem von Paris anrückenden Pöbel nicht in die Hände zu fallen.

* Und die Dame im tief ausgeschnittenen Sommerkleid, welche so interessiert auf die Engländerinnen geblickt hatte? Miss Moberly erkannte später auf einer zeitgenössischen Abbildung, dass dies einzig Marie Antoinette, die Gattin von Ludwig XVI. gewesen sein konnte.[27]

Was soll man von dieser ziemlich abenteuerlichen Geschichte halten, die den Lehrerinnen des St. Hugh College von Oxford an jenem 10. August 1901 widerfahren sein soll? Waren sie einfach nur Opfer einer Halluzination geworden? Oder haben sie ihre sonderbaren Erlebnisse letztlich nur fabuliert? Kritiker versuchten beide Frauen als verschrobene alte Jungfern zu diskreditieren, deren Gedanken um das gewaltsame Ende der französischen Monarchie mit ihnen davongaloppierten. Zumal sie an einem geschichtsträchtigen Ort wie Versailles weilten. Doch angesichts der historisch erwiesenen Fakten und den identifizierten Personen erscheint mir diese Lesart wenig wahrscheinlich. Miss Moberly und deren Kollegin waren sich durchaus im Klaren, dass ihr Erlebnis ganz beträchtlich aus dem Rahmen „normaler“ Ereignisse fiel. Dies war auch einer der Gründe, warum sie nichts unversucht ließen, sämtliche Einzelheiten immer wieder akribisch zu überprüfen.

Allen Versuchen zum Trotz, diese Geschichte als bloße Fiktion darzustellen, wie es einige Kritiker immer wieder hartnäckig versuchten: Die beiden Engländerinnen galten als absolut integer, und waren durch ihr berufliches Umfeld eigentlich dagegen immun, sich in wilden Schwärmereien und Phantastereien zu verlieren. Mehr noch: In ihrer Zeit hätte es – ganz besonders für Frauen in exponierten Positionen – beruflichen und gesellschaftlichen Selbstmord bedeutet, hätten sie sich auf das Risiko eingelassen, ihre Umgebung mit einer unglaubwürdigen oder frei erfundenen Geschichte zu „unterhalten“.

Wurden die Zeuginnen womöglich mit einem Geschehnis aus dem Randbereich unserer Realität konfrontiert? Unternahmen sie unfreiwillig einen „Ausflug“ in die Vergangenheit – der sie 112 Jahre zurückführte, in die Zeit der Französischen Revolution? Verschiedenen Zeugenaussagen zufolge glaubten noch weitere Menschen in jenen Tagen des August 1901, Marie Antoinette gesehen zu haben, wie sie im Garten des Petit Trianon saß.

Kam es tatsächlich zu einer „Momentaufnahme“ aus einer sehr unruhigen Zeit? Der 10. August schien dafür geradezu prädestiniert: An diesem schicksalshaften Tag im Jahre 1792 wurden die Tuilerien von einem wütenden Mob zerstört. Die königliche Familie floh nach Paris, und das Herrscherpaar wurde gefangengenommen.

Wie es mit ihnen weiterging, das kann man heute in den Geschichtsbüchern nachlesen.

13 Auf keinen Fall ansprechen!

Begegnung mit einem Wunderläufer

So viel dürfte feststehen: Weltrekord-Sprinter und Olympia-Sieger wie Armin Hary, Emil Zatopek und Usain Bolt hätten noch nicht einmal den Hauch einer Chance gegen eine Auswahl tibetischer „Schwebeläufer". Diese als Lung-gom-pa bezeichneten Menschen beherrschen eine geheimnisvolle meditative Technik, Lung-gom genannt. Diese verleiht ihnen vollständige Macht über Körper und Geist sowie die für uns unfassbare Fähigkeit, ganz bewusst und gezielt auf die Schwerkraft einzuwirken. Das lässt sie wie in unserem Märchen von den „Siebenmeilenstiefeln" lange, beschwerliche Wegstrecken mit rasanter Schnelligkeit und praktisch mühelos bewältigen.[28] Im unwegsamen Hochland von Tibet sind solche „Flügel" von unschätzbarem Vorteil.

Die Existenz einer derartigen Technik ist außerdem ein perfektes Beispiel dafür, auf welch wackeligen Beinen unsere Vorstellungen der „Realität" doch stehen!

Bis jemand diesen „Schwebelauf" wirklich beherrscht, bedarf es eines langen und mühevollen Trainings. Körperliche Übungen, Meditations- und Atemtechniken spielen dabei die wesentlichste Rolle. Ausgebildet werden die Lung-gom-Schüler schon von jeher im Kloster von Shalu, in der südtibetischen Provinz Tsang. Der deutsche Forscher und Mystiker Lama A. Govinda – mit bürgerlichem Namen Ernst Lothar Hoffmann – hatte dort die Unterweisung der Zöglinge sorgfältig studiert und ausführlich beschrieben.

Bis zu einem gewissen Grad will Hoffmann/Govinda die Fähigkeit des Lung-gom sogar selbst beherrscht haben.[28] Über seine persönlichen Erfahrungen auf diesem Gebiet berichtete er detailliert in einem seiner Bücher:

„Alles, was ich im Lung-gom-Trainingszentrum (...) sah und hörte, bestätigte meine Überzeugung dass das Ziel des Lung-gom weit über die Erlangung magischer Kräfte wie etwa Trancewandeln und Levitation hinausgeht, und dass dieses Training bestimmt nicht ein Tummelplatz persönlicher Ambitionen oder der Selbstverherrlichung ist; denn das erste, was von einem zukünftigen Lung-gom-pa verlangt wird, ist völlige Anonymität. Wenn er die Meditationsklause (...) betritt, dann ist er für die Welt gestorben, seine Familienzugehörigkeit und selbst den Ort seiner Herkunft darf niemand erfahren. Er hat seine Vergangenheit aufgegeben, und wenn er nach vielen Jahren wieder aus seiner Klause tritt, ist nichts von seiner früheren Persönlichkeit übrig geblieben, und niemand weiß, wer er war."[29]

Der bekannte österreichische Alpinist und Asienreisende Heinrich Harrer (1912 – 2005), der sieben Jahre am Hof des Dalai Lama in Tibet verbrachte, zeigte manchmal bei seinen Lichtbildervorträgen Bilder solch eines „Schwebeläufers". Harrer regte sogar an, besagte Lung-gom-pa zur Teilnahme an internationalen Sportwettkämpfen zuzulassen:

„Diese außergewöhnlichen Männer, die in Trance riesige Strecken zurücklegen können, und ohne Nahrung in Höhen zwischen 4000 und 6.000 Metern diese für uns unfassbare religiös-mystische Übung ausführen."[30]

Was bei unseren „normalen" Hochleistungssportlern wohl kaum auf allzu große Gegenliebe gestoßen wäre. Und über alledem würde noch unvermeidlich der Verdacht auf Doping stehen.

Bei dem tibetischen „Schwebelauf" Lung-gom handelt es sich um eine bereits seit Urzeiten angewandte Fortbewegungsart, deren Ursprünge vollkommen im Unbekannten liegen. Vor inzwischen über 100 Jahren war die bekannte französische Tibetforscherin Alexandra David-Néel (1868 – 1969) die erste aus westlichen Gefielden stammende Augenzeugin, der es mehr als einmal vergönnt war, jenen Wunderläufern in Aktion zu begegnen. Sie hatte eine buddhistische Ordination, und deshalb konnte sie es sich erlauben, in dem ansonsten für westliche Besucher streng gesperrten Land auf dem „Dach der Welt" umherzureisen. In ihrem Buch „With Mystics and Magicians in

Tibet“[31] beschreibt sie denn auch mehrere dieser wahrhaft „unheimlichen Begegnungen am Rande der Realität“. Deren erste war die spektakulärste von allen.

Eines Tages durchstreifte sie mit ihren Begleitern eine unbewohnte Wüstenregion im Norden Tibets. Seit mehr als zehn Tagen schon war ihnen kein anderes menschliches Wesen mehr begegnet. Es war später Nachmittag, als die kleine Karawane in gemächlichem Tempo über die weite Hochebene zog. Da bemerkte Alexandra David-Néel so etwas wie einen winzigen schwarzen Punkt in noch ziemlich weiter Entfernung. Sie nahm ihr Fernglas und erkannte in dem Punkt einen Menschen, der alleine und zu Fuß unterwegs war. Das war für sich schon höchst seltsam, denn normalerweise wagte sich kein einzelner Mensch ohne Reittier in jene endlose Einöde. Zu groß waren die Gefahren, die dort auf den einsamen Wanderer lauerten. So glaubte denn auch einer ihrer Begleiter, es könne sich um einen Reisenden handeln, der zu einer durch Räuber zersprengten Karawane gehörte. In diesem Fall hätte er ein unsagbares Glück gehabt, auf die Forscherin und deren Gefolge gestoßen zu sein.

Aber je länger sie den einsamen Reisenden durch ihren Feldstecher beobachtete, desto mehr fiel ihr dessen außergewöhnliche Gangart auf. Und die geradezu überirdische Geschwindigkeit, mit der er sich auf seinem Weg vorwärts bewegte. Mit unbewehrtem Auge bemerkten jetzt auch ihre tibetischen Begleiter, dass der Mann seltsam schnell von der Stelle kam.

Da stimmte ganz eindeutig irgendetwas nicht! Wortlos reichte die Forscherin ihr Fernglas weiter. Und nachdem sich einer ihrer Reisebegleiter den ungewöhnlichen Wanderer eine Zeitlang betrachtet hatte, teilte er ihr seine Einschätzung mit: „Wahrscheinlich ist das ein Lung-gom-pa.“

Madame David-Néel wurde hellhörig. Wiederholt hatte sie schon über diese geheimnisumwitterten Tranceläufer die unglaublichsten Geschichten vernommen – und nun sollte sie unvermittelt die glückliche Gelegenheit bekommen, einen von ihnen persönlich zu Gesicht zu bekommen, kennenzulernen und womöglich sogar zu fotografieren? Doch als sie diese Absicht ihren Begleitern gegenüber äußerte, warnte sie einer der Tibeter:

„Ehrwürdige Dame – Sie werden doch den Lama weder anhalten, noch ansprechen? Das wäre nämlich sein sicherer Tod! Die Lung-gom-pa dürfen, wenn sie reisen, keinen Augenblick ihre Betrachtung unterbrechen. Der Gott, den sie in ihrem Inneren tragen, entweicht, sobald sie mit der Wiederholung ihrer Zauberformeln aussetzen. Und wenn er sie zur unrechten Zeit verlässt, schüttelt er sie so heftig, dass sie davon sterben."

Mit anderen Worten: Es ist strengstens verboten, einen dieser „Schwebeläufer" in Aktion anzusprechen, würde es doch für ihn den plötzlichen Tod nach sich ziehen. Für Madame David-Néel war dies natürlich ein schwerwiegendes Argument. Daher nahm sie von ihrem Vorhaben Abstand und zog es vor, das ungewöhnliche Szenario weiterhin nur zu beobachten.

Doch auch so wurde das Zusammentreffen mit einer Legende zu einem unvergesslichen Abenteuer. In der Zwischenzeit war jener ungewöhnliche Reisende nahe genug an sie und ihre Begleiter herangekommen. Deutlich vermochte Alexandra David-Néel das völlig bewegungslose Antlitz des Mannes zu erkennen, und dessen weit geöffnete Augen, welche auf irgendeinen imaginären Punkt hoch über ihm im Luftraum fixiert schienen. Der Läufer war fraglos in Trance, und genaugenommen lief er auch nicht. Bei jedem seiner Schritte hob er von der Erde ab und flog förmlich, elastisch wie ein Gummiball, sprungweise in die Höhe. Dabei hatten seine seltsamen Schritte die Regelmäßigkeit eines Pendels.

Der Lung-gom-pa trug das dort übliche Klostergewand. Und in seiner rechten Hand hielt er einen Ritualdolch – in Tibet Phurba, in Indien Kila genannt –, den er vollkommen synchron zu seinen Schwebeschritten, beinahe wie einen Spazierstock hin und her bewegte. Die tibetischen Weggefährten stiegen von ihren Pferden herunter und warfen sich ehrfurchtsvoll vor dem Läufer auf den Boden. Dieser jedoch schien sie überhaupt nicht zu bemerken.

Madame David-Néel hatte sich an das Gebot gehalten, den unglaublich schnellen Läufer weder anzusprechen noch sich ihm in den Weg zu stellen. Doch die Neugier hatte sie gepackt. Und so befahl sie ihren Leuten, wieder aufzusitzen und dem Mann, der binnen kürzester Zeit schon wieder eine ordentliche Wegstrecke zurückgelegt hatte, nachzureiten. Immer einen sicheren Abstand zu dem Lung-gom-pa einhaltend, beobachteten sie ihn unablässig mit dem Fernglas. Den Versuch, ihn einzuholen, unternahmen sie nicht. Obwohl sie zu Pferde unterwegs waren, wäre dies ohnehin sinnlos gewesen. Nach drei Kilometern wechselte der Läufer urplötzlich seine Richtung, und verschwand schließlich aus ihrem Blickfeld im Seitental einer Gebirgskette.

Vier Tage lang war die Gruppe unterwegs, bis sie auf einige Hirten traf, die den Lung-gom-pa ebenfalls gesehen hatten. Und zwar genau am Vorabend jenes Tages, an dem Alexandra David-Néel und ihre Begleiter ihn beobachten konnten. Das führt zu der folgenden Schlussfolgerung: Um an jenen Ort zu gelangen, wo er ihnen am späten Nachmittag begegnet war, musste er, nachdem er bei den Hirten vorbei gekommen war, sich die gesamte Nacht und den folgenden Tag bis zur nämlichen Stunde ohne anzuhalten mit derselben hohen Geschwindigkeit fortbewegt haben. Ohne Schlaf, und ohne Essen und Trinken zu sich zu nehmen.

Als die Tibet-Forscherin nachfragte, woher der Wunderläufer gekommen sein mag, meinten die Hirten, dass er wohl aus der im Süden liegenden Provinz Tsang stamme.[31] Dort, wo sich mit dem Kloster von Shalu die einzige Ausbildungsstätte jener Menschen befindet, deren an das Unmögliche grenzende Fähigkeit mit eins der großen ungelösten Rätsel des noch immer geheimnisumwobenen Landes auf dem „Dach der Welt“ darstellt.

14 „Die Schlangen, sie krochen an mir herauf …“

Schicksalsjahre fern der Heimat

Nicht weniger geheimnisvoll als Tibet ist ein weiteres Land des Fernen Ostens: Die Mongolei, jenes vom Altai und dem Changai-Gebirge eingerahmtes Wüsten- und Steppenland im Nordosten Zentralasiens. Seit alters her durch nomadisierende Völker besiedelt, wurde die Mongolei wiederholt Mittelpunkt großer Reiche wie dem der Hunnen und Dschingis Khans[21], doch das nur am Rand bemerkt.

Nachfolgendes Abenteuer widerfuhr einem Österreicher, der sich niemals hätte träumen lassen, was ihm dort am anderen Ende der Welt an schicksalshaften Jahren wie auch an haarsträubenden Erlebnissen bevorstand.

Als der damals 22jährige K.u.K.-Soldat Alois Resch aus Graz im August 1914 voller Patriotismus in den I. Weltkrieg zog, da ahnte er nicht, dass dieser Waffengang für ihn nicht allzu lang dauern würde. Doch in einem ganz anderen Sinn – denn seine Wege sollten ihn fern seiner Heimat führen, und sein ganzes weiteres Leben von Grund auf verändern.

Nur wenige Tage nach seiner Einberufung wurde er an der galizischen Front, im südlichen Polen, schwer verwundet. Er fiel nachrückenden russischen Einheiten in die Hände und kam als Kriegsgefangener ins Lazarett von Woronesch, einer Stadt am Ostufer des Don und rund 500 Kilometer von Moskau entfernt. Nachdem er sich etwas erholt hatte, nutzte er die erste Gelegenheit zur Flucht, und tauchte in der Stadt unter. Dank seiner inzwischen erworbenen russischen Sprachkenntnisse fand er bald Arbeit.

Doch der Weg führte Resch immer weiter nach Osten, in die hinter dem Ural am Südrand der sibirischen Taiga gelegenen Stadt Kurgan. Seine Freiheit dort war indessen von kurzer Dauer. Erneut landete er in Kriegsgefangenschaft und kam im Dezember 1916 in ein Gefangenenlager bei Atschinsk, unweit von Krasnojarsk. Von dort flüchtete er gemeinsam mit einem deutschen Kriegsgefangenen aus Hamburg. Zwei Russinnen aus einem nahegelegenen Dorf leisteten Fluchthilfe, indem sie die Entkommenen mit Nahrung, Karten und einem Kompass versorgten.

Immer wieder ermöglichte ihnen die Landbevölkerung, den sie verfolgenden Soldaten zu entkommen. Dies rettete sie über die folgenden Monate, bis die Flucht im August 1917 ein jähes Ende fand. Resch und sein Hamburger Freund wurden von ihren Verfolgern gefasst und landeten in einem Gefängnis bei Minussinsk am Oberlauf des Flusses Jenissei.

Dort lernte Alois Resch einen Russen mit Namen Kutusof kennen. Der erzählte ihm in den langen Zellennächten viel von den Lamas und Schamanen der nicht weit entfernten Mongolei und von deren Wunderkräften. Vor allem aber drehten sich die Geschichten des Russen um ein mongolisches Schreckenskloster, dem berüchtigten Kloster zum Schwarzen Khan. Was der junge Grazer über diesen mystischen Ort erfuhr, weckte in ihm ein unbändiges Interesse für die Geheimnisse Zentralasiens.

Auch die dritte Inhaftierung währte nicht lang, und so wurden Resch, sein deutscher Kamerad und Kutusof nach kurzer Zeit freigelassen. Der Deutsche durfte in seine Heimat zurückkehren, Resch hingegen fand eine Anstellung in Minussinsk. Dort verlor er Kutusof fürs erste aus den Augen. Der ließ erst im Mai 1918 wieder etwas von sich hören. Er stellte Resch einen Posten als technischer Berater bei einer Expedition in die nur 300 Kilometer entfernte Mongolei in Aussicht, und forderte ihn auf, sich umgehend bei der Expeditionsleitung in Abakan am drübigen Ufer des Jenissei zu melden. Obgleich Freunde und Bekannte Resch beschworen, nicht an dieser Reise teilzunehmen, lockte das geheimnisvolle Land so sehr, dass er zusagte. Er konnte es kaum erwarten, bis die Reise am 21. Mai 1918 losging.

Mit mehr als 20 Bauernwagen und 40 mongolischen Reitern zogen Resch und Kutusof dem bereits vorausgeeilten und mehr als 400 Mann starken Haupttross hinterher. Viel später erst sollte Resch erfahren, dass Kutusof in Wirklichkeit ein hoher geweihter Lama war, der mit einer dem Schlangenkult huldigenden Geheimsekte Ostasiens in Verbindung stand. Gleichzeitig arbeitete er als Doppelagent, sowohl für die Kommunisten als auch für die Weißrussen. Angeblich war der Zweck jener Expedition, den Zarenschatz vor dem Zugriff der Roten Garden im Altai-Gebirge in Sicherheit zu bringen. Dabei sollte Alois Resch als Vermesser fungieren, und mit einem Theodoliten – einem Winkelmessgerät – geographische Fixpunkte festlegen.

In Abwesenheit Kutusofs, der mit einer kleinen Abteilung vorausgeritten war, fanden Reschs Männer im Altai-Gebirge uralte Gräber, die sie sprengten und ihrer reichen Goldschätze beraubten. Als die Mongolen sich mit ihrem Beuteanteil davonmachten, setzte sich Resch ab und stieß wieder zu Kutusofs Trupp. Unter der Führung des Russen setzte er die abenteuerliche Reise fort. Sein erklärtes Ziel: Das Kloster zum Schwarzen Khan.

Nach mehrtägigem Herumirren im Großen Altai brach ein apokalyptischer Sandsturm los. Schwärzeste Finsternis, von grellen Blitzen durchzuckt, umgab die wenigen Verbliebenen der Expedition. Gewaltige Felsblöcke stürzten von steilen Abhängen herab und rissen die schwer beladenen Packpferde ins Verderben. Dann strahlte wieder die Sonne, als wäre nichts geschehen.

Unbeirrbar bahnte sich die kleine Karawane ihren Weg, durch versandetes, von gereizten Giftschlangen wimmelndes Ödland und vorbei an wilden Schluchten. Und dann, inmitten einer dämonisch anmutenden Landschaft, in der Nähe eines kleinen Sees, erhob sich auf einem bizarren Felsen ein mächtiges, Angst einflößendes Gebäude: Das Kloster zum Schwarzen Khan.

Dort begehrten sie Einlass. Als sich das schwere Tor hinter den Ankömmlingen schloss, mussten sie erst all ihre Waffen ablegen. Danach bekamen sie eine Audienz beim vorstehenden Tscha-Lama, wo bei Resch und Kutusof voneinander getrennt wurden. Ein Gelbmützen-Mönch führte den Grazer durch ein Labyrinth von Wendeltreppen und Gemächern, bis sie schließlich im tiefsten Kellergewölbe vor einer Zelle haltmachten.

Reschs Begleiter schlug einen Gong. Daraufhin flog die Türe auf, und aus einer dichten Wolke von beißendem Rauch verbrannter Räucherstäbchen trat eine in Lumpen gehüllte Gestalt, mehr Gerippe als Mensch, heraus. Der ausgemergelte Mönch versetzte Resch ohne Vorwarnung ein paar derbe Stöße, worauf dieser in den finsteren und einer Höhle ähnlichen Raum stolperte.

Als er sich ein wenig an die Dunkelheit gewöhnt hatte, fiel sein Blick auf eine massige Buddha-Statue, über der ein phosphoreszierender Totenschädel aufleuchtete. Dann erfüllte ein furchterregendes Zischen den Raum, Giftschlangen züngelten heran, und schon wand sich eines der aggressiven Reptilien an seinem Bein hinauf. In Todesangst versuchte Resch noch, seinen verdeckt getragenen Revolver zu ergreifen, doch vergebens: Die rettende Schusswaffe entglitt seiner kraftlos gewordenen Hand und fiel zu Boden.

Bedrohend und lähmend, gleich den Blicken der ihn umzüngelnden Giftschlangen, starrten ihn die Augen des abstoßend aussehenden Mönchs an. Der eröffnete ihm nun sein künftiges Schicksal. Niemals mehr dürfe er dieses Kloster verlassen, denn zum „Tschöd" sei er verurteilt. Er habe sich dem Urteil der Götter zu unterwerfen und die Schlangenprüfung abzulegen. Dann führte ihn der Mönch in eine andere, leere und finstere Zelle. Als er deren Tür verschlossen hatte, warf er dem Gefangenen durch einen Schlitz sieben mit einer leuchtenden Substanz bestrichene Giftschlangen hinein.

Unaufhaltsam kam das todbringende Gewürm näher. Schon kroch eine Schlange an ihm hoch und schlüpfte in seine Ärmel. Inzwischen versuchte eine andere, in Reschs Mund einzudringen, zwei weitere mühten sich ab, die Köpfe tief in seine Nasenlöcher zu bohren. Ihre feinen Zungen tasteten das Naseninnere ab und bewirkten einen schier unwiderstehlichen Niesreiz.

Mit seiner Kraft völlig am Ende und jeden Moment den tödlichen Biss erwartend, schwanden Resch die Sinne. Erst als viele Stunden später die Türe seines albtraumhaften Kerkers geöffnet wurde, gewahrte er sich wieder in seinem an der Wand lehnenden Körper. Friedlich zusammengerollt lagen die giftigen Schlangen schlafend am

Boden. Eigentlich darauf gefasst, einen Leichnam wegzuräumen, befreite ein über alles erstaunter Novize den mit dem Leben Davongekommenen aus seinem Verlies.

„Hier herrscht der Schrecken aller Mönche", ließ der Novize vernehmen. „Der Schrecken aller Klöster, von Kiachta bis Urga, von Ulakom bis Kowde, von Narabant bis Uljassutai. Denn in diesen Mauern herrscht der Tschöd!"

Vollkommen verwandelt nach dieser Nacht mit Worten nicht zu beschreibenden Horrors, widmete sich Alois Resch in der Folge verschiedenen yogaähnlichen Praktiken, Atemtechniken und vorbereitenden Exerzitien. Er war wie besessen, diesen grauenhaften Schlangen-Tschöd zu verinnerlichen. Jene für uns im Westen so unbegreifliche Art der Meditation, in deren Verlauf lebendige, in aller Regel tödlich giftige Schlangen durch die Nasenlöcher in die Atemwege eingeführt und durch den Mund wieder herausgezogen werden. Ohne dabei zu ersticken, was nur dank einer ganz besonderen Atemtechnik gelingt. Denn bisweilen versperren die erregten Reptilien bis zu einer Stunde lang die Luftwege; eine entsprechende Stellung ihrer Schuppen macht es dann unmöglich, sie aus dem Mund herauszuziehen.

Der Rest dieser schier unfassbaren Abenteuergeschichte ist rasch erzählt. Der frischgebackene Tschöd-Lama aus Österreich machte so große Fortschritte, dass er innerhalb von einem Vierteljahr bereits die ersten drei der möglichen zwölf Einweihungsgrade des Schlangen-Tschöd erreichte. Viele Jahre blieb Resch in dem Kloster zum Schwarzen Khan, bis ihm schließlich erlaubt wurde, dieses zu verlassen. Lange nach dem Ende des Zweiten Weltkrieges kehrte er in seine österreichische Heimat nach Graz zurück. Dort betätigte er sich in der Hauptsache künstlerisch. Als Maler schuf er zahlreiche psychedelische Werke, in denen er die oftmals albtraumhaften Eindrücke aus seiner Zeit als „Tschöd-Lama" im Schreckens-Kloster zum Schwarzen Khan verarbeitete.

Ab und zu führte er auch, bis ins hohe Alter von 80 Jahren, einem zwischen ungläubigen Staunen und grenzenlosen Grauen hin- und hergerissenen Publikum seine Tschöd-Praktiken vor. Mit lebenden

Giftschlangen, wie in dem mongolischen Kloster. Das Ganze fand seinerzeit, Ende der 1960er und Anfang der 1970er Jahre, allenfalls sporadische Erwähnung in ein paar speziellen Publikationen.[32] Die ganze Geschichte klingt auch dermaßen abwegig, dass man sie nur zu gerne ins Reich der Phantasie verweisen würde – wären da nicht ein paar Aufnahmen aus jenen Tagen, die an den inzwischen längst verstorbenen Tschöd-Lama aus Graz erinnern.[32]

Welchen Sinn und Zweck sollen exotische Praktiken wie diese haben, und was ist der Ursprung der wenig anheimelnden Tschöd-Magie? Bei uns im Westen weiß man so gut wie überhaupt nichts darüber, und nur eine Handvoll profunder Kenner der Kulturen Zentralasiens besitzen ansatzweise Informationen.

Nach der Tibetforscherin Alexandra David-Néel – diese begegnete uns bereits in der vorausgegangenen Geschichte mit dem Wunderläufer – ist das Ziel des Tschöd die Schaffung eines furchtlosen und die Angst mit allen ihren Schrecken bezwingenden Menschen.[31] Der in Rumänien geborene Religionsforscher Mircea Eliade (1907 – 1986) berichtete von dem Lama Padma Rigdzin, welcher vor mehr als 200 Jahren diese Praktiken in Tibet eingeführt haben soll.[33] Doch der eigentliche Ursprung, besonders des ausschließlich in der Mongolei praktizierten Schlangen-Tschöds, bleibt weiterhin ein dunkles und unergründliches Geheimnis.

Dass es sogar in unseren Breiten einen Menschen gegeben hat, der auf äußerst abenteuerlichen Pfaden zu derartig gruseligen Techniken gelangte, gerät derweilen völlig in Vergessenheit.

15 Die Gruft der „silbernen Menschen“

Abenteuer im Kloster von Tuerin

Das Furcht erregende Kloster zum Schwarzen Khan dürfte beileibe nicht der einzige „Schreckensort“ im Reich der Mongolen sein, der all jenen, die es dorthin verschlägt, Abenteuer der „besonderen Art“ beschert, welche die Betroffenen Zeit ihres Lebens nicht mehr vergessen dürften.

Dass die nachfolgend berichteten Ereignisse überhaupt bekannt geworden sind, ist einzig und allein ein paar glücklichen Fügungen zu verdanken. Denn der Mann, der selbige erleben „durfte“, verschwand kurz danach von der Bildfläche, ohne auch nur die geringste Spur zu hinterlassen. Er sollte niemals wieder auftauchen, doch konnte er seine unglaubliche Geschichte einem Landsmann berichten. Dieser veröffentlichte sie nach seiner Rückkehr in die Vereinigten Staaten in der Zeitschrift „Adventure“, was so viel wie „Abenteuer“ bedeutet.

Man schrieb das Jahr 1920. Der amerikanische Abenteurer und Glücksritter John Spencer lebte in der unruhigen Zeit nach dem Ersten Weltkrieg vom verbotenen Handel mit Drogen und Waffen. Diese dubiosen Geschäfte waren mit Sicherheit der Hauptgrund dafür, dass er seinem „Wirkungskreis“ in der Mandschurei buchstäblich „bei Nacht und Nebel“ den Rücken kehren musste. Er machte sich zu Fuß auf den weiten Weg, bis er nach einem mörderischen Gewaltmarsch durch albtraumhafte Landschaften endlich die Mongolei erreichte. Abgezehrt und total entkräftet durch Entbehrungen, Hunger und Fieber brach er zusammen.

Eigentlich wäre sein Weg – wie auch diese Geschichte – an dieser Stelle zu Ende gewesen, doch John Spencer hatte unglaubliches Glück. Umherziehende buddhistische Mönche fanden ihn mehr tot als lebendig am Wegesrand. Mit vereinten Kräften schleppten sie den Mann ins Lamakloster von Tuerin, wo sie sich seiner annahmen und ihn pflegten. Noch immer ein Schatten seiner selbst, kam er überraschend schnell wieder auf die Beine.

In dieser Zeit beherbergten die frommen Mönche einen weiteren Gast aus den Vereinigten Staaten. Der Geschäftsmann William Thompson, der sich zu jener Zeit schon länger in den Mauern des Klosters aufhielt, galt als großer Bewunderer der Glaubenswelt Ost- und Zentralasiens. Bei seinem ersten Zusammentreffen mit dem sich gerade erholenden Spencer muss er diesem wohl ein wenig voreilig und enthusiastisch über jenes Kloster berichtet haben. Denn der Abenteurer begann daraufhin, seine neue Umgebung mit regem Interesse zu erkunden. Nichts auf der Welt hätte ihn noch auf seinem Krankenlager festgehalten.

Am Morgen eines der folgenden Tage stieß Spencer in der näheren Umgebung des Lamaklosters auf verwitterte Stufen, welche zu einer schmalen Metalltür hinabführten. Von Natur mit reichlich Neugier gesegnet, öffnete er die Tür und befand sich unversehens in einem polygonalen Raum mit zwölf oder dreizehn Seiten. Jede einzelne dieser Wandflächen trug Zeichnungen, die nach seiner Ansicht Sternbilder darstellten. Eines davon konnte er identifizieren. Es war das Sternbild des Stieres, unter dem John Spencer selbst geboren war. Dieses war nämlich auf einem Talisman eingraviert, den er stets bei sich trug.

Etwas gedankenverloren fuhr er die Linien der Abbildung mit seinem Zeigefinger nach. Als er am Ende einer Linie angekommen war, an der die Plejaden eingezeichnet waren (wie William Thompson, dem wir den Bericht verdanken, nachträglich herauszufinden vermochte), gab die Wand nach und öffnete sich lautlos. Dahinter lag ein Gang, der in Dunkelheit gehüllt war. Spencer zögerte einen kurzen Augenblick, doch dann gewann seine Neugier wieder die Oberhand. Nachdem er sich ganz vorsichtig ein paar Schritte in das Dunkel vorangetastet hatte, bemerkte er einen schwachen, grünlichen Schimmer, der aus der Ferne zu leuchten schien. Bevor er diesem nachging, wuchtete er noch einen großen Stein vor die geöffnete Wand. Eigentlich Hasardeur vom Scheitel bis zur Sohle, konnte er doch manchmal die Vorsicht in Person sein. Was sicher mit seiner „Erwerbstätigkeit" in ursächlichem Zusammenhang stehen mochte.

Es gelang ihm nicht, die Quelle dieses seltsamen grünen Leuchtens auszumachen. Es schien gleichzeitig überall und nirgendwo zu sein. So ging er in dem engen, aber solide gebauten Stollen weiter, bis er zu einer Verzweigung gelangte. Er hielt sich immer rechts, weil er es in jedem Fall vermeiden wollte, sich zu verirren. Unbewusst wählte er damit genau den Weg, welchen die Abbildung des Sternbildes über dem Tunneleingang vorgezeichnet hatte. Schließlich erreichte er das Ende des Stollens.

Vor seinen Augen erstreckte sich eine weitläufige Halle, in der das grüne Licht stärker und greller leuchtete. Hier war es so intensiv, dass er ohne Schwierigkeiten zu erkennen vermochte, dass entlang einer ihrer Wände ungefähr 25 bis 30 Schreine aneinander aufgereiht standen. Spencer hatte den Eindruck, als würden diese etwa ein bis zwei Fuß (30 bis 60 Zentimeter) über dem Boden schweben, konnte sich das Ganze aber nicht erklären. Seiner kriminellen Veranlagung folgend, malte er sich schon in seiner Phantasie die unermesslichen Schätze aus, um die er die hier Bestatteten erleichtern würde.

Ohne viel Zeit zu verlieren, machte er sich ans Werk. Dabei stellte er mit Genugtuung fest, dass sich die Deckel der Särge ohne Mühe öffnen ließen. In den ersten drei Schreinen fand er die Körper von Mönchen, die dieselben Gewänder trugen wie jene, welche ihn gefunden und ins Kloster geschafft hatten. Im vierten lag eine Frau in Männerkleidung. Im nächsten ein Inder mit einem rotseidenen Mantel. Alle Leichen zeigten keine Anzeichen von Verwesung und waren umso älter, je näher ihr Sarg der hinteren Wand der Halle stand. Eins aber war allen gemeinsam: Die Särge enthielten weder Schätze noch andere Reichtümer, auf die es der zwielichtige Glücksritter eigentlich abgesehen hatte.

Es war nicht seine Art, so schnell die Flinte ins Korn zu werfen. Der Reihe nach stöberte John Spencer nun sämtliche Totenschreine durch. Im drittletzten Sarg lag, eingewickelt in weißes Linnen, die unversehrte Hülle eines Mannes, im Folgenden eine Frau unbekannter Herkunft. Nachdem Spencer den Deckel des allerletzten Schreines gelüftet hatte, glaubte er seinen Augen nicht zu trauen. Er fand eine fremdartige Gestalt mit silbern schimmernder Kleidung. Deren Kopf schien alles andere als menschlich und glich einer großen silbernen Kugel. Diese besaß runde Löcher statt Augen sowie einen kurzen, ovalen Stutzen an Stelle einer Nase. Auch einen Mund schien das unheimliche Geschöpf nicht zu besitzen. Als Spencer den Körper berühren wollte, öffneten sich ganz plötzlich die großen, runden Augen, und ein grelles, grünes Leuchten blendete ihn.

Grenzenloses Entsetzen ergriff den Abenteurer. So ließ er buchstäblich zu Tode erschrocken den Sargdeckel zufallen und rannte schreiend davon. Zum Glück gewann er rasch seine Fassung wieder und besann sich auf den richtigen Weg zurück. In seiner Panik hätte er sich sonst verlaufen und mit Sicherheit nie mehr den Ausgang gefunden. Seltsamerweise kam ihm der Rückweg nun ungleich länger vor als der Hinweg. Als er endlich dem Labyrinth entronnen war, wartete die nächste Überraschung: Er musste feststellen, dass in der Zwischenzeit die Nacht hereingebrochen war.

Ins Kloster zurückgekehrt, erzählte er seinem Landsmann William Thompson sofort das Erlebte. Dabei betonte er immer wieder seine Verwunderung über die verlorene Zeit in dem Stollen. Nach seinem subjektiven Zeitgefühl war er nicht länger als zwei oder drei Stunden unterwegs gewesen. Thompson indes zeigte sich über die Maßen verärgert über Spencers Eigenmächtigkeit. Er warf ihm vor, die in diesen Mauern heilige Gastfreundschaft schamlos ausgenutzt zu haben, und erstattete Bericht bei den Mönchen.

Am folgenden Morgen wurde der erfolglose Schatzsucher vor einen hohen Lama zitiert, der ihn gütig lächelnd empfing und ihn ungewöhnlich freundlich behandelte. Der Lama versuchte ihn zu überzeugen, dass er sich das alles nur eingebildet habe. Gerade auf dem Weg der Besserung, hätte ihm das Fieber Dinge vorgegaukelt, die in Wahrheit nicht existierten. Doch weil Spencer sich nicht so einfach umstimmen ließ, kletterte der Geistliche zusammen mit ihm noch einmal die verwitterten Stufen hinab in den polygonalen Raum. Auch der Lama berührte eine Wand, hinter der sich ein Stollen öffnete, und beide gelangten bereits nach wenigen Minuten in eine deutlich kleinere Halle, in der sich ebenfalls eine altarähnliche Konsole befand. Dort standen – allerdings in Miniaturausgabe – genau jene Särge, die Spencer in der großen Halle gesehen hatte. Auch die Figürchen darin entsprachen ganz genau den Toten in den richtigen Sarkophagen.

Schlagartig wurde John Spencer bewusst, dass man hier versuchte, seine Überzeugung zu erschüttern. Deshalb wagte er es nicht, den Erklärungen des Lama zu widersprechen. Als er sich jedoch die Frage nach der silbernen Gestalt mit dem runden Kopf nicht verkneifen konnte, bekam er zur Antwort, dieser sei „ein großer Meister von den Sternen" gewesen.

Zurück von seinem neuerlichen Besuch der heiligen Stätten, betonte der Abenteurer seinem Landsmann Thompson gegenüber, er hege nicht die geringsten Zweifel, dass seine Erlebnisse real waren. Während des ersten Aufenthaltes in dem Labyrinth hatte er seinen Stiefelabsatz verloren und sich auch die Hände aufgerissen, als er sich in dem schwachgrünen Schimmer vorsichtig an den Stollenwänden entlangtastete.

„Ich habe den Stoff der Kleider befühlt, die die Leichen trugen, und ihre hervorstehenden Adern und Falten gesehen. Die Platte, die ich durch Zufall geöffnet habe, befand sich links der Eingangstür. Doch jene, welche der Lama aufmachte, lag der Eingangstür fast genau gegenüber, nur eine Idee weiter rechts. Der Mönch versuchte mich zu überzeugen, doch er hat mir nichts als eine Miniaturkopie von dem gezeigt, was ich selbst im Original gesehen habe."

Nur wenige Tage später verschwand John Spencer spurlos, nachdem er das Kloster verlassen hatte. Kein Mensch hat jemals wieder von ihm gehört. William Thompson, jener Mann, dem er sich noch anvertraut hatte, als würde er sein Schicksal ahnen, veröffentlichte diese Geschichte nach dessen Rückkehr in die USA in der Zeitschrift „Adventure". Und er machte auch kein Hehl aus seiner Überzeugung, dass die Schilderungen des zwielichtigen Abenteurers der Wahrheit entsprachen. Während seines langen Aufenthalts in China und in der Mongolei hätte er wiederholt Leichen gesehen, die Jahrhunderte, wenn nicht sogar Jahrtausende vollkommen unversehrt überstanden hatten.

Und nicht nur einmal wären ihm höchst seltsame Geschichten zu Ohren gekommen, die von geheimnisvollen „Silbermenschen" handelten, welche einst von den Sternen zur Erde hernieder gekommen seien.[34]

16 Charles Lindberghs unheimliche „Begleiter“

Mysteriöse Begegnungen auf dem Rekordflug

Er zählt unbestritten zu den bedeutendsten Wegbereitern von ziviler Luftfahrt und transkontinentalem Flugverkehr: Charles Augustus Lindbergh (1902 – 1974). Am 21. und 22. Mai des Jahres 1927 überquerte er als weltweit erster Pilot in seiner einmotorigen „Spirit of St. Louis“ im Alleinflug den Atlantik von New York nach Paris.[21] Ohne die Hilfe moderner Instrumente und ohne Autopilot, vollkommen auf sich alleingestellt, wagte er etwas, was vor ihm noch nie jemand getan hatte.

In seinem Buch „The Spirit of St. Louis“[35], für das er später den begehrten Pulitzer-Preis erhielt, beschreibt Lindbergh die wechselnden Bewusstseinszustände, die er während dem verzweifelten Kampf erlebte, auf dem 33 1/2 Stunden dauernden Rekordflug wachzubleiben. In diesen abenteuerlichen Stunden, die ihn weit über den Rand seiner Kräfte hinaus brachten, wurde er mit einer Reihe von bizarren Phänomenen konfrontiert.

Zum Zeitpunkt seiner legendären Atlantiküberquerung zählte Charles Lindbergh 25 Jahre. Trotz seiner Jugend besaß er schon mehr als vier Jahre Flugerfahrung. Auf halbem Wege geriet er unvermittelt in einen Zustand zwischen Wachsein und Schlaf, und schaffte es trotzdem irgendwie, die Maschine auf Kurs zu halten. Nach und nach aber bemerkte er, dass sich im Flugzeugrumpf immer mehr geisterhafte Gestalten zu drängen schienen. Die waren offenbar fähig, zu kommen und zu gehen, wie es ihnen beliebte. Lindbergh hatte zuweilen sogar den Eindruck, als würden sie ganz einfach das Metall des Flugzeugrumpfes durchdringen, um sich danach wieder in Nichts aufzulösen.

Lindbergh beschrieb minutiös all seine Erlebnisse am Rande der Realität; sie zeichnen ein vollkommen anderes Bild des berühmten Flugpioniers:

„Während ich die ganze Zeit auf die Instrumente starre, gleichermaßen bei Bewusstsein und im Schlaf, füllt sich unversehens das Innere des Flugzeuges mit geisterhaften Gestalten – schattenhaft umrissene, transparente Formen, die sich mit mir schwerelos im Flugzeug bewegen. Ich bin nicht überrascht über deren Kommen; in ihrem Erscheinen ist nichts Plötzliches. Ohne dass ich meinen Kopf umwenden muss, sehe ich sie so klar, als wären sie in meinem gewohnten Sichtfeld. Da gibt es auch keine Grenzen für mein Sehen; mein Kopf ist wie ein großes Auge, welches sofort alles wahrnimmt.

Diese Phantome sprechen mit menschlichen Stimmen; es sind freundliche, nebelartige Schemen ohne Substanz, in der Lage, nach Belieben zu erscheinen oder zu verschwinden, durch den Flugzeugrumpf herein- und hinauszugelangen, als ob da keine Wände wären. Jetzt drängen sich gerade mehrere hinter mir – dann sind nur noch wenige da. Erst stößt einer von ihnen, dann ein anderer nach vorne, an meine Schulter, und spricht über den großen Lärm, den die Maschine verursacht. Im nächsten Augenblick ziehen sie sich wieder in die Gruppe hinter mir zurück. Manchmal scheinen diese Stimmen direkt aus der Luft zu kommen, glasklar aber irgendwie von weither, als hätten sie Entfernungen zurückgelegt, welche man nicht mit unseren Meilen messen kann. Vertraute Stimmen, die über den Flug sprechen, und mir Ratschläge erteilen, die über Probleme der Navigation diskutieren, mich beruhigen und mir wichtige Botschaften übermittelt, wie man sie im normalen Alltag nicht erhält.

Eine neue Erkenntnis über Zeit und Raum bemächtigt sich meiner, bis diese ihre ursprüngliche Bedeutung verlieren. Ich bin mir auch nicht mehr bewusst, in welcher Richtung die Zeit sich bewegt. Die Anzahl der Meilen seit New York und jene bis Paris interessieren mich nicht mehr. Jeglicher Sinn für das Materielle verschwindet. Mein Körper besitzt kein Gewicht und auch der Steuerknüppel keine Festigkeit mehr. Alles körperliche Gefühl ist dahin. Ich gehorche nicht mehr den physikalischen Gesetzen – ich werde unabhängig von Nahrung, Schutz und sogar dem Leben. Beinahe bin ich eins geworden mit jenen nebelhaften Formen hinter mir, und noch weniger greifbar als

Luft. Doch jeden Augenblick kann ein dünnes Band zerreißen, und dann gibt es gar keinen Unterschied mehr zwischen uns.

Diese Wesen besitzen keinen festen Körper, und trotzdem erscheinen sie in ihren Konturen menschlich – geformt aus Erfahrungen ewiger Zeiten. Bewohner eines Universums, das uns sterblichen Menschen verschlossen ist. Ich stehe an der Grenze zwischen dem Leben und einem viel größeren Bereich, welcher sich darüber hinaus erstreckt, wie gefangen im Gravitationsfeld zwischen zwei Planeten, beeinflusst von Kräften, die ich nicht im Geringsten zu kontrollieren vermag. Kräfte, die einerseits zu schwach sind, um auf irgendeine mir zur Verfügung stehende Methode gemessen zu werden, die jedoch trotzdem Mächte repräsentieren, welche unvergleichlich stärker sind als alles, was ich jemals kannte.

Ich stelle fest, dass alle Werte und Vorstellungen im Inneren und außerhalb meines Geistes ihre Bedeutung ändern. 25 Jahre lang war dieser Geist umgeben von massiven und knöchernen Wänden, und er nahm die grenzenlose Weite nicht wahr, dieses unsterbliche Sein, welches dort draußen liegt. Ist das der Tod? Bin ich schon jenseits der Grenze, von wo aus ich noch meine Eindrücke zur Erde und zu den Menschen zurückbringen kann?

Der Tod scheint auch nicht länger das endgültige Aus zu bedeuten, welches er immer darstellte, sondern vielmehr das Tor zu einer neuen und freien Existenz, die sämtlichen Raum und alle Zeiten beinhaltet.

Bin ich jetzt mehr Mensch oder Geist? Werde ich mein Flugzeug nach Europa fliegen, und dort in materieller Form weiterleben, wie ich es bisher getan habe, Hunger, Schmerz und Kälte verspüren, oder werde ich mich jenen geisterhaften Formen anschließen, zu einem Bewusstsein im weiten Raum werden, allsehend und allwissend, das nicht länger beeinträchtigt ist von den materiellen Fesseln dieser Welt?

In jedem anderen Augenblick hätten mich diese Visionen fraglos zutiefst erschreckt. Doch auf diesem phantastischen Flug bin ich so weit vom alltäglichen, vom irdischen Leben entfernt, dass ich alles annehmen kann, was immer mir widerfährt. Und so sind diese Sendboten einer geistigen Welt weder Eindringlinge noch Fremde für mich. Es ist mehr wie die Zusammenkunft von Familie und Freunden nach Jahren der Trennung, als ob ich sie allesamt aus einer vormaligen Existenz kennen würde. Sie sind so verschieden vom Menschen und ihm gleichzeitig so ähnlich – so wie die nächtlichen Wolkenberge am Himmel den Rocky Mountains. Haben sie mein Flugzeug ungesehen betreten, als ich die Tempelsäulen des Himmels durchflog? Sind sie mir durch den Sonnenaufgang aus der Dunkelheit in den Tag gefolgt? Welche geheimnisvolle Verbindung besteht zwischen uns? Und wenn sie so besorgt um mein Wohlergehen sind, warum haben sie sich mir nicht bereits viel früher vorgestellt?

Ich lebe in der Vergangenheit, in der Gegenwart und auch in der Zukunft, hier und an verschiedenen Orten, alles gleichzeitig. Um mich herum bestehen alte Verbindungen, längst vergangene Freundschaften, erschallen Stimmen aus angestammten, fernen Zeiten. Ausblicke tun sich vor mir auf, die sich ebenso rasch verändern wie die Lücken zwischen den Wolken, durch die ich fliege. Ich überquere den Atlantischen Ozean in einem Flugzeug, und lebe gleichzeitig in einer fernen Zeit."[35]

Eine weitere, sehr seltsame Erfahrung mit Dingen jenseits unseres „normalen" Erlebnishorizonts sollte Charles Lindbergh nur fünf Jahre nach seinem legendären Rekordflug machen – leider jedoch in einem äußerst tragischen Zusammenhang. Sein Leben und das seiner Familie gerieten vollkommen aus dem Lot, als sein erst 20 Monate alter Sohn von Unbekannten entführt wurde. Am Abend des 1. März 1932 stieg der Kidnapper mit einer Leiter in das Zimmer ein, in dem das Lindbergh-Baby schlief. Nachdem er das Kind verschleppt hatte, forderte er ein hohes Lösegeld, das von den verzweifelten Eltern auch ohne Zögern bezahlt wurde.

Eine fieberhafte Suche nach dem entführten Baby setzte ein, nachdem der Entführer nichts mehr von sich hören ließ. Später meldete sich ein Pfarrer aus Brooklyn, der angab, ein Mitglied seiner Gemeinde könnte Informationen zu dem Fall besitzen. Der Mann, selbst

Prediger in einer spirituell angehauchten Sekte und dessen Begleiterin, ein Trance-Medium, wurden daraufhin durch Agenten des Secret Service vernommen. Im Verlauf dieser Befragung versetzte sich die Frau in eine zweieinhalb Stunden andauernde Trance. Sie verkündete, dass sich das Baby nur viereinhalb Meilen von dessen Elternhaus entfernt in einem heruntergekommenen, unverputzten Haus befände. Sie betonte, dass der oder die Verbrecher nicht davor zurückschrecken würden, das Baby zu töten, sollten sich Suchmannschaften dem Haus nähern.

Wenige Wochen nach diesen Aussagen des Mediums fand man die sterblichen Überreste des Lindbergh-Babys. Und zwar nur viereinhalb Meilen von seinem Zuhause entfernt. Und ein paar hundert Meter vom Fundort der Leiche stand tatsächlich ein heruntergekommenes, nicht verputztes Haus. Die Agenten des Secret Service hatten die Angaben des Mediums einfach nicht ernstgenommen und gänzlich ignoriert. Sie hatten sich nicht einmal die Mühe gemacht, im angegebenen Radius nach dem so genau beschriebenen Haus Ausschau zu halten.[36]

17 Der Flug des Admirals

Tor zu einer anderen Welt oder Zeit?

Ziemlich hartnäckig hält sich eine recht abenteuerliche Geschichte, die untrennbar verbunden mit der Biographie des amerikanischen Admirals und Forschungsreisenden Richard E. Byrd (1888 – 1957) scheint. Besagter Admiral Byrd war eine ebenso schillernde wie wagemutige Persönlichkeit: Am 8. Mai 1926 soll er den Nordpol als erster Pilot überflogen haben, doch das ist nicht unumstritten. Nicht angezweifelt werden indes seine Forschungsreisen in die Antarktis in den Jahren von 1928 bis 1930.[21]

Aus dieser Periode seiner Aktivitäten stammt denn auch jene Geschichte, um die es nachfolgend geht. Es handelt sich um einen reichlich seltsamen Funkbericht, den der Admiral während seines legendären Fluges über den Südpol am 29. November 1929 durch den Äther sandte. In diesem in den Vereinigten Staaten auch im jungen Medium Radio übertragenen Bericht schilderte er, wie er aus einer Zone dichten Nebels kommend, plötzlich eisfreies Land überflog. Dort konnte er Seen, Vegetation und Tiere erkennen, welche den eiszeitlichen Mammuts und den großen Büffeln der Prärien Nordamerikas ähnlich sahen. Sogar Menschen will er in der Nähe der Tiere wahrgenommen haben.

Die Passagen mit den unwirklich klingenden Beschreibungen sollen später aus den Funkübertragungen herausgeschnitten worden sein. Doch bis vor einigen Jahren existierten noch Personen, die sich ganz klar und detailliert an Richard Byrds Beschreibungen eisfreier Zonen am Südpol erinnern konnten. Außerdem soll es noch einen ungefähr 100 Seiten umfassenden, gleichlautenden Bericht gegeben haben, der jedoch aus allen Archiven und Bibliotheken entfernt worden sei.

Eine Ohrenzeugin aus jenen Tagen, die sich noch äußerst genau an jene Rundfunkübertragung im November 1929 entsinnen konnte, war die pensionierte Gerichtsreporterin Emily Ingram aus Miami in Florida. Durch ihre beruflichen Anforderungen bis ins hohe Alter mit einem wahrhaft phänomenalen Gedächtnis gesegnet, beschrieb sie in den 1970er Jahren – über 40 Jahre später! – mit sagenhafter Genauigkeit die Einzelheiten aus Byrds Funkbericht vom 29. November 1929:

„Wir wohnten seinerzeit in Boston. Mein Vater hatte kurz zuvor ein neues Radio gekauft, das sowohl einen Lautsprecher als auch ein Paar Kopfhörer besaß. Es war an eine Steckdose angeschlossen und hatte eine leistungsstarke Antenne. Ich erinnere mich noch gut an die Antenne, weil mein Vater vom Dach herunterfiel, als er sie anbringen wollte. Schließlich aber schaffte er es doch noch, sie richtig anzuschließen.

Meine Mutter interessierte sich ganz besonders für die Übertragung von Byrds Flug. Es war angesagt worden, dass er am 70. Breitengrad entlang über den Pol fliegen würde, und alle seine Durchsagen über Funk sollten direkt übertragen werden. Wir fanden den Sender – es war der Sender aus Boston – und hörten uns die Sendung über den Lautsprecher an. Am Anfang waren nur Störgeräusche zu vernehmen, doch dann hörten wir Admiral Byrds Stimme. Zuerst waren es mehr oder weniger Routinebeschreibungen des Fluges über Eis und Schnee. Danach wurden die Störgeräusche plötzlich lauter und hörten schließlich wieder auf.

Nun wurde die Übertragung klarer, und deutlich war die Stimme des Admirals zu hören. Der sagte ganz unvermittelt: 'Schau! Siehst du es? Da unten ist ja Gras! Saftiges Gras! Wie grün es da ist. Dort sind überall Blumen ... sie sind wunderschön. Und sieh dir die Tiere an. Sie sehen wie Elche aus ... Das Gras reicht ihnen fast bis an den Bauch. Und schau doch: Da sind ja auch Menschen! Sie scheinen ganz erstaunt zu sein, ein Flugzeug zu sehen.'

Ich erinnere mich, wie meine Mutter in diesem Moment sagte: 'Ich wette, sie haben auch lange Ohren.' Dann ertönten wieder laute Störgeräusche, und das war das Letzte, was wir von dieser Sendung hörten. Ohne irgendeine Ansage erklang plötzlich Musik im Sender und wir bekamen nie eine Erklärung für das Vorgefallene. Einige unserer

Nachbarn hatten die Sendung ebenfalls gehört; sie wussten jedoch auch nicht mehr als wir. Byrd schien mitten im Satz unterbrochen worden zu sein. Mich interessierte es sehr, zu erfahren, was eigentlich geschehen war. Aus diesem Grunde schrieb ich an die Familie Byrd in Virginia. Leider bekam ich aber nie eine Antwort."[37]

Diese ungewöhnlich präzisen Erinnerungen unterstreichen den zugegeben phantastisch klingenden Inhalt von Admiral Byrds Radiobericht. Aber auch spätere Expeditionen zum antarktischen Kontinent beschrieben immer wieder eisfreie Gebiete im Südpolgebiet. Wie etwa die deutsche Expedition „Schwabenland" unter dem Kommando von Kapitän A. Ritscher, über deren abenteuerliche Mission ich noch an anderer Stelle berichten werde. Die Piloten zweier Wasserflugzeuge konnten 1938/39 ein paar hundert Kilometer vom „Längengrad Null" entfernt eisfreie Flächen ausmachen, die sogar eine richtige Seenplatte aufwiesen.[38]

Bis zu einem gewissen Punkt scheinen die Erkenntnisse der Expedition „Schwabenland" die Berichte Admiral Byrds zu bestätigen – einmal abgesehen von den menschlichen Wesen, die Richard E. Byrd vom Flugzeug aus gesichtet haben will. Bis zu seinem Tod am 12. März 1957 bekräftigte er jedoch immer wieder den Wahrheitsgehalt des Gesehenen.

Admiral Byrd zog es auch weiterhin in den geheimnisvollen Kontinent im ewigen Eis. In den Jahren 1947/48 führte er die Operation „Highjump". Auch bei dieser Mission mit teilweise militärischem Hintergrund sollen die Teilnehmer Regionen mit üppiger Vegetation gefunden haben. Und ein tragisches Unglück gibt Anlass zu teilweise exotischen Spekulationen. Eins der Flugzeuge geriet in eine totale „Milchzone", in der sämtliche Instrumente versagten. Es zerschellte mit der vierköpfigen Besatzung am Boden, weil der Pilot infolge des Ausfalls der Instrumente die Flughöhe falsch eingeschätzt hatte.[37]

Es bleibt die Frage, warum die hier zitierten Passagen aus Admiral Byrds Funkbericht herausgeschnitten und sämtliche Aufzeichnungen zensiert worden sind. Hatte der Flieger plötzlich Halluzinationen, beispielsweise wegen Sauerstoffmangels? Oder öffnete sich ihm ganz unvermittelt ein Tor zu einer vollkommen anderen Welt einer anderen Zeit?

Zuweilen, so vermuten manche Erforscher des Unerklärlichen, tut sich ganz unvermutet etwas wie ein „Fenster“ oder eine Schnittstelle auf, die uns einen kurzen Blick in eine gänzlich andere Realität ermöglichen.

18 Ein Viertel Jahrhundert in der Sahara

Auge in Auge mit dem „Großen Marsgott"

Vor vielen Jahrtausenden war die Sahara - mit etwa neun Millionen Quadratkilometern der Welt größtes Wüstengebiet – so gänzlich anders, als wir sie heute kennen. Es war eine äußerst fruchtbare Region mit dichter Vegetation, reichlich Wasser und einer großen Tierwelt.[21] Dies wissen wir unter anderem von unzähligen Felszeichnungen, auf die französische Kolonialtruppen erstmalig im Jahre 1847 stießen. Kurze Zeit später entdeckten deutsche Afrika-Forscher viele weitere, steinzeitliche Felsbilder inmitten einer Bergkette, welche sich rund 1200 Kilometer südlich der algerischen Hauptstadt Algier erhebt. Dort, im Hoggar-Gebirge, werden die Berge bis zu 3.000 Meter hoch. Nordöstlich davon, in Richtung zur Grenze nach Libyen, liegt das Gebirge von Tassili N'Ajjer, dessen Gipfel noch immer gute 2.000 Meter über den Meeresspiegel ragen.

In dem erwähnten Tassili-Gebirge war im Jahre 1933 eine Patrouille der französischen Kamelreitertruppe unterwegs. Deren Kommandeur, ein Leutnant Brenans, kannte die Gegend sehr gut. Eines Tages stieß er mit seiner Abteilung so weit wie nie zuvor in die bizarre, zerklüftete Bergwelt vor. Plötzlich erregte etwas Ungewöhnliches seine Aufmerksamkeit. An einer Felswand, welche ein ausgetrocknetes Flussbett (ein sogenanntes „Wadi") über einige Kilometer begleitete, sah er eigenartige Figuren. Sofort hielt Leutnant Brenans sein Kamel an, und griff nach dem Feldstecher. Kein Zweifel: Da waren zahlreiche, offenbar durch Menschenhand geschaffene Bilder zu erkennen. Deutlich waren die Silhouetten von Elefanten mit ihren erhobenen Rüsseln, Giraffen in schlankem Trab, sowie von Flusspferden wie auch von Nashörnern in Kampfstellung auszumachen. Und dazwischen immer wieder auch Darstellungen von Menschen zwischen all den Tieren. Ein überaus reichhaltiges Panoptikum bot sich den Augen der Kamelreiter.

Brenans stutzte und überlegte: Wie mochten all die Tiere der afrikanischen Steppen und Sumpfgebiete in diese trostlose, lebensfeindliche Wüstenei gekommen sein? Dorthin, wo es häufig über viele Monate nicht regnete. Wenn Leutnant Brenans seinerzeit diese Frage auch nicht zu beantworten vermochte, verfasste er doch einen ausführlichen Bericht und sandte diesen nach Paris. Die Reaktion auf sein Vorgehen sollte nicht lange auf sich warten lassen.

Der Bericht des Patrouillenführers gelangte über einige Umwege in die Hände des jungen Archäologen Henri Lhote. Als dieser ihn gelesen hatte, packte er sofort seine Sachen und reiste ins Tassili-Gebirge, um sich selbst ein Bild von den nicht zu zählenden Felszeichnungen zu machen. Was er dort zu Gesicht bekam, war schlichtweg überwältigend und sollte ihn die nachfolgenden 25 Jahre nicht mehr loslassen.

Da kämpften Bogenschützen um eine Herde gehörnter Tiere und Krieger fochten gegeneinander im Zweikampf. Jäger erlegten Antilopen und Gazellen. Dazwischen immer wieder Szenen mit seltsamen, tanzenden Gestalten, die an den Felswänden zu schweben schienen. Manche Zeichnungen waren riesengroß, andere wiederum in viel kleinerem Format an die Felsen gemalt.

Nachdem Henri Lhote in den 25 Jahren seiner Forschungen kreuz und quer durch diesen Teil der Sahara unvorstellbare 80000 Kilometer zurückgelegt hatte, konnte er eine Tatsache feststellen. Die Region war nicht immer jene Wüste, wie sie sich heutzutage präsentiert. In der Zeit zwischen 8000 und 5000 v. Chr. war die Sahara ein wahrhafter Garten Eden. Ein fruchtbares Land mit Flüssen und Wäldern und einer Tierwelt, wie sie heute nur mehr viel weiter im Süden des Schwarzen Kontinents zu finden ist. Es hatte große Seen gegeben, und mittlerweile weiß man, dass tief unter dem endlosen Sandmeer noch immer schier unerschöpfliche Wasservorräte, sogenanntes „fossiles Grundwasser“, schlummern, die nur darauf warten, an die Oberfläche gefördert zu werden, um das öde Land wieder fruchtbar zu machen.[39]

Das Rätsel, wie die steinzeitlichen Felsbildkünstler auf ihre tierischen Motive kamen, konnte der Archäologe aus Paris lösen. Dann stand er eines Tages Auge in Auge mit einer sensationellen Felszeichnung, welche seit dem Tage ihrer Entdeckung nichts von ihrem spektakulären Charakter eingebüßt hat. Doch alles erst einmal der Reihe nach.

Neben unzähligen, exakt naturalistisch dargestellten Tierfiguren findet man immer wieder ungewöhnlich anzusehende Gestalten, wie „Götterfiguren" mit bizarren „Auswüchsen" und „Fortsätzen" und vereinzelt auch fliegende Kugeln. Unter einem halbrunden Felsen bei Auanrhet entdeckte Henri Lhote eine auf 8000 Jahre geschätzte Felsmalerei mit einem surrealistisch wirkenden Szenario. Inmitten einer Gruppe schwebender Gestalten – unter ihnen eine Frau, die einen Mann hinter sich herzieht – ist deutlich eine Kugel mit vier konzentrischen Kreisen zu erkennen. An der Oberseite ist etwas wie eine Luke aufgeklappt, aus welcher ein pilzförmiges „Etwas" ragt. Aus der rechten Kugelhälfte recken sich zwei Hände mit gespreizten Fingern. Fünf schwebende Figuren, die die Kugel begleiten, tragen eng anliegende Kappen oder Helme auf ihren Köpfen.[40]

Bedenkt man, dass die Felsbildkünstler der Steinzeit einen durch und durch naturalistischen Stil pflegten – also einzig solche Dinge darstellten, die sie genau so und nicht anders gesehen hatten –, verwundert es schon sehr, wie sie auf derart technisch anmutende Darstellungen kamen. Woher nahmen sie ihre Vorbilder? Die abstrakte Malerei unserer Gegenwart war zu jener Zeit bekanntlich noch lange nicht geboren.[41]

Doch nun zurück zu dem Wüstenabenteuer des Henri Lhote, welches sich über 25 lange Jahre hinziehen sollte. Was mag dem Archäologen nur durch den Kopf gegangen sein, als er urplötzlich an einer senkrechten Felswand bei Jabbaren im Tassili-Gebirge einer annähernd sechs Meter hohen Gestalt gegenüberstand, die in eine Art Taucher- oder Raumanzug gekleidet scheint? Wir können es zumindest erahnen - denn der Forscher taufte die Figur ganz spontan auf den Namen „Große Marsgott". Und genauso wirkt er auch: Auf seinen plumpen, wuchtigen Schultern liegt ein Helm, der durch etwas wie ein Gelenk mit dem Körper verbunden ist. Dort, wo sich eigentlich

Mund und Nase befinden sollten, lässt der Helm nur eine ovale Struktur sowie verschiedene Schlitze oder Segmente erkennen. Um es auf den Punkt zu bringen: Kosmonautischer sehen auch unsere Raumfahrer nicht aus.

Welch ein mysteriöses Wesen mag einst dem Felsbildmaler Modell gestanden haben? Unser vorzeitlicher Künstler muss außerdem über ein Gerüst oder eine richtige Arbeitsbühne verfügt haben, um die ursprünglich sechs Meter hohe Figur auf dem Stein verewigen zu können.

Nicht genug, lässt der „Große Marsgott" auch noch jede Menge Details erkennen, die darauf schließen lassen, dass ihn jemand ähnlich intensiv betrachtet haben muss wie heutzutage die Studenten der Kunstakademien ihre Aktmodelle. Es ist kaum vorstellbar, dass der Felsbildmaler das rätselhafte Geschöpf aus dem Gedächtnis oder gar nur vom „Hörensagen" porträtiert haben soll. Ging dieser spektakulären Zeichnung vielmehr eine abenteuerliche Konfrontation mit einem Wesen voraus, welches nicht von dieser Welt stammte?[41]

19 Stillstand nach Ansage

Eine „Wunderwaffe“ in Aktion?

Sofort nach der bedingungslosen Kapitulation der deutschen Streitkräfte am 9. Mai 1945 machten sich Spezialisten der Alliierten auf, um das völlig am Boden liegende Deutsche Reich systematisch zu durchkämmen. Das erklärte Ziel war, möglichst viele Informationen über jene legendären „Wunderwaffen“ zu sammeln, an denen in Deutschland mit Hochdruck gearbeitet und geforscht worden war. Es war der verzweifelte Versuch, das Kriegsglück doch noch in Richtung „Endsieg“ zu wenden.

Es ist gut möglich, dass die im Folgenden geschilderten Ereignisse ihren Ursprung gleichfalls in diesem noch immer geheimnisumwobenen Kontext haben. Im Mittelpunkt der ominösen Geschehnisse standen zwei Testfahrer der Firma Zündapp. Jenes im Motorradbau einst sehr erfolgreiche Traditionsunternehmen ist heute leider längst Vergangenheit. Nachdem es 1984 Konkurs anmelden musste, wurde es abgewickelt und an die Chinesen verkauft. Sämtliche Produktionsanlagen der zuletzt in der Anzinger Straße in München ansässigen Firma wurden abgebaut, und ins aufstrebende „Reich der Mitte“ verschifft. Wenden wir uns aber nun dem Abenteuer der beiden Versuchsfahrer zu.

Man schrieb das Jahr 1938. Das Münchner Abkommen hatte zwar für den Moment einen drohenden Waffengang verhindert, doch die Nationalsozialisten arbeiteten zielstrebig daran, die deutsche Wehrmacht für einen in allernächster Zukunft bevorstehenden Krieg hochzurüsten. Ob Waffensysteme oder Infrastruktur, Ausrüstung oder Fahrzeuge: An allen Standorten wurde mit maximaler Energie an der Produktion und der Perfektionierung kriegswichtigen Materials gearbeitet. Ziviles hatte zurückzustehen, Rüstungsgüter hatten absoluten Vorrang.

Da machten auch die bayerischen Zündapp-Werke keine Ausnahme. Dieses im Jahr 1917 in Nürnberg als „Zündungs- und Apparatebau" gegründete Unternehmen fabrizierte dort und in München Motorräder aller Hubraumklassen als Transportmittel für den „Kleinen Mann". Spezielles Augenmerk galt dabei den besonders für den Militäreinsatz geeigneten und für Seitenwagenbetrieb tauglichen schweren Boxermaschinen KS 600 und KS 750. Neben der BMW 750 (R 75) waren dies die schnellen, zuverlässigen Standardfahrzeuge der Kradmelder bei der Deutschen Wehrmacht. Ebenso intensiv kümmerte man sich um den neu entwickelten Vierzylinder-Boliden K 800. Und da man in den Kreisen der rüstungsrelevanten Industrie genau Bescheid wusste, dass sich Deutschland in absehbarer Zeit im Krieg befinden würde, galt es auch bei Zündapp, die dort gebauten Maschinen ausgiebig zu testen.

So machten sich denn an einem heute nicht mehr genau zu bestimmenden Tag dieses letzten Friedensjahres vor Ausbruch des Zweiten Weltkriegs zwei Testfahrer daran, neue Maschinen Probe zu fahren. Eigentlich genau das, was sie immer taten. Doch an jenem denkwürdigen Tag bekamen sie unmittelbar vor Antritt ihrer Fahrt unerwarteten Besuch.

Ihre unverhofften „Gäste" – ob diese von der Wehrmacht, der SS, von der Spionageabwehr oder wo auch immer herkamen, können wir nach so langer Zeit nicht mehr ermitteln – wussten Überraschendes anzukündigen. Kurz und präzise teilten sie den beiden Testfahrern mit, dass ihre Motorräder im Verlauf der bevorstehenden Probefahrt an einer ganz bestimmten Stelle aussetzen würden. Jeder Versuch, die Motoren sofort wieder anzuwerfen, wäre von vorneherein zum Scheitern verurteilt. Sie sollten jedoch zehn Minuten verstreichen lassen, dann könnten sie die Boxermotoren wieder problemlos zum Laufen bringen.

Ratlos schauten die Versuchsfahrer einander an; sie wussten nicht so recht, was sie von dieser seltsamen Sache halten sollten. Trotzdem beugten sie sich widerspruchslos der seltsamen Anordnung. Was sollten sie auch anderes tun? Bei Androhung von schwersten Strafen wurde es den beiden untersagt, mit irgendjemandem auch nur ein Sterbenswörtchen über die Angelegenheit zu sprechen. Das wäre nichts anderes als Hochverrat gewesen, ohne Zweifel verbunden mit reichlich unerfreulichen Konsequenzen, die die Kradfahrer zu befürchten hatten.

So begaben sich die zwei Fahrer eher etwas widerwillig auf die Zündapp-Teststrecke. Während der Probefahrt geschah denn auch tatsächlich alles genauso, wie es die „Dunkelmänner" angekündigt hatten. Die Motoren der zwei schweren Maschinen stellten exakt an der bezeichneten Stelle ihren Betrieb ein. Und zwar gleichzeitig! Entgegen der ihnen gegebenen Anweisung, sich in Geduld zu üben, versuchten die Männer jedoch, gleich wieder zu starten. Es ist beinahe überflüssig zu erwähnen, dass das nicht gelang. Erst nach vollen zehn Minuten ließen sich beide Motoren wieder zum Laufen bewegen, und die Versuchsfahrt konnte ohne weiteren Zwischenfall fortgesetzt werden.

Das mysteriöse Erlebnis der beiden Testfahrer bei dem Nürnberger Unternehmen ging erst einmal in den Wirren des 1939 begonnenen Völkergemetzels unter. Und nach dem Krieg standen gänzlich andere Probleme zur Lösung an; der tägliche Kampf ums Überleben überschattete fortan das abenteuerliche Geschehen am Rundkurs. Beide Männer fragten sich jedoch Zeit ihres Lebens, was damals wohl geschehen war.

Ich fürchte, dass sie wohl keine befriedigende Antwort darauf erhielten. Das Regime, für das die ominösen Geheimniskrämer arbeiteten, war zusammengeborchen. Und die Männer vielleicht selbst gar nicht mehr am Leben.

Viele Jahre später – man schrieb mittlerweile das Jahr 1982 – trafen sich die beiden in die Jahre gekommenen Herren zusammen mit ihren Ehefrauen in einem Wirtshaus in der Nähe von Kempten im Allgäu. Die ihnen anno 1938 auferlegte Schweigepflicht galt schon lange nicht mehr, und so diskutierten sie ausgiebig samt ihren Frauen über jene nach wie vor unerklärliche Begebenheit. Sie wäre wahrscheinlich der Vergessenheit anheimgefallen, wäre nicht mein Informant am

Nebentisch gesessen und hätte der höchst interessanten Unterhaltung seine ganze Aufmerksamkeit geschenkt. Mr. Karl S., ein amerikanischer Geschäftsmann, befand sich damals auf einer Reise durch Deutschland. Und hat mir dann – als begeisterter Leser der amerikanischen Ausgabe eines meiner Werke[42] – im Juli 2004 die ganze Geschichte berichtet.[43]

20 Kurs: Neu-Schwabenland

Mit dem Flugboot über den „Sechsten Kontinent“

Nach dem geheimnisumwitterten Flug des US-Admirals Richard E. Byrd (vgl. Kap. 17) möchte ich mich ein weiteres Mal auf die Spur wagemutiger Männer begeben, die in der trostlosen, lebensfeindlichen Eiswüste der Antarktis große Abenteuer zu bestehen hatten. Ihr Wagnis war groß. Denn würden wir ein passendes Äquivalent zur Hölle suchen, jenem den meisten Religionen gemeinsamen Ort der endgültigen Strafe nach dem Tode, hier finden wir es.

Die mittleren Temperaturen bleiben dort über das ganze Jahr hinweg deutlich unter dem Nullpunkt. Die bis dato kälteste Temperatur auf der Erde wurde in der östlichen Antarktis gemessen, an der russischen Forschungsstation „Wostok“. Es waren - 88,3° Celsius, und der Ort gilt seither als Kältepol der Erde.[21] Die mittlere Temperatur im „wärmsten“ Monat Dezember – nicht vergessen: wir befinden uns auf der südlichen Hemisphäre! – liegt bei -29° Celsius, im kältesten Monat August bei -61° Celsius. Über das ganze Jahr gemittelt sind es immer noch bitterkalte -50°! Eigentlich sollte dort unten alles knallhart gefroren sein, doch wie wir aus dem Funkbericht Admiral Byrds erfuhren, existieren dort angeblich offene, eisfreie Seen.

Wer die Schilderungen des US-Admirals ins Reich der Fabel zu verbannen trachtete, wurde zehn Jahre nach dessen Flug über den Südpol eines Besseren belehrt. Und zwar durch die Entdeckungen einer deutschen Expedition, die auf dieselben unglaublichen Phänomene stieß. Deren Schiff war es auch, das der infrage kommenden Region für lange Zeit ihren Namen gab, wie er auch in Lexika und Atlanten zu finden war: Neu-Schwabenland.[21,44]

Besagter Landstrich ist ein Teilgebiet des Königin-Maud-Landes, welches politisch von Norwegen beansprucht wird. Er liegt zwischen fünf Grad westlicher und 17 Grad östlicher Länge, und wird von mehr als 3000 Meter aufragenden Gebirgsketten durchzogen. Entdeckt wurde er im Januar des Jahres 1939 von der deutschen Südpolar-Expedition, die Admiral Byrds Beobachtungen zu bestätigen vermochte. Unter dem Kommando von Kapitän A. Ritscher ging es mit der „M.S. Schwabenland", die zuvor als schwimmender Flugstützpunkt der Lufthansa im Südatlantikverkehr gedient hatte, in Richtung Antarktis.

Darum die Bezeichnung „Neu-Schwabenland", die heutzutage gleichzeitig ein Reizwort darstellt. Das rührt daher, weil ein paar unverbesserliche Verschwörungstheoretiker seltsame Geschichten über Nazi-Größen in die Welt gesetzt haben, die sich nach Kriegsende mit U-Booten dorthin abgesetzt hätten. Es befeuert derartige Verschwörungsgeschichten nur noch mehr, gewisse Begriffe zu stigmatisieren, wie es mit jener nur nach einem Schiff benannten Region geschehen ist. Deren Name wird seit Jahren konsequent aus den Landkarten und Atlanten getilgt; in meinem alten Atlas aus der Schulzeit ist er noch zu finden.[44]

Solch schwachsinniges Vorgehen, im weitesten Sinne auch der unseligen „Political Correctness" geschuldet, soll mich jedoch nicht irritieren. Denn zu spektakulär sind einige Entdeckungen der unter der Schirmherrschaft der Deutschen Forschungsgemeinschaft e.V. entsandten Expedition.

Hauptsponsor der Expedition war die Deutsche Lufthansa. Die zog mit ihrer „M.S. Schwabenland" nicht nur einen schwimmenden Flugstützpunkt aus dem regulären Liniendienst nach Südamerika ab, sondern stellte auch die beiden Flugboote vom Typ Dornier Wal – „Boreas" und „Passat" – zur Verfügung. Für ihren Einsatz in antarktischen Gewässern hatte die „Schwabenland" eine Eisschutzpanzerung sowie neun weitere Kabinen erhalten. Schließlich galt es, die insgesamt 82 Teilnehmer für viele Wochen unterzubringen. Beide Dornier-Maschinen bekamen Kufen für mögliche Starts und Landungen auf dem Eis; sie wurden darüber hinaus mit reichhaltigen Notfallausrüstungen bestückt. Nun konnte das Abenteuer, an dem bedeutende deutsche Forscher teilnahmen, seinen spannenden Lauf nehmen.

Nachdem ihre Tanks mit 66.000 Litern Brennstoff gefüllt worden waren, verließ die „Schwabenland“ am 17. Dezember 1938 den Hamburger Hafen. Nach fünf Wochen Fahrt über den Atlantik erreichte sie am 19. Januar 1939 die Packeisgrenze. Dort, an der Prinzessin-Astrid-Küste, ging das Schiff vor Anker. Noch am gleichen Tag hob die „Boreas“ zu einem ersten Testflug ab, beschleunigt von einem Katapult. Und schon am folgenden Tag fand bei bestem Wetter der erste „richtige“ Erkundungsflug zu Fotozwecken statt.

Aus Sicherheitsgründen wurde stets, wenn sich eins der beiden Flugboote auf Erkundungsmission in die endlosen Weiten begab, nach dessen Start der andere Dornier-Wal klargemacht, und auf die Katapultbahn gesetzt. Auf diese Weise konnte man sicher gehen, dass im Notfall ein Alarmstart ohne Verzögerung erfolgen konnte. Zum Glück trat dieser Fall nie ein. Schon bei ihrem ersten Erkundungsflug über die weiße Wüste erspähte die Crew der „Boreas“ sogenannte „Nunataks“. Dieser Begriff stammt aus der Sprache der Eskimos und bezeichnet Felskuppen oder Plateaus, die aus dem Eis herausragen. Die neuentdeckten Felsformationen wurden später nach den beiden Flugbooten „Boreas“ und „Passat“ benannt.

Sämtliche über große Entfernungen durchgeführten Erkundungsflüge fanden zwischen dem 19. Januar und 5. Februar 1939 statt. Insgesamt waren dies sieben Fotofernflüge und weitere sieben Entdeckungs- und Forschungsflüge. Unterbrochen wurden sie durch zwei Schlechtwetterperioden. Ab dem 4. Februar schließlich war das Flugwetter überhaupt nicht mehr für weitere Exkursionen geeignet. Ebenso wenig konnte das ursprüngliche Ziel, bis zum 80. Breitengrad vorzustoßen, verwirklicht werden. Denn bereits am 75. Grad südlicher Breite erreichte das Gelände eine Höhe von durchschnittlich 4000 Metern über dem Meeresspiegel. Dies aber war zugleich die maximale Gipfelhöhe, die die beiden Flugboote erreichen konnten. Was der großen Zuladung geschuldet war, die für derartige Einsätze unverzichtbar war. Und trotzdem stießen die Expeditionsteilnehmer auf etwas, was dort eigentlich nicht existieren dürfte.

Im Verlauf der Foto- und Erkundungsflüge legten beide Flugboote ungefähr 7.000 Kilometer bei einer Gesamtflugzeit von 57 Stunden und 40 Minuten über diesem Gebiet der Antarktis zurück. Hierbei erfassten sie mit insgesamt 11600 Reihenbildaufnahmen eine Fläche von annähernd 400.000 Quadratkilometern. Und im Laufe dieser systematischen Erfassung boten sich auf einmal unverhoffte Ansichten, die man in diesem Teil der Welt zuletzt vermutet hätte.

Flugkapitän Richard Heinrich Schirmacher, der eine der Dornier-Maschinen steuerte, bemerkte plötzlich mitten in der endlosen Eiswüste eine kleine Felsformation. Das kannte man schon vom allerersten Erkundungsflug her. Doch rund um diesen „Nunatak" befanden sich offene Wasserstellen!

Um dieser mysteriösen Angelegenheit auf den Grund zu gehen, beschloss Schirmacher, das Gebiet in niedriger Höhe anzufliegen. Die Überraschung konnte kaum größer sein: Dort befanden sich, auf einer nach Norden hin etwa 150 Meter aus dem Eis aufragenden Felsplatte, eine ganze Anzahl offener Teiche und Seen, die keinerlei Zuflüsse aufwiesen. Sie waren allesamt eisfrei – wohlgemerkt: bei einer Außentemperatur von minus fünf Grad! Und es waren sehr viele. Vor ihnen lag eine richtige Seenplatte mit einer gesamten Ausdehnung von 15 Kilometern in der Länge und fünf Kilometern in der Breite. Das war eine veritable Sensation, die unsere Vorstellung von der Südpolregion vollkommen auf den Kopf stellt. Nach dem Flugkapitän erhielt sie den Namen „Schirmacher-Seenplatte", und die Forscher sind noch heute über ihre Existenz schlicht ratlos.[45]

Mit dieser unerwarteten Entdeckung im Gepäck trat die „M.S. Schwabenland" am 6. Februar 1939 die Rückfahrt an, und landete wohlbehalten am 11. April in Cuxhaven. Die Auffindung vollkommen eisfreier Flächen am Südpol sorgte natürlich für reichlich Interesse in der wissenschaftlichen Welt. Darum plante man bereits weitere Expeditionen. Doch dann machte der noch im gleichen Jahr ausgebrochene zweite Weltkrieg einen massiven Strich durch die Rechnung, und sämtliche Planungen waren buchstäblich „auf Eis" gelegt.

21 Der teure Preis der Rettung

Wenn Wasser zur tödlichen Gefahr wird

In der grünen Hölle des Amazonas-Dschungels. Ein gutes Dutzend Männer arbeitet sich mühsam durch den Regenwald. Schritt um Schritt bahnen sie sich ihren Weg durch das tückische Durcheinander von Gräsern und Unterholz, Lianen und allerlei giftigem Getier. Fünfzehn Männer mit erschlafften Bewegungen und geröteten Augen: Dies ist der traurige Rest der amerikanischen Expedition McDonald. Vorgedrungen ins Innere Amazoniens, um dieser noch unerforschten Region ein paar ihrer Rätsel und Geheimnisse zu entlocken.

Als sie sich auf den Weg ins Ungewisse machten, waren es 42 Mann voller Wissbegier und Erwartungen. Die anderen wurden von Raubtieren und Kopfjägern angegriffen, oder blieben wegen exotischer Krankheiten auf der Strecke. Der eine geschüttelt von Fieberschüben in der Hütte eines gastlichen Stammes, wer indes weniger Glück hatte, unter einem schon wieder von der üppigen Vegetation überdeckten Grabhügel. Im Dschungel dauert es nicht lange, bis sich die Natur all das zurückerobert hat, was der Mensch an Schneisen und Lücken schlägt.

Und dieses elende Häufchen der letzten Verbliebenen strebt vorwärts; fieberhaft hoffen die Männer auf Rettung. Sie wissen, dass nur wenige Kilometer weiter ein paar schäbige Hütten stehen, kleiner Vorposten der Zivilisation in der Wildnis. Doch werden sie ihn auch erreichen? Es fehlt ihnen nicht an Lebensmitteln, sie müssen also nicht verhungern. Was aber weitaus schlimmer quält als der Hunger, ist der Durst. Und der legt sich wie eine Zange um ihre trockenen Kehlen. Sie haben keinen einzigen Tropfen Trinkwasser mehr. Eine bizarre Vorstellung, hier mitten im Regenwald. Langsam ergreift der Wahnsinn Besitz von ihren Gehirnen, die ohnehin schon wie betäubt sind von den Farben und Geräuschen im Urwald. Was als Abenteuer mit Nervenkitzel begann, droht nun in einer Katastrophe zu enden.

Und plötzlich erhebt sich über dem Gekreisch der Vögel und den anderen Lauten des Urwaldes, erst ganz schwach in der Ferne und dann immer deutlicher, das ersehnte Rauschen. Alle bleiben stehen und horchen ungläubig mit angehaltenem Atem. Sie haben Angst, nur einmal mehr von ihren oft geprüften Sinnen getäuscht worden zu sein. Sie haben sich jedoch nicht geirrt. Nach einer weiteren Stunde mühevollen Kampfes durch das dichte Unterholz sind sie endlich am Fluss. Überglücklich stürzen sich die eben noch verzweifelten Männer ans Ufer und beginnen ohne zu zögern ihren Durst mit dem wohltuenden Nass zu löschen.

Das Wasser ist frisch und kristallklar. Man kann selbst den Sand und die Steine auf dem Grunde genau erkennen. Es schmeckt jedoch ein wenig eigentümlich; im Mund hinterlässt es einen ähnlichen Nachgeschmack wie kalte, gezuckerte Milch. Aber die Teilnehmer der Expedition achten nicht weiter darauf, sind sie doch davon überzeugt, dass dies von einer harmlosen, kalkhaltigen Substanz herrührt. Nachdem sie den größten Durst gestillt haben, füllen sie noch ihre Feldflaschen und machen sich frisch gestärkt und mit neuer Zuversicht auf den Weg durch den Dschungel.

Für die kommende Nacht schlagen die Männer ihr Camp auf einer weiten Lichtung auf. Keiner von ihnen verspürt jedoch Hunger, und der Schlaf will sich auch nicht einstellen, was nach einem solchen Tag voller Strapazen eigentlich unglaublich erscheint. „Das muss an dem Wasser liegen“, bemerkt Professor McDonald. „Ich hatte schon oft von Quellen gehört, die auch den Hunger stillen, und einen besser in Form bringen, als eine ganze Vitaminbatterie. Aber ich hatte nie wirklich daran geglaubt. Wollen wir wetten, dass wir das Mittel gefunden haben, um ganz Brasilien auf billige Weise zu ernähren?“

Am darauffolgenden Morgen sind die Männer noch immer bester Laune – vor allem, nachdem sie sich ein weiteres Mal aus ihren Feldflaschen gestärkt haben. Doch nur ein paar Stunden später ist niemand mehr zum Scherzen aufgelegt. Denn der Gesundheitszustand der ganzen Gruppe hat sich urplötzlich auf drastische Weise verschlechtert.

Alle fünfzehn verbliebenen Expeditionsteilnehmer leiden unter anhaltenden Magenbeschwerden, Übelkeit und Migräne. Durchgeschüttelt von heftigen Krämpfen, schleppen sich drei Männer, gestützt von ihren Kameraden, unter Schmerzen durch den Urwald. Nach einem sechsstündigen Gewaltmarsch schaffen sie es endlich, in Sicht- und Rufweite des Stützpunktes zu gelangen. Dort werden sie fürs Erste versorgt.

Eine sofortige Magenspülung sowie ein paar Tabletten schaffen den Erkrankten etwas Linderung. Dann werden sie per Flugzeug nach Bogotá gebracht, wo sie nach einem längeren Krankenhausaufenthalt mit dem Leben davonkommen. Für die Forscher jedoch wird dies die letzte Expedition gewesen sein, denn fortan dürfen sie nichts mehr unternehmen, was nur mit geringsten körperlichen Anstrengungen verbunden ist. Für den Rest ihres Lebens müssen sie strengste Diät halten; ihr Verdauungssystem hat schwere und irreparable Schäden davongetragen. Das Wasser jenes Flusses, aus dem sie getrunken haben, mag sie fürs Erste vor dem Verdursten bewahrt haben. Doch für ihre Rettung mussten die Männer einen sehr hohen Preis bezahlen. Denn sie labten sich am „Gerbewasser", das ein wahres „Wasser des Todes" darstellt.[45]

Der Name des Flusses, welcher der Expedition McDonald ein derart unrühmliches Ende bereitete, lautet Cachoon. Das Wort bedeutet so viel wie „Gerber". Hätten die Forscher die Oberfläche besagten Wassers nur ein wenig genauer betrachtet, wären ihnen wohl ein paar Dinge aufgefallen, die auf dem Wasser schwammen: Da waren perfekt konservierte Blätter, Zweige und Insekten, ausnahmslos von einer gelbbraunen Patina überzogen. Und hätten sie eins jener Insekten in die Hand genommen, wären sie erstaunt über deren „Beschichtung" gewesen. Sie wären gewarnt gewesen, und hätten wahrscheinlich von dem gleichermaßen erfrischenden wie verhängnisvollen Trunk Abstand genommen.

Von den Eingeborenen dieser Region würde niemand das Wasser des Cachoon zu sich nehmen. Die dort beheimateten Maokas pflegen damit Tierhäute zu gerben. Ebenso machen sie die Pflanzenfasern, mit denen sie ihre Hütten decken, wasserdicht. Ganz sorgfältig achten sie darauf, dass ihre Haut nicht mit dem Flusswasser in Berührung kommt. Denn die hierin enthaltenen Substanzen können dem Organismus schwere, ja irreparable Schäden zufügen, wie es die Verbliebenen der Expedition McDonald am eigenen Leibe verspüren durften. Würde ein Mensch in diesem Fluss ein Bad nehmen, so wäre er nach kürzester Zeit von einer kaum erkennbaren Schicht überzogen, die die Poren seiner Haut hermetisch abschließt. Er müsste schließlich unter entsetzlichen Qualen jämmerlich ersticken. Wenn man das Wasser des Cachoon trinkt, hätte es gleichfalls tödliche Folgen. Die amerikanischen Urwaldforscher haben wahrscheinlich nur aus dem Grunde überlebt, weil sie auf den Unterlauf des Flusses gestoßen waren. Durch eine Reihe von Bächen und Nebenflüssen, welche ihn speisen, werden die in ihm gelösten Substanzen verdünnt, und ihre schreckliche Kraft somit etwas gemildert.

Vielleicht hatten die Teilnehmer der Expedition McDonald am Ende noch Glück im Unglück. Der Cachoon ist nicht der einzige Fluss in dieser Region mit solchen furchtbaren Eigenschaften. Mit dem Iliminjhaia besitzt er nämlich einen nicht weniger schauderhaften „Zwillingsbruder“. Die beiden Flüsse entspringen aus einem einzigen, gewaltigen Wasserstrahl, der mit immensen Wucht aus einer Felswand hervorschießt. Nach nur wenigen Kilometern trennen sich die beiden, fließen danach eine längere Wegstrecke parallel, wobei sie an unterschiedlichen Stellen unter der Oberfläche verschwinden. Später kommen sie wieder ans Licht des Tages, münden dann in einen Nebenfluss des mächtigen Amazonas, der ihre unheilvollen Wasser schließlich zum Ozean trägt.

Wie sein „Zwillingsfluss“, ist auch der Iliminjhaia kristallklar. Auf nahezu seiner gesamten Länge fließt er in einem Bett voll gelblichem Sand, dessen Funkeln auf ein eventuelles Vorkommen von Gold schließen lässt. Doch schon die Uferregionen müssten all jene, die sich ihm nähern, zu größter Vorsicht gemahnen. Denn die Vegetation macht bereits einige Meter vor dem Wasser Halt. Der Erdboden zeigt deutliche Risse, und die Steine wirken wie verglast. Darauf liegen die gebleichten Skelette kleiner Tiere sowie die Überreste von Pflanzen, an denen sich unbekannte chemische Prozesse vollzogen haben.

„Es bietet sich ein schauerliches Schauspiel", bemerkte der amerikanische Botaniker E. White. „Wenn man sich in der Nähe des Iliminjhaia aufhält, dann hat man den Eindruck, auf einem anderen Planeten oder besser gesagt, an den Pforten der Hölle zu sein." Obwohl die Landschaft ein solch unheilvolles Aussehen besitzt, wird sie ahnungslosen Abenteurern und Glücksrittern oftmals zum Verhängnis. Sie glauben, hier ein sicheres Lager aufschlagen zu können mit reichlich Wasser, Schutz vor Raubtieren und der Hoffnung, Gold zu finden. Wer jedoch in den Iliminjhaia steigt, der wird nie mehr das Ufer betreten. Denn dem ersten trügerischen Gefühl der Erfrischung folgen nach ein paar Minuten ein schreckliches Brennen und ein stechender Schmerz. Vergeblich versucht das Opfer, noch ans Ufer zu kommen, dann bricht es zusammen. Sein Körper wird sich in den höllischen Fluten auflösen wie eine Tablette in einem Glas Wasser.

Noch schlimmere Qualen stünden demjenigen bevor, der seinen Durst im Iliminjhaia löschen wollte. Das erkennt man unschwer an den Resten kleiner Tiere, deren Instinkt sie nicht warnte. Auf den verglasten Steinen des Ufers bleiben von ihnen nur bizarr funkelnde Skelette übrig.

Bislang konnte nicht geklärt werden, woher diese beiden „Flüsse des Schreckens" ihre tödlichen Eigenschaften haben. Am wahrscheinlichsten dürfte die Annahme sein, dass sie von wasserlöslichen Substanzen herstammen, welche in äußerst hoher Konzentration in dem Felsgestein vorkommen, aus dem die zwei Flüsse entspringen.[45] So gesehen war es pures Glück, dass die restlichen Teilnehmer der erwähnten Expedition McDonald ihr Dschungelabenteuer mit knapper Not überlebt haben.

22 Jähes Ende eines Fischfangs

Ein Ethnologe wird Zeuge des Unfassbaren

Schlangen üben einen eigentümlichen Reiz aus, und dies nicht nur auf uns Menschen. Ich erinnere mich noch lebhaft an einen Spaziergang in den späten 1980er Jahren, zusammen mit meiner damaligen Cocker-Spaniel-Hündin „Indra“, durch die Auen meines Heimatflusses. Am Wegesrand döste eine harmlose Ringelnatter in der Sonne, die sich bei unserem Näherkommen urplötzlich bewegte. Meine Hündin erschrak sich fürchterlich; mit allen Vieren unternahm sie einen gewaltigen Sprung zur Seite. Nie zuvor und nicht mehr danach konnte ich bei einem Hund einen derart perfekten, „synchronen Seitensprung“ beobachten.

Und trotzdem war die vielleicht nicht minder erschrockene Ringelnatter geradezu ein Regenwurm im Vergleich zu jenem wahnwitzigen Ungetüm aus der nachfolgenden Geschichte, das nicht nur einem bekannten Ethnologen den Schock seines Lebens bereitete. Leider führte diese Begegnung auch zum überaus tragischen Ende von drei Indianern, die sich zu dem Zeitpunkt auf Fischfang befanden.

Der Vollständigkeit halber möchte ich vorab noch bemerken, dass in der besagten Region – auch dieses Abenteuer, auf das alle Beteiligten mit Sicherheit nur allzu gerne verzichtet hätten, spielte sich im Amazonasbecken ab – bereits seit Jahrhunderten Schlangenungetüme von nachgerade unglaublichen Dimensionen beobachtet werden. Schon die ersten spanischen und portugiesischen Konquistadoren berichteten von Reptilien, welche sie „Matora“ nannten. Was übersetzt so viel wie „Bullenfresser“ bedeutet. In den Schilderungen der Eroberer war die Rede von Längen um die 25 Meter, und dass diese Schrecken des Regenwaldes Rinder, Pferde und selbst Menschen angefallen und verschlungen hätten.

In den Jahren 1906 bis 1909 vermaß und kartographierte der britische Forscher und Abenteurer Colonel Percy H. Fawcett (er sollte bei einer späteren Expedition im Jahre 1925 am Oberlauf des Amazonas verschwinden, ohne je die geringste Spur zu hinterlassen) im Auftrag der bolivianischen Regierung weite Teile des Urwaldes. Auch Colonel Fawcett berichtete in dessen später in Buchform veröffentlichten Aufzeichnungen über die Begegnung mit einer Respekt einflößenden Schlange, die er für eine überdimensionale Anakonda hielt. Er und seine Begleiter wurden auf das Tier aufmerksam, als dieses sich dem Flussufer näherte. Mit seiner großkalibrigen Repetierbüchse vom Typ Winchester gab der Colonel eine Reihe von gezielten Schüssen auf das Reptil ab, das sich daraufhin wie wild im Schlamm wälzte und schließlich verendete. In seinem Tagebuch vermerkte Colonel Fawcett die Gesamtlänge der Schlange mit 20,50 Metern, bei einer Dicke von 40 Zentimetern. [46]

Der berühmte französische Archäologe, Forschungsreisende und Ethnologe Professor Marcel F. Homet (1898 – 1986) bereiste in den 40er und 50er Jahren des 20. Jahrhunderts große Teile des Amazonasbeckens, das er übrigens als Rückzugsraum sonst ausgestorbener Tierarten aus längst vergangenen Erdzeitaltern betrachtete. Zeitweise lebte er in Brasilien, wo er von der Regierung mit diversen Forschungsmissionen im Amazonasgebiet beauftragt wurde. In seinem bekanntesten Werk „Die Söhne der Sonne“[47] schilderte er, wie er höchstpersönlich Zeuge einer äußerst tragischen Begegnung mit einem gigantischen Reptil wurde, welche mehreren Fischern das Leben kostete.

Professor Homet beschrieb das grauenvolle Szenario noch ganz unter dem Eindruck des unglaublichen Geschehens:

„Ein anderes Unglück ereignete sich im tiefen Busch ganz in der Nähe von unserem Lagerplatz. Man muss vorausschicken, dass sowohl Riesenreptile als auch Raubfische die sanften Gewässer den starken Strömungen der südamerikanischen Flüsse vorziehen. Man trifft sie daher viel häufiger in tiefen Wasserstauungen, Seen und Flussausbuchtungen, eben gerade dort wo die wilde Strömung nicht hinreicht. Und da gibt es dann nicht nur Krokodile, sondern auch die Pacamons, jene gefährlichen ‚Kannibalen-Fische‘, die zwei Meter lang, und bis zu 200 Kilogramm schwer sind. Nun befand sich ganz in unserer Nähe einer dieser ruhigen Seen. Er war der beliebte Fischplatz eines einheimischen Indianerstamms. An jenem Tag befanden sich vier Fischer in drei kleinen Pirogen (eine Art Einbaum der Indianer, dessen Bordwände durch zusätzliche Planken erhöht sind[21]) auf dem Wasser. Diese hielten ihre Harpunen in der Hand; sie wollten den seltenen M'Boto jagen, einen riesigen Fisch, dessen getrocknetes Fleisch an Güte mit dem Dorsch zu vergleichen ist. Da auch der M'Boto eine Länge von zwei Metern erreicht, erzeugt dieser meist eine starke Kielwasserströmung. Eine solche wurde auch bald von den Indianern bemerkt. Schnell begannen sie, ihre Beute einzukreisen, und noch schneller sausten drei Harpunen auf den dunklen Rücken zu, der knapp unter der Oberfläche des Wassers dahinsauste.

Plötzlich sahen die vor Schreck erstarrten Fischer, wie ein scheußlicher und mit riesigen Zähnen bewaffneter Kopf mehr als drei Meter über die Wasseroberfläche emporschoss, während sich sein langer Körper, groß wie eine Tonne auf dem Wasser wälzte. „Sucuriju!" Eine Anakonda! Bis zu 30 Metern Länge kann solch ein Ungeheuer erreichen.

Kaum hatten die Unglücklichen die Zeit, einen entsetzten Schrei auszustoßen, da wurden die drei leichten Kanus schon von einem furchtbaren Schwanzschlag getroffen und umgeworfen. Die Männer fielen allesamt ins Wasser. Es wallte und brodelte wie in einem gigantischen Dampfkessel. Nur einer der Fischer, der wunderbarerweise ans Ufer geschleudert worden war, konnte sein Leben retten. Auf seine Hilferufe eilte man herbei. Man fand jedoch nichts; weder an diesem noch an den folgenden Tagen zeigte sich auch nur die geringste Spur der Tragödie. Pirogen und Männer blieben verschwunden. Die Anakonda, die größte Riesenschlange, ungiftig aber fleischfressend, und das gefürchtetste Reptil Südamerikas, das lebende Junge gebiert: Es hatte ganze Arbeit geleistet ..."[47]

Trotz einer mittlerweile sehr großen Anzahl recht gut dokumentierter Vorfälle geben sich die meisten Zoologen noch immer zurückhaltend bis skeptisch, was die Längen dieser Riesenreptilien betrifft.

Offiziell galt bislang ein Python von etwa 10,50 Metern Länge, der im Dschungel Indonesiens gefangen und getötet wurde, als größte wissenschaftlich belegte Schlange auf der Welt.[48] Was aber sollen wir von jenen monströsen Exemplaren aus der „grünen Hölle" Südamerikas halten, die dort unter der Bezeichnung „Sucuriju Gigante" gleichermaßen bekannt wie gefürchtet sind?

Vielleicht sind wir ja bald unfreiwillig schlauer. Anfang 2019 meldete die Presse, dass der neue brasilianische Präsident Jair Bolsonaro die Verantwortung für große Teile des Regenwaldes dem Landwirtschaftsministerium übertragen hat. Dessen Leiterin ist die Agrarlobbyistin Tereza Cristina, und ebenso wie der Präsident setzt sie auf eine intensive wirtschaftliche Nutzung der Urwälder Amazoniens.[49] Dies würde leider auch den Lebensraum dieser wie Überbleibsel aus längst vergangenen Erdzeitaltern anmutenden Kreaturen vernichten, deren unwirklich-riesenhaften Dimensionen uns einen unvergleichlichen Nervenkitzel zwischen Faszination und kaltem Grausen bescheren.

23 Die unsichtbare Schlacht

Kriegslärm im Morgengrauen

Schon zwei Jahre vor der alliierten Großlandung in der Normandie („D-Day“) vom 6. Juni 1944 versuchten britische und kanadische Verbände am 19. August 1942 einen kombinierten Land-, See- und Luftangriff. Der Plan war eine komplette Invasion der von deutschen Truppen besetzten französischen Gebiete. Und das Ziel ihres Angriffes war die Küstenstadt Dieppe im Département Seine-Maritime am Eingang der Straße von Dover. Doch die schlecht vorbereitete Militäroperation scheiterte auf der ganzen Linie. Von ungefähr 6.100 Soldaten der Briten und ihrer Alliierten wurden mehr als 3.600 getötet oder verwundet, gerieten in Kriegsgefangenschaft oder wurden für vermisst erklärt.

Neun Jahre später machten zwei Engländerinnen – zum Schutz ihrer Privatsphäre nannte man sie Agnes und Dorothy[50] – Urlaub an der französischen Kanalküste. Die beiden Schwägerinnen hatten sich ein Zimmer im zweiten Stock eines Hauses in Puys genommen, kaum zwei Kilometer von der erwähnten Stadt Dieppe in der Normandie entfernt. Und befanden sich plötzlich und unversehens mitten in einem rätselhaften Geschehen, das die Abläufe jenes schicksalshaften 19. August 1942 zu wiederholen schien.

Es war der 4. August 1951, als Agnes um 4.20 Uhr am frühen Morgen aufstand und sich im Finstern durch das Zimmer tastete. Als sie die Tür öffnete, fragte Dorothy, ob sie das Licht einschalten solle, doch Agnes lehnte dankend ab. Nachdem sie ein paar Minuten später wieder in ihr Bett zurückgekehrt war, sagte sie „Hörst du auch diesen Lärm?“ Worauf Dorothy erwiderte dass sie schon seit über 20 Minuten seltsame Geräusche vernommen hatte. Was übrigens exakt jener Zeitspanne entsprach, in der auch Agnes diesen Lärm hörte. Die beiden Engländerinnen lagen wach und lauschten angespannt dem seltsamen Getöse, das vom noch nicht mal einen Kilometer entfernten Strand kommen musste. Der Lärm war einmal lauter und wurde dann wieder leiser, und schließlich schalteten die Damen das Licht an und begaben sich auf den Balkon. Sie wollten endlich wissen, woher die seltsamen Geräusche kamen und was in aller Welt sie verursachte. Sie konnten jedoch weder den Strand erkennen, noch den Grund für den Lärm ausmachen.

Was die beiden Frauen so früh um ihren Schlaf gebracht hatte, kam jedoch eindeutig aus der Richtung des Strandes, und nahm jetzt deutlich an Intensität zu. Agnes und Dorothy konnten die unterschiedlichsten Arten von Geräuschen unterscheiden. Agnes sprach von einer Mischung aus Gewehrschüssen, dem Heulen von Sturzkampfbombern – den bei den Alliierten so berüchtigten deutschen „Stukas" –, den Motoren von Landungsbooten sowie den Schreien von Menschen. Dorothy erkannte ebenfalls das charakteristische Geräusch von „Stukas" im Angriff, Gewehrschüsse wie auch die Schreie von Menschen. Ganz eindeutig Schlachtenlärm, der aus einer großen Entfernung zu kommen schien, ganz wie die Schallwellen einer Radioübertragung aus Übersee.

Als sie weiter dem ohrenbetäubenden Lärm lauschten, festigte sich immer mehr ihre Überzeugung, dass die seltsame Geräuschkulisse schwerlich auf natürlichem Weg entstanden und zu ihnen gelangt sein konnte. Denn da war schlicht und einfach nichts in der Nähe, was genau solches Getöse verursachen könnte. Zwar wurde später festgestellt, dass an diesem Morgen ein Bagger im Hafen gearbeitet hatte. Ein derartiges Arbeitsgerät macht jedoch Geräusche, die nicht zu verkennen oder zu verwechseln sind; jedoch keinesfalls Gewehrsalven, Schreie oder das Heulen deutscher Sturzkampfbomber, die es zu imitieren vermag.

Wie sich das morgendliche, akustische Erlebnis der beiden Engländerinnen präsentiert, spiegelten deren Wahrnehmungen den Angriff der Briten und Kanadier auf Dieppe am 19. August 1942 wider. Und dies überraschend exakt und chronologisch. Die Frauen hatten drei Stunden auf dem Balkon verbracht, und sie dokumentierten ganz genau, welche Geräusche sie wann und wie oft vernommen haben. Mit noch frischer Erinnerung verfassten sie darüber am Folgetag unabhängig voneinander Berichte, die nur unbedeutende Abweichungen aufwiesen. Völlige Übereinstimmung darüber herrschte bei beiden, dass die Geräusche erstmalig um 4.50 Uhr schwächer wurden. Dann vermerkte Agnes, dass sie um 5.07 Uhr wieder zunahmen, während Dorothy 5.05 Uhr angab. Jede der Damen hatte ihre eigene Uhr, und Dorothy erklärte, dass der Chronometer von Agnes verlässlicher sei, während der eigene häufig ein wenig nachginge. Zudem war Agnes während des Krieges Angehörige des Königlichen Marinecorps für Frauen (WRNS). In dieser Funktion war sie, im Gegensatz zu Dorothy, auf präzise Beobachtungen und genaue Angaben trainiert worden.

Die Beobachtungen von Agnes und Dorothy wurden in der Folge sorgfältig mit den offiziellen Berichten über den Angriff auf die Hafenstadt Dieppe verglichen. Dabei stellte sich heraus, dass die von beiden Frauen registrierten Geräusche in der Regel ziemlich exakt mit dem zeitlichen Ablauf in den Kriegsberichten übereinstimmten. Demnach begannen die Kampfhandlungen um 3.47 Uhr am frühen Morgen des 19. August 1942, als die Briten in Berneval, etwa acht Kilometer nördlich von Dieppe, auf einen dort stationierten deutschen Truppenteil stießen. Das Feuer wurde sofort eröffnet. Auf diesen plötzlichen Überraschungsangriff war die Deutsche Wehrmacht nicht vorbereitet. Bis diese die Lage wieder im Griff hatte, erlitten die Deutschen große Verluste. Aus diesem Grund vermutete man, dass die von den zwei Engländerinnen gehörten Schreie die von deutschen Soldaten gewesen sein könnten.[50]

Laut offiziellem Kriegsbericht war der Plan, dass das rollende Material der Briten um 4.50 Uhr bei Puys und Berneval ans Land gebracht werden sollte. Dieser Teil der Operation wurde jedoch auf 5.07 Uhr verschoben. Ein paar Minuten später begannen Zerstörer der Marine mit ihren Schiffsgeschützen die Stadt Dieppe zu beschießen. Das Gros der Alliierten erreichte die Stadt um 5.20 Uhr. Seit 5.15 Uhr standen die Gebäude am Strand unter Bombardement der Royal Air Force (RAF), und um 5.40 Uhr wurde der Beschuss von der Seeseite her wieder eingestellt. Weitere zehn Minuten später erreichten zusätzliche 48 Bomber der RAF Dieppe und setzten das Dauerbombardement fort.

Dann aber setzte die Abwehr der Deutschen Wehrmacht ein. In der Folge brannten die an Land gebrachten Panzer und die anderen Fahrzeuge wie auch die Landungsboote komplett aus. Seitens der Briten und Kanadier stiegen die Verluste rasch an. Und die Stadt Dieppe, schon lange vor dem Zweiten Weltkrieg ein beliebter Ferienort, wurde bei dem misslungenen Invasionsversuch zum größten Teil verwüstet.

Kehren wir aber nochmals zurück in die frühen Morgenstunden des 4. August 1951, die den beiden Engländerinnen ein wirklich unvergessliches Abenteuer zuteilwerden ließen. Und zu dem kurz erwähnten Bagger, der seine Arbeit bestimmt nicht geräuschlos verrichtete. Nachforschungen beim Hafenmeister von Dieppe hatten ergeben, dass besagter Bagger tatsächlich in der Nacht des 4. August 1951 eingesetzt war. Genauer gesagt, von Mitternacht bis zum Morgen, von 0.15 bis 8.15 Uhr. Er hatte also fast vier Stunden vor dem Einsetzen der Schlachtgeräusche mit seiner Arbeit begonnen, und erst eine Stunde danach aufgehört.[27,50] Selbst wenn einige der Geräusche von ihm verursacht wurden – und auch noch bis in das knapp zwei Kilometer entfernte Puys gedrungen sein sollten –, so kann er doch nicht als Ursache für die Gewehrsalven, die gellenden Schreie von Menschen, Sturzkampfbomber oder das Knattern der Landungsboote verantwortlich gemacht werden. Es waren typische Geräuschkulissen aus den Jahren des Zweiten Weltkriegs, die vor allem einer der beiden Damen, Agnes, als ehemaliger Angehöriger des weiblichen Marinecorps unverwechselbar im Gedächtnis geblieben sein dürften.

Was mag sich wirklich hinter der „unsichtbaren Schlacht" verbergen, von der nur Geräusche wahrgenommen wurden, und keine „Bilder des Geschehens"? Ganz anders als 50 Jahre zuvor bei den beiden Lehrerinnen aus Oxford in Versailles (vgl. Kap. 12), deren Eindrücke auch visueller Natur waren. Wurden die zwei Engländerinnen in Puys

Opfer einer – gemeinsamen – Halluzination, ergaben ganz normale Geräusche in toto das Schlachtgetümmel?

Oder gerieten sie in etwas hinein, das man am ehesten als eine Art von „Verwerfung“ im physikalischen Raum-Zeit-Gefüge interpretieren könnte? Was letztlich dafür gesorgt haben mag, dass sie sich wie in eine Radiosendung in eine konkrete Episode aus der Geschichte „einschalten“ konnten. Gibt es vielleicht eine Art Speichermedium, das lange vor unserem digitalen Zeitalter zur Aufzeichnung realer Geschehnisse fähig war?

Aus der indischen Mystik entstammt der Begriff der „Akasha-Chronik“, der im Westen vor allem durch den Theosophen Dr. Rudolf Steiner (1851 – 1925) bekannt gemacht wurde.[51,52] Dabei soll es sich, ganz simpel ausgedrückt, um eine „kosmische Bandaufzeichnung“ oder auch um eine Art „Weltgedächtnis“ handeln, das alles speichert, was sich auf dieser Welt seit Anbeginn ereignet hat. Dieser Gedankengang aber würde zu weit ins Esoterische hinein führen, deshalb mag jeder meiner Leser für sich selbst entscheiden, wie weit er derartigen Überlegungen zu folgen bereit ist.

Abb. 1: „Eine Fotografie aus dem jahr 1531“: In der Basilika von Guadelupe ist das „unmögliche“ Zeugnis jener Marienerscheinung ausgestellt, die dem Indio Juan Diego vor nahezu 500 Jahren zuteil wurde. (oben)

Abb. 2: „Die ‚fliegende Missionarin‘“: Abenteuerliche Wege führten die Ordensschwester Maria Coronel de Agreda zu einem mehr als 5.000 km entfernt lebenden Indianerstamm – ohne ihr Kloster je verlassen zu haben! (rechts)

Abb. 3: „Royales Phantom“: König George V. von England hatte als junger Kadett zur See eine Begegnung mit dem „Fliegenden Holländer“, die minutiös im Logbuch vermerkt und von zahlreichen Mitgliedern der Mannschaft bezeugt wurde. (links)

Abb. 4: „Abenteuer in Versailles“: Dieses „Petit Trianon“ genannte Lustschlösschen stand im Mittelpunkt eines Abenteuers, welches zwei Engländerinnen möglicherweise in die Tage der Franzöischen Revolution zurückführte. (unten)

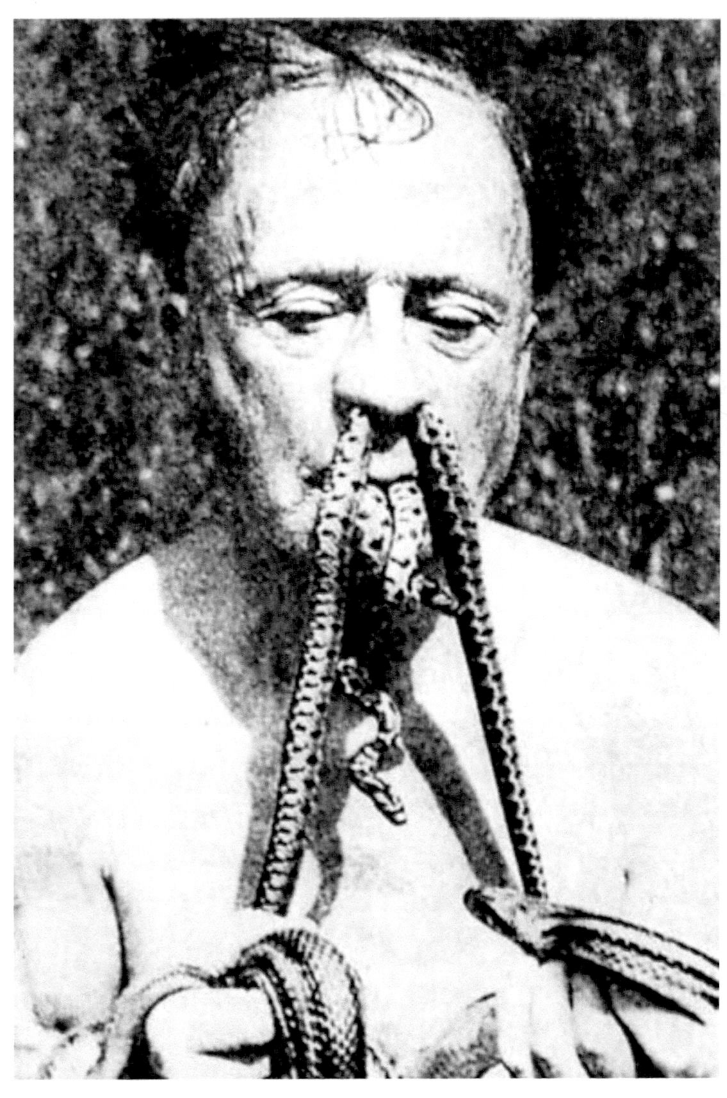

Abb. 5: „Die Schlangen, sie krochen an mir herauf": Wo liegt der Ursprung dieses grauenerregenden Rituals mit der Bezeichnung „Schlangen-Tschöd", das der Grazer Alios Resch in einem mongolischen Schreckenskloster erlernte?

Abb. 6: „Die Gruft der silbernen Menschen": Eine äußerst unheimliche Begegnung erlebte der Abenteuerer John Spencer 1920 in einer unterirdischen Begräbnishalle des Klosters von Tuerin. Kurz darauf verschwand er spurlos. (oben)

Abb. 7: „Charles Lindberghs unheimliche Begleiter": Während seines legendären Rekordfluges im Mai 1927 machte der Flieger Bekanntschaft mit geheimnisvollen Wesenheiten. Nur Halluzinationen, oder ein Blick in eine andere Realität? (links)

bb. 8 - 10: „Zwei Jungen mit Laterne“: Der Wohnort meiner ersten sieben Lebensjahre. In dem im Schatten liegenden Bereich an der Hausmauer hatte ich – geimeinsam mit meinem damaligen Spielkameraden Fredi – eine uralte Laterne gefunden. Unmittelbar darauf standen wir im Mittelpunkt mysteriöser Ereignisse.

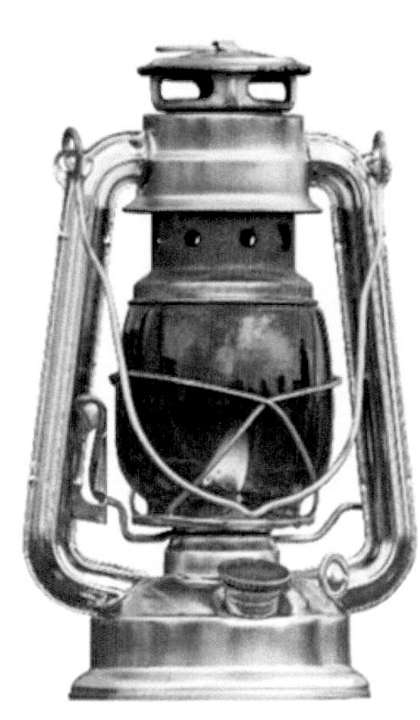

Abb. 11: „Unerklärlicher Zeitgewinn“: „Beechcraft Bonanza.“ Mit einer Maschine diesen Typs geriet der US-Pilot Bruce Gernon jr. am 4. Dezember 1970 in ein ungewöhnliches Wolkengebilde, in dem das Flugzeug eine geradezu unmögliche Geschwindigkeit erreichete. (oben)

Abb. 12: „.357 Magnum“: Mit einer solchen großkalibrigen Handfeuerwaffe schoss ein Polizist 1997 auf eine leere Ein-Liter-Bierdose. Die verschwand nach dem Einschlag des Projektils buchstäblich ins Nichts, ohne je wieder aufzutauchen. (unten)

Abb. 13: „Zwei Wanderer im Busch": Der Autor zwischen den beiden mit altägyptischen Hieroglyphen bedeckten Felsen im australischen Outback – nachdem ihm von zwei ominösen Wanderern der Weg gewiesen wurde. (rechts)

Abb. 14: „Zwei Wanderer im Busch": Ein Ausschnitt aus einem der mit den Hieroglyphen bedeckten Felsen. Sie erzählen die unglaubliche Geschichte einer ägyptischen Expedition nach Australien vor ungefähr 4.500 Jahren. (unten)

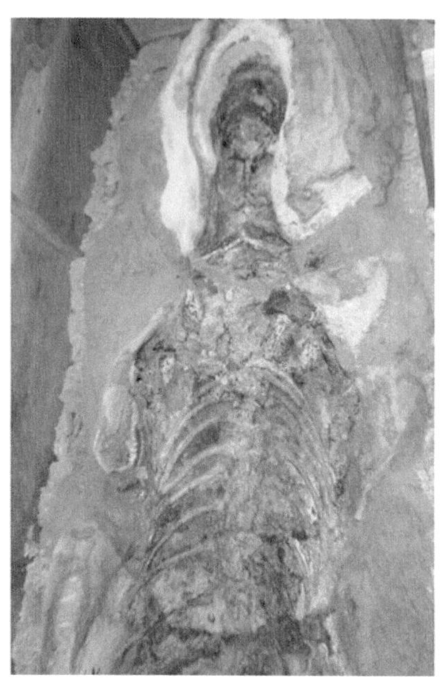

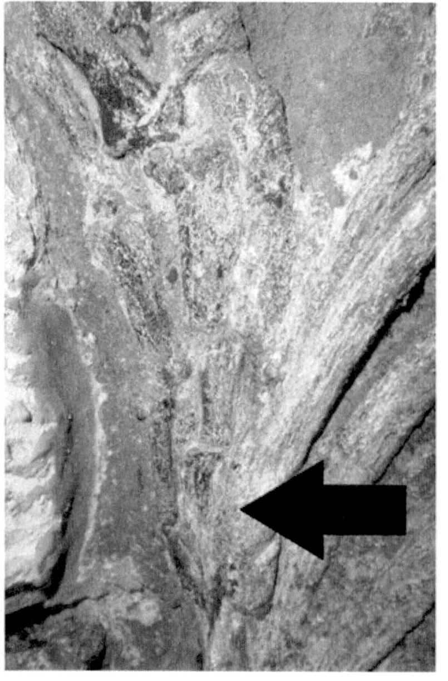

Abb. 15: „ALF“: Rippen, Oberkörper und Kopf des geheimnisumwobenen Zweibeiners aus dem Tertiär vor etwa 20 Millionen Jahren. (links oben)

Abb. 16: „ALF“ Der Kopf der Kreatur (vergrößert). Darin wurden Backen- und Schneidezähne ähnlich denen des Menschen gefunden! (oben rechts)

Abb. 17: „ALF“ Die rechte Hand des bislang unklassifizierbaren Wesens (Pfeil), die drei statt fünf Finger oder Klauen aufweist. (unten links)

24 Vorbereitung zur „Republikflucht"

Mysteriöse Begegnung an der innerdeutschen Grenze

Die Flucht über Grenzen ist ohne Frage ein unwägbares Abenteuer und zumeist auch mit den vielfältigsten Gefahren verbunden. Dies galt in besonderem Maße für all jene, die bis zum Fall der Berliner Mauer (1989) ihr Glück im anderen Teil Deutschlands suchen wollten. Jahrzehntelang war das sogar mit tödlicher Gefahr verbunden, wie die traurige Bilanz an der innerdeutschen Grenze oder der Mauer in bedrückender Weise belegt. Sorgfältigste Vorbereitungen oder professionelle Fluchthelfer waren in der Zeit des kalten Krieges bis zum Ende des „Ostblocks" Voraussetzung dafür, dass der Plan nicht von Anfang an zum Scheitern verurteilt war. Überraschungen waren immer möglich. Was sich jedoch im Vorfeld ihrer geplanten und auch geglückten „Republikflucht" ereignen würde, daran hätten die Beteiligten der nachfolgend beschriebenen Vorgänge nicht einmal in ihren kühnsten Träumen gedacht.

In den ersten Jahren nach dem Ende des Krieges war die Grenze zwischen der sowjetischen Besatzungszone im Osten sowie der besetzten Zonen der USA, Großbritanniens und Frankreichs westlich des „Eisernen Vorhangs" noch relativ durchlässig. Das änderte sich erstmalig, als am 23. Mai 1949 aus den drei Westzonen die Bundesrepublik Deutschland und – als Antwort hierauf – am 7. Oktober desselben Jahres die Deutsche Demokratische Republik gegründet wurde.

Eine wirtschaftliche Krisensituation ab 1952 ließ in vielen Bürgern der jungen DDR den Plan reifen, über die nach wie vor „grüne Grenze" in den Westen, oder in die westlichen Sektoren Berlins zu flüchten.[21] Unter ihnen befand sich auch der damals 48 Jahre alte Oskar Linke. Ehemals Major in der Deutschen Wehrmacht, bekleidete er im Frühjahr 1952 das Amt des Bürgermeisters der damaligen Gemeinde Gleimershausen in Thüringen.

Unzufrieden mit den Verhältnissen, hatte auch Linke die Absicht, sich gemeinsam mit seiner Frau und den sechs Kindern in den Westen abzusetzen. Um die Flucht vorzubereiten, war er oft mit seinem Motorrad in der Nähe der Grenze unterwegs. Der Plan war, die russischen Soldaten, die vor der Gründung der „Nationalen Volksarmee" die Demarkationslinie bewachten, an seine Anwesenheit zu gewöhnen. Denn in seiner offiziellen Funktion als Bürgermeister würde er bei der Besatzungsmacht sicher kein großes Misstrauen erwecken.

An einem jener Tage fuhr er mit seiner damals elfjährigen Tochter Gabriele auf dem Rücksitz durch einen Wald bei Haselbach, in der Nähe der Kreisstadt Meiningen. Doch ganz plötzlich platzte der hintere Reifen des Motorrades. Oskar Linke musste absteigen, und das Fahrzeug in die nächste Ortschaft schieben. Die beiden waren erst wenige Meter weit gekommen, als Gabriele ihren Vater auf einen ungefähr 150 Meter entfernten Gegenstand aufmerksam machte, den dieser im Zwielicht für ein Reh hielt. Nachdem sie das Motorrad, ohne großen Lärm zu verursachen, an einen Baum gelehnt hatten, schlichen sich die beiden näher, um das vermeintliche scheue Waldtier zu beobachten.

Doch Zwielicht kann leicht täuschen. Als sie noch an die 60 Meter entfernt waren, entpuppte sich das „Reh" als zwei unheimlich silbrig schimmernde, menschenähnliche Gestalten von nicht mehr als etwa 1,20 Metern Größe. Beide Kreaturen standen vornübergebeugt und betrachteten irgendetwas am Boden. Eins dieser Geschöpfe trug in Brusthöhe eine Lampe, welche in regelmäßigen Abständen aufleuchtete. Linke schlich sich nun bis auf knappe zehn Meter an dieses unheimliche Szenarium heran. Hinter den zwei kleinen Wesen bemerkte er nun ein riesiges, diskusförmiges Objekt, welches er später mit einer „gewaltigen Bratpfanne" verglich. Dessen Durchmesser schätzte er auf 15 Meter. Am Rand hatte dieses Objekt zwei Reihen Löcher von etwa 30 Zentimetern Breite; jede dieser Vertiefungen war von der jeweils nächsten einen knappen halben Meter entfernt. Auf dem Ding erhob sich ein schwarzer kegelförmiger Turm von einem Meter Höhe.

Der Bürgermeister fühlte sich nicht wohl in seiner Haut. Er befand sich schließlich in dem russisch besetzten Teil Deutschlands, wo es nicht ungefährlich war, außergewöhnliche Dinge zu sehen oder darüber Bescheid zu wissen. Nicht selten verschwanden solche Leute auf Nimmerwiedersehen in einem der „Gulags", den berüchtigten Gefangenen- und Arbeitslagern der Sowjets im Innern Sibiriens. Nein, auf dieses seltsame Abenteuer hätte Bürgermeister Linke in dem Moment sicher gerne verzichtet.

Allzu lang konnte er sich solchen bangen Gedanken jedoch nicht hingeben. Denn im nächsten Augenblick rief ihn seine Tochter Gabriele, die ein paar Meter hinter ihm geblieben war. Davon wahrscheinlich aufgeschreckt, erhoben sich die zwei kleinwüchsigen Gestalten im silbernen Outfit, und eilten zu dem hinter ihnen stehenden Objekt. Durch den erwähnten Turm auf der Oberseite gelangten sie ins Innere und waren dadurch rasch den Blicken von Vater und Tochter Linke entschwunden.

Im selben Moment begann nun der äußere Rand des Objektes zu glühen; gleichsam wurde ein leises Summen vernehmbar. Das Glühen änderte seine Farbe von ursprünglich Blaugrün in Rot. Auch wurde das Leuchten stärker, ebenso das Summen, und der kegelförmige Turm versank allmählich in der Mitte des Objektes. Das erhob sich ein wenig vom Boden, wobei es den Eindruck erweckte als drehe es sich wie ein Kreisel. Linke beschrieb es so, als stünde, oder besser rotierte der Apparat auf dem kegelförmigen Turm, der von oben durch das ganze Objekt nach unten gedrungen war, und nun an dessen Unterseite auftauchte.

Dann schwebte das Gerät ein paar Zentimeter über dem Boden, und es schien von einem Flammenkreis umgeben. Nochmals verschwand der Turm, diesmal von der Unterseite, und kam letztlich wieder oben zum Vorschein, wo er sich schon zu Beginn der Beobachtung befunden hatte. Und dann beschleunigte der Apparat mit einer schier unglaublichen Geschwindigkeit nach oben, wobei Linke und seine Tochter „ein Geräusch wie von einer fallenden Bombe" vernahmen. Sekunden später war das UFO außer Sicht.

Über alle Maßen verwirrt von dieser aussergewöhnlichen Beobachtung, begab sich Bürgermeister Linke, nachdem von dem Objekt nichts mehr zu sehen war, an den Landeplatz. Er fand dort einen kreisrunden Eindruck im Boden, der noch ganz frisch war. Dieser hatte genau dieselbe Form wie der kegelförmige Turm, der sich im Verlauf der Sichtung zunächst von oben nach unten und danach wieder zurück bewegt hatte.

Was den beiden Zeugen da widerfahren ist, wird heutzutage allgemein als eine „Unheimliche Begegnung der Dritten Art“ bezeichnet – eine nahe Sichtung eines fremden, mit großer Wahrscheinlich nicht von diesem Planeten stammenden Flugobjekts, gleichzeitig mit offenbar nichtmenschlichen Kreaturen in unmittelbarer Nähe des Objekts.[53] Zur Bestätigung dieser unheimlichen Begegnung von Vater und Tochter Linke gab es noch weitere Aussagen. So berichtete der Vorarbeiter einer nahegelegenen Sägemühle, er hätte einen „kometenartigen Gegenstand“ von dem leichten Hügel fortrasen sehen, wo sich die beiden Augenzeugen befunden hatten. Ebenso ein Schäfer, der nur ein paar hundert Meter vom Schauplatz des Geschehens entfernt stand. Er gab an, dass er „etwas wie einen Kometen“ von der Erde habe abprallen sehen.

Eine Woche nach dieser verstörenden Begegnung flüchtete die ganze Familie wie geplant in den Westen. Dort gab Linke sein Erlebnis den Besatzungsbehörden zu Protokoll. Die Amerikaner stuften seinen Bericht als so bedeutsam ein, dass sie auf der Stelle den Geheimdienst CIA einschalteten, der ein ausführliches Dossier darüber anlegte. Der vormalige Bürgermeister beschwor bei seinen Vernehmungen, dass er vor seiner Flucht in die Bundesrepublik noch nie etwas über UFOs gehört oder gelesen habe. Das Thema war für ihn und seine Familie vollkommen neu. Zum Zeitpunkt seiner Beobachtung hielt er das alles für eine Konfrontation mit einer gerade erst entwickelten, russischen Geheimwaffe, die nur wenige Kilometer vor der Grenze gelandet war. Und betonte, dass er große Angst vor den möglichen Folgen hatte, wie er in diesem Fall etwas gesehen hatte, was er nicht hätte sehen dürfen!

Und seine Tochter Gabriele fügte hinzu: „Ich war derart erschrocken, dass ich nicht wusste, was ich tun sollte. Ich hoffe, dass ich nie wieder so etwas erlebe!"

Die ganze Geschichte der unfreiwilligen UFO-Zeugen wurde erstmals am 7. Juli 1952 von der „North American Newspaper Alliance" verbreitet und an zahlreiche Zeitungen in den USA und der ganzen Welt weitergegeben.[54,55]

25 Wieder auf Kurs

„Geisterstimme" weist den Weg

Im Zeitalter des Autopiloten und einer weltweit vernetzten Flugsicherung ist leider so vieles von jenem abenteuerlichen Flair verloren gegangen, der das Fliegen in der Mitte des 20. Jahrhunderts noch zum echten Erlebnis machte. Computer haben längst die Aufgaben geschulter Spezialisten übernommen, die seinerzeit, nach den Sternen navigierend, jede Menge „Gehirnschmalz" aufbieten durften, um den Kurs zuverlässig zu berechnen. Die Flugkapitäne mussten ihnen absolut vertrauen können, wollten sie keine Katastrophe riskieren. Es war ein eingeschworenes Team, das da im Cockpit saß: Pilot, Co-Pilot und Navigator hatten alles in ihrer Macht stehende zu tun, damit ihre Passagiere heil den Zielflughafen erreichten. Die Zielsetzung ist heute keine andere, einzig die zur Verfügung stehende Technik hat sich radikal verändert.

Der heute selbstverständliche Instrumentenflug war in den 1950er Jahren noch echte Zukunftsmusik. Kurze Strecken wie auch die über den „großen Teich" wurden auf Sicht geflogen. Am Tage wie nächtens. Und es waren die Nachtflüge über den nördlichen Atlantik, die dem deutschen Flugkapitän Rudolf Braunburg von allen seinen Strecken am intensivsten in Erinnerung blieben. Man startete im letzten Licht des Tages in New York, und gerade hatte man hinter Nantucket Island südlich von Cape Cod die Reiseflughöhe erreicht, da zog vor dem Bug der Maschine auch schon die Nacht auf. Es ging geradewegs in östlicher Richtung, der Zeit entgegen. In seinen aktiven Jahren hatte Braunburg die Strecke gewiss hunderte Male geflogen. Doch eine Nacht über dem Nordatlantik blieb ihm für immer unvergesslich in Erinnerung. Auf diesem Flug geschah etwas Unheimliches, Unerklärliches.

Der Navigator an Bord stand gewaltig unter Stress, denn das Flugwetter an besagtem Abend war miserabel. Mühsam musste die Propellermaschine gegen Wind und Wetter ankämpfen. Die Sterne, welche man zur Positionsbestimmung hätte anpeilen können, waren nicht auszumachen; zu wolkenverhangen war der Himmel. Da ging es den Fliegern nicht viel besser als den Segelschiffkapitänen Jahrhunderte zuvor: Wo nichts zu sehen ist, kann man selbst mit den besten Geräten keinen Standort bestimmen.

Braunburg war der Pilot an Bord jener Maschine, und er schaffte es, trotz des schlechten Wetters mit Vereisung und Sankt-Elms-Feuer (dies ist eine vornehmlich bei Gewittern auftretende Leuchterscheinung; meist an herausragenden Kanten und Spitzen von Schiffen und Flugzeugen durch elektrische Entladung[21]), die Maschine sicher durch die unruhige Nordatlantiknacht zu steuern. Jedenfalls über den größten Teil der Strecke.

Eine Radarüberwachung des Flugverkehrs mitten auf dem Ozean gab es damals noch nicht. Also funkten die Piloten ihre manuell errechneten Positionen alle zehn Längengrade an die zuständigen Stationen durch. Als sich Braunburgs Maschine langsam von Westen her der irischen Küste näherte, musste der Navigator – eigentlich ein hochqualifizierter Mann – dem Kapitän eingestehen, dass er die Position nur rein theoretisch errechnet hatte. Noch nie zuvor habe er ein so miserables Wetter erlebt, und dies über den gesamten Atlantik hinweg. Da sei keine einzige Möglichkeit gewesen, die Sterne exakt anzupeilen. Die Funknavigation war ebenfalls schwer gestört: Durch Nordlichter, elektromagnetische Sonnenstürme und ähnliche Widrigkeiten, die so einen Spezialisten an den Rand des Wahnsinns treiben konnten.

Auf diesem Flug war also die Position, die der Navigator für 20 Grad westlicher Länge mühsam ausgerechnet hatte, nichts weiter als graue Theorie.

Braunburg gab sie über Funk an Shannon Control in Irland durch. Solche Meldungen wurden stets in Einzelziffern weiter gefunkt. Da bedeutete beispielsweise 5-8-2-0 im Klartext: 58 Grad nördlicher Breite und 20 Grad westlicher Länge. Als er die Flugsicherung Shannon anrief, war er allein im Cockpit. Der Co-Pilot war gerade in den Passagierbereich gegangen, und der Navigator, gleichzeitig auch Bordingenieur, kümmerte sich um die ausgefallene Wasserspülung der Toiletten im Heck der Maschine.

Und mit einem Male, buchstäblich aus dem Nichts, ertönte eine mechanisch klingende Stimme im Kopfhörer des Piloten. Der rückte die Halterung zurecht und drückte mit den Fingern die Hörmuscheln an, um sie klarer verstehen zu können. Diese geisterhafte Stimme klang wie elektronisch verzerrt. Und gab eine Zahlenreihe durch, die vollkommen verschieden war von jener, die Braunburg kurz zuvor an den Tower von Shannon Control übermittelt hatte.

Ganz automatisch schrieb er die Ziffernfolge auf seinem Notizblock mit. Dann versuchte er, Funkkontakt mit seinem unbekannten Gegenüber zu bekommen, um die übermittelten Angaben zu verifizieren. Doch vergebens. Auch auf mehrmaliges Nachfragen erhielt er keine Antwort.

Nicht lange darauf betrat der Navigator erneut das Cockpit. Kleinlaut gab er zu, seine theoretisch errechnete Position sei vollkommen falsch gewesen. Unter Stress habe er einen simplen Rechenfehler gemacht. Doch nun hätte er die tatsächliche Positionsangabe. Und als er sie dem Flugkapitän vorlas, traute der seinen Ohren nicht mehr. Entsprach doch diese richtige Angabe haargenau jener Position, wie sie die mysteriöse Geisterstimme durchgegeben hatte! Zur Sicherheit warf Flugkapitän Braunburg einen Blick auf seinen Notizblock. Darauf stand genau das, was der Navigator von dessen Zettel abgelesen hatte.

In der Zwischenzeit waren sie bis auf 15 Grad westlicher Länge an die irische Küste herangerückt. An dieser Stelle erreichten sie endlich die Radarüberwachung Irlands und erhielten von dieser ihre tatsächliche Position übermittelt. Die führte die erste, theoretisch errechnete Positionsmeldung ad absurdum. Und bestätigte gleichzeitig, was die verzerrt klingende Geisterstimme im Kopfhörer gemeldet hatte. Und dies in einem Bereich, der weit außerhalb jeder Radarkontrolle gelegen hatte.

Irgendjemand hatte sich offenbar auf geheimnisvolle Weise eingeschaltet, und den falschen Kurs korrigiert. Denn nur allzu leicht hätte das Flugzeug mit anderen, gleichfalls die Westküste von Irland anfliegenden Verkehrsmaschinen kollidieren können. Nähern sich doch gegen Morgen binnen weniger Stunden auf der Nordatlantikroute zahlreiche Maschinen der irischen Küste.

Wer immer da eingegriffen hatte, um den Kurs zu berichtigen, blieb ein Geheimnis. Denn außer der Crew an Bord konnte keiner die genaue Position wissen.[56]

26 Die Routine-Operation

Erinnerungen an ein unrühmliches Ende?

Der Arbeitsalltag eines Klinikarztes ist in aller Regel von Routine geprägt: Chirurgische Eingriffe, lange Stunden im Operationssaal, nicht selten Doppelschichten und die üblichen Anweisungen an das Pflegepersonal. Das war schon vor mehr als einem halben Jahrhundert nicht anders. Heute kommt noch ein immer mehr ausufernder Wust an Bürokratie hinzu – Brüssel und seinem Wasserkopf an überbezahlten EU-Beamten sei Dank. Doch bei jedem Arzt kommt er fast so sicher wie das Amen in der Kirche: Jener Tag, an dem er zum ersten Mal mit seltsamen, ungewöhnlichen und mysteriösen Dingen konfrontiert wird, die ihm Zeit seines Lebens unauslöschlich im Gedächtnis haften bleiben.

Einer dieser Mediziner, die derart von einem Augenblick zum nächsten ihr bis dato festgefügtes Weltbild in den Grundfesten erschüttert sahen, war der Facharzt für Anästhesie Dr. Günter Abel. Dieser berichtete meinem Freund, dem TV-Moderator Rainer Holbe, in den 1980er Jahren für dessen RTL-Serie „Unglaubliche Geschichten“ von seinem Erlebnis. Es begann im Operationssaal, im Verlauf eines im Grunde banalen Eingriffs.

Zum Zeitpunkt des Geschehens, in den frühen 1950er Jahren, war es in den Kliniken noch gängige Praxis, die Narkose für eine Operation mit freier Hand auszuführen. „Schimmelbuschmaske“, Chloräthyl, Äther und beinhahe noch wichtiger, das Fingerspitzengefühl des Narkosearztes entschieden über Misserfolg oder Gelingen. Heutzutage ist alles anders. Hightech-Apparaturen überwachen pausenlos den Verlauf, registrieren die Vitalwerte und schlagen auf der Stelle Alarm, wenn irgendetwas nicht stimmt Der Begriff der „Apparatemedizin“ wurde zum feststehenden Terminus unter den Kritikern der modernen Schulmedizin. Doch eines ist klar: Schiefgehen kann immer etwas, woran Menschen beteiligt sind. Doch sollte man im Eifer des Gefechts nicht verschweigen, dass die Zuverlässigkeit der Anästhesie gerade durch den Einsatz modernster Technologien im Vergleich zu früher enorm gestiegen ist!

Es war an einem Freitag im Juni, zu Beginn der 1950er Jahre. Auf dem Operationsplan stand der beinahe alltägliche Fall der Entfernung einer offenbar gutartigen Geschwulst. Einer jungen, rothaarigen Frau sollte das am Rücken lokalisierte Gewebe entfernt werden. Am Kopfende saß, als Narkosearzt, der schon erwähnte Dr. Günter Abel. Er hatte bereits mit dem Träufeln des Äthers begonnen, als ihn der operierende Chirurg auf spezielle Risiken hinwies: „Seien Sie vorsichtig, Herr Kollege. Sie ist rothaarig, und somit wahrscheinlich kreislauflabil. Die Nervenversorgung über die Wirbelsäule hat bekanntermaßen ihre Tücken. Ich rate, die Narkose so flach wie möglich zu halten, und versuchen Sie mit der Patientin zu sprechen."

Damit war alles gesagt. Schmerzempfindung und klares Denken waren in jedem Fall auszuschalten. Um trotzdem keinen Notfall zu provozieren – erfahrungsgemäß birgt jeder noch so „harmlose" Eingriff und jede Narkose auch heute noch ein unkalkulierbares Restrisiko –, mussten Ansprechbarkeit und fallweise sofortiges Erwachen gewährleistet sein. Darum hielt sich der Anästhesist strikt an die Warnung, und begann ein Gespräch mit der auf dem Operationstisch liegenden Frau.

„Spüren Sie jetzt irgendwelche Schmerzen?", fragte Dr. Abel als erstes die Patientin.

„Nicht direkt", lautete die Antwort der Rothaarigen. „Aber die Flammen lodern immer heißer, und auch der Pfahl am Rücken scheuert ganz ekelhaft."

Der Narkosearzt war darüber nicht gerade wenig erstaunt. Er vermutete natürlich zuerst die am nächsten liegende Erklärung: Halluzinationen und Phantasie in Halbtrance. Bei vielen Patienten ist das fast die Regel, wenn sie in die Narkose hinüberdämmern. Da er den Kontakt zu der Frau indes nicht abreißen lassen wollte, ging er weiter auf ihre Worte ein.

„Woher könnte Ihrer Meinung nach das Feuer kommen? Und: Was bedeutet der Pfahl, den Sie erwähnt haben?"

„Sehen Sie nicht, dass ich inmitten eines Reisigfeuers an dieser Stange festgebunden bin?", antwortete die zur Hälfte betäubte Rothaarige fast ein wenig ärgerlich.

„Wie sind Sie überhaupt in diese Situation gekommen?", wollte Dr. Abel nun genauer wissen.

„Das fragen Sie noch, obgleich es die Spatzen schon von den Dächern pfeifen? Der Herr Großinquisitor behauptete nur meiner roten Haare wegen, dass ich eine Hexe sei, die mit dem Leibhaftigen buhlte. Er verurteilte mich zum Tode und zog mein ganzes Vermögen ein."

„Aber wie kommt dieser – äh – Großinquisitor nur zu solchen Behauptungen?"

„Es ist natürlich eine Lüge. Aber ich weigerte mich standhaft, mich einem der Männer hinzugeben, und das ist der wahre Grund für meine Verurteilung."

Die Operation ging inzwischen zügig voran. Doch stellte die Geschwulst sich als deutlich größer als erwartet heraus. Zudem hing sie auch an mehr Blutgefäßen. Also musste der operierende Kollege ein ganzes Stück tiefer ins Gewebe schneiden. Deshalb bat er auch Dr. Abel, die Narkose zur Vorsicht noch ein wenig zu vertiefen. Die Patientin auf dem Operationstisch atmete tief durch und begann, leise vor sich hinzustöhnen.

„Sehen Sie dort drüben den Lüstling auf der Tribüne, wie er auf meine Brüste stiert? Geifer rinnt aus diesem abgrundtiefen Maul, das mich so übel denunziert hat, nur weil ich mir seine lästigen Nachstellungen verbeten habe."

Mit einem Male wurde die Patientin unruhig. Ihr Gewebe verkrampfte sich, und das Blut wurde dunkler. Es zeigten sich die typischen Symptome eines Narkosezwischenfalles. Jetzt galt es, rasch zu handeln. Dr. Abel riss die Äthermaske vom Gesicht der Frau und stellte so den ungehinderten Durchgang ihrer Atemwege sicher. Es vergingen mehrere bange Minuten, dann normalisierte sich ihr Zustand wieder. Endlich konnte mit der Operation und der Narkose fortgefahren werden.

„Geht es Ihnen wieder besser?" fragte der Anästhesist sie etwas erleichtert. Er war bemüht, den Sprechkontakt zu der Patientin nicht abreißen zu lassen.

„Danke, der Wind hatte sich nur ein wenig gedreht und beißender Qualm erschwerte mir das Atmen sehr. Nun lodert das Feuer wieder an mir hoch und meine Qualen werden hoffentlich bald beendet sein."

Die Patientin erlaubte sich eine kurze Pause. Auch lief die Operation gut weiter, und sie fuhr in ihrer sonderbaren Schilderung fort:

„Sehen Sie das hämische Grinsen der Hofschranzen, die eifrig an ihren Altardeckchen nähen und sticken, damit sie später im Himmel dafür belohnt werden?"

Dem Narkosearzt war die Sache mittlerweile unheimlich geworden, und er schien wohl den ersten Anflug einer Ahnung zu bekommen, dass es bei dieser Geschichte um eine völlig andere Existenz ging als um die gegenwärtige. Und obwohl er sich noch nicht so recht einen Reim hierauf machen konnte, fragte er die Patientin nach ihrem Alter.

„Erst gestern war mein 18. Geburtstag. Zum Sterben noch etwas zu früh. Doch eins ist sicher: Ich bin unschuldig, und ich werde wieder auf diese Welt zurückkommen. Dort drüben, auf der Empore, sitzt der Großinquisitor. Er war es, der seinen Schergen befahl, mir Busen und Oberschenkel mit rot glühenden Brenneisen zu verunstalten, damit dem Leibhaftigen künftighin die Einfahrt in meinen Körper verwehrt bleibt. Auch in den Rücken, wo meine Wunde ganz entsetzlich scheuert, ließ er glühendes Eisen hineinstoßen, bis tief zu den Knochen", beklagte sich stöhnend die junge Frau. Allem Anschein nach litt sie furchtbare Qualen und schien die von ihr so eindrucksvoll geschilderte Situation noch einmal in ihrer gesamten Grausamkeit zu durchleben.

Auch der operierende Chirurg hatte die letzten Worte gehört und schüttelte verwundert den Kopf. „Sonderbar, was für dummes Zeug doch manche Patienten in der Narkose reden. Übrigens ist die Geschwulst gutartig, aber völlig atypisch, und viel zu stark gefäßversorgt. Deshalb bitte ich Sie darum, Herr Kollege, noch etwas weiter zu träufeln."

Noch immer in Trance, doch nun fortwährend immer leiser und unverständlicher werdend, beschloss die junge Patientin ihren über alle Maßen bizarren Bericht:

„Auch der Henker ist kein ehrenwerter Mann. Mein Geld nahm er an sich und versprach, mir die Kehle zuzudrücken, wenn es auf das Ende zuginge, um mir das Sterben schneller und leichter zu machen. Leider hat er sein Wort nicht gehalten. Dies ist übrigens auch der einzige Grund, warum ich noch Ihre Fragen beantworten kann. Doch sagen Sie mir: Wer sind Sie eigentlich? Ihre Stimme ist mir wirklich unbekannt. Sie schallt wie aus weiter Ferne. Stammen Sie auch aus Brabant?"

Endlich war die Operation vorüber. Der Narkosearzt nahm der jungen Frau die Äthermaske vom Gesicht und die Pfleger legten die Patientin auf eine fahrbare Trage. Bei dieser Gelegenheit bemerkten die Ärzte auf den Brüsten und den Oberschenkeln seltsame, auffällig braune Hautflecken. Genau da, wo die Frau nach ihrer Erzählung von den Folterknechten des „ehrenwerten" Großinquisitors mit glühenden Eisen malträtiert worden war. Langsam wurde sie wach, und sah die grenzenlose Verwunderung auf den Gesichtern der Männer mit den weißen Kitteln.

„Kein Grund zur Aufregung", meinte sie. „Es sind nur Leberflecke, die ich von Geburt an besitze. Sie stehen auch mit der Rückengeschwulst in keinem Zusammenhang. Ein Facharzt hat diese Veränderungen schon genau untersucht. Es besteht nicht der geringste Grund zur Besorgnis!"

Dann wurde die Patientin vom Personal auf ihr Zimmer gefahren, und der Klinikalltag nahm seinen gewohnten Lauf. Bald war die bemerkenswerte Geschichte der jungen, rothaarigen Frau in Vergessenheit geraten.

Etliche Jahre vergingen. Als passionierter Sammler historischer Kuriositäten und Raritäten stöberte Narkosearzt Dr. Günter Abel eines schönen Tages in einem Antiquariat im französischen Straßburg nach alten Schätzen. Aus einem großen Haufen schlampig gestapelter Bücher zog der hilfsbereite Antiquar einen uralten Band mit prächtigen Kupferstichen.

„Sehen Sie sich doch nur einmal diese makellose Frau an", kommentierte er eins der Bilder in dem Folianten. „Sie wurde von der Inquisition zum Tode verurteilt."

Dem Doktor versetzte der Anblick des Kupferstichs einen gelinden Schock. Sofort fühlte er sich in seine jungen Jahre als Anästhesist versetzt, denn die in jenem alten Buch abgebildete Todeskandidatin glich haargenau seiner damaligen Patientin mit ihrer bizarren Schilderung. Deutlich waren auf dem Kupferstich die dunklen Brandflecken auf den Brüsten und den Oberschenkeln zu erkennen - beigebracht von den glühenden Eisen der eifrigen Folterknechte. Der hilfsbereite Antiquar übersetzte für Doktor Abel den Begleittext aus dem Altfranzösischen:

„Eine achtzehnjährige Frau aus reichem Hause erhielt vom Satan fürs Buhlen Gold und Edelsteine. Trotz peinlichster Folter und Tortura hat sie ihre Missetaten nie eingestanden. Wer derart widerstandsfähig ist, beweist damit seine Schuld. Nur noch loderndes Feuer vermag kann diese arme und vom Teufel besessene Seele wieder zu reinigen."[57]

Die unverhoffte Konfrontation mit dem Unfassbaren vor Jahrzehnten hatte sich mit einem Male ihren Weg zurück ins Bewusstsein des Arztes erkämpft. Der Vorfall im Operationssaal hatte ihm schon damals deutlich vor Augen geführt, dass es da Dinge gibt zwischen

Himmel und Erde, die unser „gesunder Menschenverstand“ nicht erklären kann. War die unschuldig hingerichtete junge Frau aus dem finsteren Mittelalter tatsächlich zurückgekommen, und hatte dem Arzt einen Schock fürs Leben bereitet? Die Zahl gut dokumentierter Fälle, bei denen sich Menschen detailliert an frühere Existenzen erinnern können, geht mittlerweile in die Tausende. Namhafte Ärzte und Psychologen haben sich eingehend mit dem Rätsel der Wiedergeburt beschäftigt und es dem Bereich von Glauben und Religion entrissen.

Oder war alles nur Zufall? Wenn da nur nicht die seltsamen Narben wären, die so perfekt mit jenen Spuren der Folterwerkzeuge übereinstimmten ...

27 Die verlorene Zeit

Fünf Stunden im Untersberg

Im bayerisch-österreichischen Grenzbereich gelegen, ist der Untersberg der nördlichste Gebirgsstock der Ostalpen im Berchtesgadener Land. Seine beiden höchsten Gipfel sind der „Berchtesgadener Hochthron" mit 1973, und der „Salzburger Hochthron" mit 1853 Metern Höhe über dem Meer. Dieses gegen das nördliche Alpenvorland geneigte Tafelgebirge ist von drei tiefen Schluchten sowie der sogenannten Mittag- oder Westscharte durchschnitten. Die Hauptmasse besteht aus den Mineralien Ramsau-Dolomit, Dachsteinkalk und Liaskalk. Am Nordfuß wird bei Grödig Kalkstein („Untersberger Marmor") gebrochen.[21] Soweit die eher unspektakuläre Geologie des mächtigen Gebirgsmassivs.

Bedeutend spannender wird es jedoch, wenn wir uns das „Innenleben" des Untersberges betrachten. Er besitzt eine fast unüberschaubare Anzahl Höhlen, von denen bisher gut einhundert betreten und auch teilweise erforscht werden konnten. Zu den bekanntesten zählen die Eishöhlen des Berges – darunter die Kolowratshöhle und die Schellenberger Eishöhle, die Naturfreundehöhle sowie der große und der kleine Eiskeller.

Um das Innere dieses wie ein Schweizer Käse durchlöcherten Bergstockes ranken sich seit vielen Jahrhunderten die abenteuerlichsten Geschichten. Da wimmelt es nur so von unglaublichen Erlebnissen und phantastischen Vorfällen. Oftmals seien Menschen in die weitläufige, unterirdische Welt hineingeraten, oder wurden gar von seltsamen Wesen entführt. Nach ihrer Rückkehr wussten sie dann märchenhaft darüber zu berichten. Im Jahre 1702 wurde in Salzburg ein Bericht mit dem Titel „Lazarus Gitschners Aufenthalt im verwunschenen Berg" veröffentlicht. In dem Pamphlet, das die angeblichen Erlebnisse eines Stadtschreibers aus dem nahe gelegenen Reichenhall wiedergab, wurde behauptet, dass im Inneren des Untersberges eine wahre „unterirdische Wunderwelt" existieren soll, die der Verfasser besucht hätte. Kein Wunder, dass der Bericht des Reichenhaller Chronisten zu Beginn des 18. Jahrhunderts für mächtiges Aufsehen gesorgt hat.[58]

Aus einer uns viel näheren Zeit stammt das Abenteuer des Ingomar von Lex, dem im zarten Alter von zwei Jahren eine reichlich ungewöhnliche Begegnung zuteil wurde. An einem Tag im Mai des Jahres 1956 geriet er in eine der so zahlreichen Höhlen und gelangte auf unbekannten Wegen immer tiefer ins Innere des Untersberges. Was dem Jungen dort widerfahren war, das hatte dessen Vater, Baron Hjalmar von Lex, seinerzeit in einer glücklichen Eingebung aufgeschrieben, und meinem leider viel zu früh verstorbenen Freund und Autorenkollegen Peter Krassa (1938 – 2005) mitgeteilt.[59]

Zu dieser Zeit besaß der Freiherr ein schmuckes Häuschen an der südlichen Seite des Untersberges. Am Waldrand gelegen, war es ringsum von Wiesen umgeben und somit ein ideales Revier für den damals zwei Jahre alten Ingomar. Der konnte dort ungefährdet vom Straßenverkehr den ganzen Tag spielen und umherziehen. Für die Eltern bestand kein Grund, sich Sorgen um das Söhnchen zu machen, denn der Kleine hatte einen wachsamen Begleiter bei sich, der nicht von seiner Seite wich. Es war „Jacky“, der junge Schäferhundrüde der Familie von Lex. Dieser Hund hing geradezu abgöttisch am kleinen Ingomar.

Dazu kam, dass die ganze Gegend beinahe menschenleer und das nächste Haus Kilometer entfernt war. Außer ein paar Forstarbeitern oder einem Jäger kreuzte niemand die Wege des unternehmungslustigen Knaben und dessen „Bodyguards“ auf vier Pfoten.

Zu alledem war Ingomar trotz seines Kleinkindalters schon ungewöhnlich verlässlich. Pünktlich fand er sich mittags und abends bei den Eltern ein, konnte sich dabei sogar auf das Zeitgefühl des Vierbeiners verlassen. So war es auch an jenem Tag im Mai 1956 gewesen. Gleich nach dem Frühstück waren Ingomar und Jacky bei schönstem Wetter losgezogen; es war genau neun Uhr. Entferntes fröhliches Bellen verriet dem Baron, dass alles in Ordnung war, und er machte sich deshalb keine Sorgen, als kurze Zeit danach Stille herrschte.

Eine erste Unruhe schlich sich erst ein, als der kleine Ingomar nicht wie üblich mittags nach Hause kam. Selbst der Hund ließ sich nicht blicken. Die Rufe des Vaters verhallten offenbar ungehört, und als sich beide Eltern voller Sorge auf die Suche machten, fand sich trotz penibelster Nachschau nicht die geringste Spur. Der Junge und sein treuer vierbeiniger Begleiter schienen sich buchstäblich in Luft aufgelöst zu haben.

Mittlerweile war es zwei Uhr am Nachmittag geworden, und es hatte noch immer keinerlei Lebenszeichen von den beiden Abgängigen gegeben. Die Eltern malten sich bereits die schlimmsten Szenarien aus – doch dann vernahmen sie mit grenzenloser Erleichterung zuerst das Bellen des Schäferhundes und darauf die Stimme des kleinen Ingomar. „Alles war wie immer", erinnerte sich der Baron. Der Junge zeigte großen Appetit und war sich seines ungewöhnlich langen Fernbleibens absolut nicht bewusst. Vielmehr glaubte er, so pünktlich wie gewöhnlich nach Hause gekommen zu sein. Und auch der Hund war derselben Fehleinschätzung erlegen. (Das Zeitempfinden von Hunden ist legendär; der Vierbeiner weiß mit schlafwandlerischer Sicherheit, wenn zum Beispiel die Zeit seiner täglichen Runde gekommen ist – vollkommen gleichgültig, ob zur Sommer- oder Winterzeit; HH)

Natürlich war Vater Hjalmar von Lex begierig zu erfahren, wo sein Sohn so lange gewesen war. Der antwortete ganz arglos, er sei „bei einem Freund" gewesen. Der Baron war komplett ratlos. Um welchen Freund mochte es sich da handeln? Nachbarn gab es weit und breit keine!

Also ließ er sich diesen sogenannten „Freund" ein wenig genauer beschreiben. Und fiel aus allen Wolken.

Denn bei Ingomars „Freund" schien es sich um einen Zwerg zu handeln. Einem solchen behauptete der Zweijährige im Wald hinter dem Haus begegnet zu sein. Freudig hatte er die Einladung des „Zwergel" – wie er es ganz unbefangen nannte – angenommen, ihm zum Untersberg zu folgen. Den Worten seines Sohnes entnahm der Freiherr, dass dies im Bereich des „Drachenloches" gewesen sein dürfte.

Dort betraten die drei eine Höhle. Was indes noch seltsamer war: Der sonst so wachsame und Fremden gegenüber oft misstrauische Hund ging ebenfalls bereitwillig mit.

„Da drinnen war es überhaupt nicht finster", erzählte Klein Ingomar. Durch einen schmalen Gang gelangten sie ins Innere des Berges, bis sie einen kleinen See erreichten, an dem sich viele Leute aufhielten. Vater Lex vermutete, dass sein Sprössling auf Höhlenforscher gestoßen sein könnte. Der aber machte mit kindlichen Worten klar, dass dies keinesfalls gewöhnlichen Leute waren: „Die waren alle durchsichtig!"

In der Rückschau des damaligen Vorfalles glaubte der Baron, dass er seinen kleinen Sohn in diesem Augenblick wohl komplett entgeistert angestarrt hatte. Denn der Zweijährige beharrte in vollster Überzeugung auf seinem reichlich exotischen Erlebnis: „Wirklich, Papa, das waren lauter durchsichtige Leute, und ich konnte durch jeden hindurchschauen ..."

Jene seltsamen Kreaturen waren ihm offenbar auch nicht feindlich gesonnen. „Sie waren gar nicht bös. Und das Zwergel hat zu mir gesagt, die Durchsichtigen werden mich von nun an beschützen", erfuhr der Baron, dem es inzwischen buchstäblich die Sprache verschlagen hatte.

Kurze Zeit später seien sie dann wieder zu dritt – Ingomar, das „Zwergel" und Hund „Jacky" – zurück zum Höhleneingang gegangen. Dort habe sich der Zwerg freundlich verabschiedet. Als der Vater zu wissen begehrte, wie lange sie denn im Berg gewesen seien, da folgte die nächste Überraschung. „Ach, nur ganz kurz", war der Kleine fest überzeugt. „In Wirklichkeit jedoch waren nicht weniger als fünf Stunden vergangen", musste Baron von Lex später die kindliche Annahme korrigieren.[60]

Bei seinem Abenteuer im sagenumwobenen Untersberg waren dem Jungen auf völlig unbegreifliche Weise ein paar Stunden Zeit abhandengekommen. Es ist eine garnicht so seltene Art Grenzerfahrung, welche wir heute unter dem Begriff „missing time" bevorzugt aus Berichten über Entführungen durch möglicherweise nicht von unserer Welt stammenden Intelligenzen kennen („Unheimliche Begegnungen der 4. Art").

Falls sich Ingomar von Lex diese erstaunlichen Details nicht aus den Fingern gesogen hat, was ist dann tatsächlich an jenem Tag im Mai 1956 mit ihm geschehen?

28 Der zehnte Planet

Eine filmreife Vorführung

Noch einmal begeben wir uns in die geheimnisumwitterte Region auf dem „Dach der Welt". Jenem Teil Ostasiens, welcher uns dem Rationalismus verhafteten Bürgern des Westens immer wieder den Boden unseres Glaubens an „gesicherte Wahrheiten" und „wissenschaftlich fundierte" Erkenntnisse schlichtweg unter den Füßen wegzuziehen vermag.

Das nachfolgend berichtete Abenteuer wäre wahrscheinlich niemals durch den „Eisernen Vorhang" unseligen Angedenkens nach Westen gedrungen, hätte der Sachbuchautor Peter Kolosimo (1922-1978) nicht über ausgezeichnete Kontakte zu Gelehrten des ehemaligen Ostblocks verfügt. Neben seiner Betätigung als Schriftsteller und Forscher arbeitete er als Koordinator bei der „Vereinigung für prähistorische Studien" in der DDR.[61] Von dort dürften auch seine Informationen über eine Expedition sowjetischer Forscher stammen, die im Jahr 1959 mehrere tibetische Klöster besuchten. In einem davon bekamen sie eine Vorführung geboten, die selbst heute, 60 Jahre nach den Ereignissen, nur als ausgesprochen bizarre Zukunftstechnologie zu interpretieren ist.

Die erwähnte Expedition stand von Anbeginn unter keinem guten Stern. Schwierigkeiten aller Art untergruben die Moral der Teilnehmer. Zwei von ihnen trugen lebensbedrohliche Verletzungen davon, als sie in eine tiefe Felsspalte stürzten. Und drei weitere mussten vollkommen erschöpft der Gastfreundschaft von Dorfbewohnern anvertraut werden, bei denen sie sich von ihren Strapazen erholten. Aber letztlich behielt, allen Widerständen zum Trotz, die Hartnäckigkeit und der eiserne Wille der übriggebliebenen Männer die Oberhand. In einem buddhistischen Kloster, unweit des alten Heiligtums von Galdhan, trafen die Teilnehmer auf einen alten Weisen, der offenbar über ein profundes Wissen über Astronomie und Raumfahrt verfügte.

Dieser Lama, ein geweihter Priester seiner Religion, zeigte sich fest überzeugt von der Existenz intelligenten Lebens dort draußen im All. Den russischen Besuchern gegenüber deutete er an, unter bestimmten Voraussetzungen sogar in Kontakt mit Besuchern aus fremden Welten treten zu können. Natürlich waren die Forscher begierig, von dem heiligen Mann einen schlüssigen Beweis für dessen kühne Behauptung zu bekommen. Der aber lehnte ihr Ansinnen erst einmal kategorisch ab.

Die Russen ließen jedoch nicht locker. Nach längerem Drängen wählte der Lama schließlich zwei der Wissenschaftler für eine ganz spezielle Vorführung aus. Die beiden wurden in Konzentrationsübungen unterwiesen und bekamen mehrere Tage lang eine eigens für sie zusammengestellte Diät. Inwieweit das Ganze irgendeine Bedeutung für die später erfolgte Demonstration hatte, konnte keiner von ihnen in Erfahrung bringen.

Nach Ablauf einer von ihm bestimmten Wartezeit forderte der Lama die beiden Probanden auf, ihm in seine schmucklose Mönchszelle zu folgen. Er nahm seine Gäste bei der Hand und versank in tiefer Konzentration, während eine fremdartige Apparatur musikähnliche, gedämpfte Klänge von sich gab. Die brachen ganz plötzlich ab, und beinahe im selben Augenblick manifestierte sich ein Szenarium, das man, vom Standpunkt unseres heutigen, technischen Wissens, bestenfalls als eine holografische Vorführung erklären kann. Mit der Erzeugung eines Hologramms, der beinahe physisch greifbaren Illusion, die dem Betrachter dreidimensional erscheinende Bilder vermittelt.

Das Bild, das sich nun mitten in dem Raum aufbaute, war anfangs ein wenig verschwommen, nahm aber nach und nach immer klarere Konturen an. Ein fremdartiges, menschenähnliches Wesen starrte die drei Männer an. Es stand bewegungslos da, während sich so etwas wie eine „Miniaturausgabe" unseres Sonnensystems abzeichnete. Merkur, Venus, Erde, Mars und die äußeren Planeten zogen deren Bahnen um unser Zentralgestirn. Gebannt verfolgten die Russen das bewegte Spiel der kleinen Kugeln, zählten und identifizierten sie. Doch was war das? Jenseits der Bahn des äußersten und sonnenfernsten Planeten Pluto umrundete eine weitere Kugel unsere Sonne – und das konnte unmöglich sein!

Die Gelehrten wollten nicht glauben, was sie da sahen. Eine rationale Erklärung für das Phänomen hatten sie nicht, und der Lama schwieg eisern auf jede Frage nach der Herkunft dieser fremdartigen Apparatur. Er verriet ihnen nach längerem Zögern, dass außerhalb der Umlaufbahn des Pluto tatsächlich ein weiterer Planet kreise, dessen Entdeckung innert der kommenden Jahre erfolgen würde.[25]

Verlassen wir an dieser Stelle kurz die Geschichte um die filmreife Vorführung einer möglicherweise holografischen Animation. Denn die von dem alten Tibeter vorausgesagte, zukünftige Entdeckung eines zehnten Planeten jenseits des Pluto hat sich tatsächlich bewahrheitet. Im Jahr 2005 berichteten die Medien, amerikanische Astronomen hätten einen solchen Himmelskörper in unserem Sonnensystem entdeckt. Noch haben die Forscher dem Objekt am Rande unseres Sonnensystems keinen Namen gegeben. Seit seiner Entdeckung im Jahre 2003 ist er behelfsmäßig unter der Bezeichnung „2003 UB 313“ registriert.

Die Astronomen haben den Planeten eingehend beobachtet und sind zu dem Ergebnis gekommen, dass dessen Durchmesser rund 3.000 Kilometer betrage (Pluto: ungefähr 2.280 Kilometer). Er bestehe zu etwa 70 Prozent aus Gestein und zu 30 Prozent aus tiefgefrorenem Wasser. Doch dürfte der Planet nicht besonders lebensfreundlich sein. Unsere heimatliche Erde besitzt einen Aquatordurchmesser von rund 12.700 Kilometern, und unser Mond mit 3.500 Kilometern etwas mehr als dieser neu entdeckte Himmelskörper. Die Temperaturen auf dem „Neuzugang“ betragen geschätzte 240 Grad unter Null.[62]

Kehren wir jedoch noch einmal zurück zu jener höchst mysteriösen Vorführung im Jahre 1959. Die schwerwiegenden politischen Differenzen, die relativ bald nach der Expedition das Verhältnis zwischen China und der Sowjetunion schwer belasteten, bereiteten weiteren Untersuchungen ein jähes Ende. Wir können heute nur mehr spekulieren, was der alte Lama den Forschern zu sehen weismachte. War das Ganze am Ende nichts als eine optische Täuschung, oder hatte der gute Mann seinen Gästen gar halluzinogene Drogen ins Essen gemischt?

Später äußerte sich einer der beiden teilnehmenden Forscher wie folgt: „Weder ich noch mein Kollege werden wohl jemals erfahren, ob die Gestalt leibhaftig vor uns erschienen ist, oder ob wir sie uns nur eingebildet haben. Wir werden nie erfahren, ob sie tatsächlich durch den Weltraum in die Zelle projiziert, oder nur durch die Willenskraft des Mönchs 'gezeichnet' wurde. Wir können sie zwar im Allgemeinen beschreiben, dass sie überhaupt nichts Irdisches an sich hatte (...) es erscheint jedoch unmöglich, dass eine menschliche Phantasie etwas so Artfremdes hervorbringen könnte."[25]

29 Zwei Jungen mit Laterne

Ein paar Minuten im „Anderswo“

Vorausgeschickt: Ich habe wirklich schon unglaublich viel erlebt in den bisherigen Jahren meines irdischen Daseins. Hierunter waren auch einige recht ungewöhnliche Dinge, die ich – an späterer Stelle – meinen Lesern nicht vorenthalten möchte. Bei dem nachfolgend geschilderten Vorfall habe ich allerdings recht lange und in mehrfacher Hinsicht mit mir gerungen. Genauer gesagt, war es ein Kampf über sehr viele Jahre. Zum einen natürlich, ob ich das bereits im frühen Kindesalter Erlebte überhaupt in diesem Rahmen an die Öffentlichkeit bringen solle. Mein innerer Konflikt begann jedoch bereits bedeutend früher.

Über Jahrzehnte hinweg habe ich mich hartnäckig dagegen gewehrt, mich überhaupt an den Vorfall zu erinnern. Ich habe ihn stets, so gut es denn möglich war, aus meinem Tagesbewusstsein ausgeblendet. Nicht weil es in irgendeiner Weise traumatisch gewesen wäre. Keine Spur. Und weil ich auch nicht alleine war, konnte ich das Unglaubliche noch mit jemand anderem teilen.

Viele Jahre später, als mir klar geworden war, dass es für Erinnerungen keinen Ausschaltknopf gibt, habe ich mich ganz vorsichtig schlau gemacht, ob zur fraglichen Zeit am Ort des Geschehens so etwas wie eine Sonnenfinsternis registriert worden war. Für mich war dies eine Art „Strohhalm“, an dem ich mich regelmäßig festzuklammern pflegte, wenn sich meine Erinnerungen an jenen denkwürdigen Tag meldeten.

Doch wie das so der Fall ist mit Strohhalmen: Allzu viel Gewicht sollte man nicht dranhängen. Was in meinem Fall nur bedeuten konnte, dass die Schutzbehauptung, mit der meine Ratio die tieferen Schichten meines Bewusstseins ruhigstellen wollte, versagen musste. Es gab damals weit und breit keine Sonnenfinsternis in dieser Region

- weder total noch partiell. Jetzt sollte ich meine Leser aber nicht länger auf die Folter spannen: Was hat da so nachhaltig auf mich eingewirkt, dass nach all den Jahren die Erinnerung daran noch immer so lebendig ist?

Dieses unglaublichste Erlebnis meiner Kindheit – wenn nicht sogar meines bisherigen Lebens – hat einen noch immer real existierenden Schauplatz. Ich wurde im oberbayerischen Städtchen Fürstenfeldbruck geboren. In der eigentlich recht idyllischen Amperstadt im Umland von München, die wegen des blutigen Endes des Olympia-Attentates von 1972 mit einem Mal in die Schlagzeilen kam. Meine Eltern und ich lebten zum Zeitpunkt des mysteriösen Abenteuers in der Kapuzinerstraße 18, einem noch aus den 1920er oder den frühen 1930er Jahren stammenden, geräumigen Haus, welches von drei Mietparteien bewohnt wurde. In diesem erst vor wenigen Jahren komplett renovierten Haus war auch die Schneiderei meines Vaters untergebracht.

Da die Straße damals, Ende der 1950er Jahre, noch recht ruhig war, spielte ich gern auf dem Gehsteig. Ich sehe die Szene heute noch immer vor mir: Von der Pucher Straße aus läuft die Kapuzinerstraße sanft bergab, wo sie dann in die stadtauswärts führende Schöngeisinger Straße mündet. Der Gehsteig war nicht geteert; kleinkörniger Kies sorgte für so manch aufgeschlagenes Knie. Am Rand waren alle paar Meter kugelförmig zugeschnittene Hochstämme von Weißdorn, mit ihren kleinen, rot-weißen Blüten. Sie stehen dort noch heute am Rande der Straße.

Es war im Sommer 1959 oder spätestens 1960, und ich zählte gerade einmal um die vier Jährchen. In diesem Alter des Sturms und Drangs, zu dieser ganz besonderen Zeit des gerade begonnenen Wirtschaftswunders, war jeder Tag ein spannendes Abenteuer, und konnte nicht lang genug dauern. Ich teilte das wundervolle Lebensalter mit einem Freund, dem gleichaltrigen Fredi L. aus dem Nachbarhaus Kapuzinerstraße 20, nur einen Steinwurf die Straße aufwärts. Wir waren unzertrennlich, und so ist mir auch klar, dass dieser rätselhafteste Vorfall in meinem Leben ähnliche Bedeutung im Leben von Sandkastenfreund und Spielkamerad Fredi haben dürfte.

Es war ein strahlender Hochsommertag im Juli oder August, und die Sonne schien von einem wie blank geputzten Himmel herab. Fredi und mich hielt natürlich nichts in den vier Wänden, und darum spielten wir wie schon so oft zuvor auf dem Gehsteig „unserer“ Kapuzinerstraße. An besagtem Tag hatten wir eine uralte Laterne gefunden, die für uns unvergleichlich spannender und interessanter war als jedes für teures Geld gekaufte Spielzeug. In den Jahren nach dem Krieg fand man alle möglichen Gegenstände. Treibgut und Erinnerungen aus der guten alten Zeit, die oft so gut nicht war. Später wurden sie meist als überflüssiger Kram entsorgt – heute lassen sie als gesuchte Antiquitäten die Herzen von Nostalgikern und Sammlern höher schlagen.

Ich kann nicht mehr sagen, wie lange wir uns mit der „antiken“ Laterne beschäftigt hatten, als sich urplötzlich die Welt rings um uns seltsam veränderte. Noch heute habe ich gewaltige Schwierigkeiten, diese Veränderung in passende Worte zu fassen. Es war, wie gesagt, ein strahlender Hochsommertag, etwa um die Mittagszeit, als uns unvermittelt eine „Art Dunkelheit“ einzuhüllen begann. Doch das wirklich Paradoxe an dieser Situation war, dass bei alledem die Sonne weiter schien. Ich kann mir deshalb beim besten Willen keinen Reim darauf machen, wie sich uns der Eindruck von Dunkelheit vermitteln konnte. Deshalb wohl meine zögerlichen Versuche, in späteren Jahren an Informationen über eine mögliche Sonnenfinsternis zu kommen. Da fand schlicht und ergreifend keine statt! Vom heutigen Standpunkt aus betrachtet schienen wir uns in einem „Realitätstunnel“ befunden zu haben, was immer für ein Phänomen dies auch sein mag. Aber eines weiß ich genau: Da war kein Verkehr mehr auf der Straße, und keine anderen Menschen. Nicht einmal Vögel waren zu hören. Alles war gespenstisch, irreal. Und wir kleinen Dreikäsehochs im Kindergartenalter kauerten ängstlich an der Hauswand und klammerten uns an diese alte, halb verrostete Laterne, als könnte die uns irgendwie beschützen.

Wie lange dieser bizarre Zustand angehalten hat, vermag ich nicht zu sagen. Es wird wohl eine Zeitspanne gewesen sein, die sich nach Minuten bemessen lässt. Jedenfalls war danach wieder alles normal. Die Welt rings um uns war wieder so lebendig, wie wir sie gewöhnt waren. Und mein Freund Fredi muss haargenau dasselbe erlebt haben. Bedeutungsvoll deutete er auf die Laterne, sagte die für diesen Augenblick gar nicht kindlichen Worte: „Sie hat uns das Leben gerettet!"

Wie es nach unserer Rückkehr in die „Normalität" weiter ging, ob wir uns weiter mit dem Fund aus den Vorkriegstagen beschäftigten oder es stattdessen vorzogen, heim zu den Eltern zu gehen – ich weiß es schlicht und einfach nicht mehr. Ich weiß auch nicht, was da genau mit uns beiden passiert war. Was bleibt, ist die Erinnerung an ein ebenso seltsames wie noch heute, nach vielen Jahrzehnten, höchst verwirrendes Abenteuer am Rande der Realität. Was ich indes weiß, ist, dass ich mir den rätselhaften Vorfall nicht eingebildet habe. Das konnte ich heraushören aus der aufatmenden Bemerkung meines Freundes. Ob sich Fredi heute auch noch an diesen ungewöhnlichen Sommertag erinnert, als wir für kurze Zeit in einem mysteriösen „Anderswo" gelandet waren?

30 Soldaten im Keller

Auf der alten Römerstraße unterwegs

Das von mittelalterlichen Festungsmauern umgebene York gilt als das kulturelle Zentrum Nordenglands und als die historisch zweitwichtigste Stadt im Vereinigten Königreich. York kann auf eine sehr lange Geschichte zurückblicken. Die Chronik reicht bis in das Jahr 71 n.Chr. zurück. Zu dieser Zeit errichtete der römische Statthalter Quintus Petillius Cerialis dort einen bedeutenden Militärstützpunkt mit dem Namen Eburacum. Er war der nördlichste Vorposten des Imperium Romanum.[63,64]

In der Altstadt von York sind zahllose verwinkelte Gässchen und malerische Fachwerkhäuser über die Jahrhunderte hinweg in ihrer ursprünglichen Substanz erhalten geblieben. Nicht wenige jener Häuser tragen geheimnisvolle Schatten der Vergangenheit: Geisterhafte Erscheinungen von Legionären und Henkern, Mönchen und unter tragischen Umständen ums Leben Gekommenen beschworen schon viele abenteuerliche Begegnungen mit Gänsehautfaktor herauf. Eine davon widerfuhr in den 1960er Jahren dem Polizeibeamten Harry Martindale.

Bei diesem Szenario standen sich im Mittelpunkt der Ereignisse zwei absolut unvereinbare Arten von Beteiligten gegenüber. Auf der einen Seite ein höchst pflichtbewusster britischer „Bobby“, der sich auch handwerklich zu betätigen wusste. Ihm gegenüber eine gespenstische Kohorte (das ist ein militärischer Truppenteil) aus längst vergangenen Tagen des Römischen Reiches. Ihre Angehörigen schienen, über 1500 Jahre nach deren Zeit, schnurstracks in die Zukunft zu marschieren.

Den Zeugen, dem diese unvergleichliche Episode widerfuhr, als Spinner oder Aufschneider abzuqualifizieren, dürfte schwer fallen. Harry Martindale war ein ebenso stattlicher wie bodenständiger

Mann von 1,90 Metern Größe. Zu seinen herausragendsten Charaktereigenschaften zählten Umsicht und Zuverlässigkeit. Im Gegenzug besaß er wenig bis überhaupt keine Phantasie. Kurzum, er verkörperte das Idealbild eines nüchtern-sachlichen Beamten, auf das die Polizei Ihrer Majestät stolz sein konnte.

Schauplatz dieses gespenstischen Geschehens war „Treasurer's House", das frühere Schatzhaus der aus dem Mittelalter stammenden Kathedrale von York. Zum Zeitpunkt des Vorfalles war Harry Martindale, der vor seinem Polizeidienst den Beruf eines Heizungsmonteurs gelernt und ausgeübt hatte, gerade damit beschäftigt, in den niedrigen Kellerräumen Heizungsrohre zu reparieren. Plötzlich vernahm er einen ungewöhnlichen Laut, eine Art Signal wie einen „blechernen Trompetenstoß".

Welchen weiteren Verlauf die mysteriöse Angelegenheit nahm, erläuterte er anlässlich eines späteren Ortstermins: „Ich schaute mich um, und aus der Wand dort drüben kam ein ziemlich kleiner Soldat in einem kurzen Rock und mit einer Art Trompete in seiner Hand. Er beachtete mich überhaupt nicht und schlurfte quer durch den Keller zur gegenüber liegenden Wand. Doch bevor er verschwand, folgte ihm ein zweiter Soldat auf einem zottigen Pony. Hinter ihnen kamen 14 bis 16 Männer in Doppelreihe herein marschiert. Ich fiel von der Trittleiter und kauerte mich in die Ecke. Sie beachteten mich jedoch überhaupt nicht."[65]

Das Seltsamste bei dieser ohnehin schon über die Maßen abgefahrenen Begegnung war, dass die Soldaten alle bis zu den Oberschenkeln im Boden marschierten. Nur an einer Stelle, an der ein Loch im Boden ausgehoben war, war es Martindale auch möglich, die Füße der Männer zu erkennen.

Der Polizist beschrieb die Soldaten mit einer geradezu fotografischen Genauigkeit. Alle trugen sie runde Schilder und mehrere Arten von Waffen in ihren Händen, von kurzen Schwertern bis zu übermannslangen Speeren. Gekleidet waren sie in „handgefärbte Röcke in streifigem Grün", und fast alle trugen Lederhelme auf ihrem Kopf. Auf dem Helm des berittenen Soldaten erkannte Martindale Federn. An den Füßen trugen sie Sandalen, deren Riemen bis zu den Knien reichten. Und die Trompete, welche der kleingewachsene Soldat mit sich trug, war lang und gebogen und nach Martindales Ansicht aus Messing gefertigt.

Der Zeuge hielt die Männer spontan für Legionäre aus dem antiken Rom. „Sie schlurften mutlos daher", so seine Schilderung dieser gespenstischen Szene. Ich hielt sie für römische Soldaten, aber wie Charlton Heston sahen sie nicht aus."[65]

Wenige Tage später erzählte Martindale sein Abenteuer einem in York ansässigen Historiker. Jener wusste zu dem mysteriösen Auftauchen der Phantom-Legionäre beizutragen, dass das besagte Loch im Kellerboden von Archäologen ausgehoben worden war. Die hatten nämlich akkurat an dieser Stelle nach Überresten einer alten römischen Heeresstraße, der Via Decumana, gegraben. Wie sie feststellen konnten, verlief diese auch genau in Kniehöhe unterhalb der Kellerfundamente.

Als ihm der Polizist aber ein weiteres Detail verriet, welches er sich eingeprägt hatte, zog der Historiker den Schluss, jene geisterhafte Kohorte könne nur Martindales Phantasie entsprungen sein. Denn die Phantom-Legionäre hatten runde Schilde getragen. Bei regulären römischen Truppen waren diese hingegen nicht Teil der Ausrüstung.

Doch genau in diesem Punkt irrte sich der ansonsten so gut informierte Geschichtswissenschaftler. Sieben Jahre nach Martindales Erlebnis hatten Archäologen, die an dem bereits ausgegrabenen Loch weiter nach der Heeresstraße suchten, eine identische Erscheinung. Samt dem Trompetenstoß, welcher die Sichtung einleitete. Inzwischen hatten die Archäologen aber auch herausgefunden, dass die VI. Legion, kurz bevor sie im 4. nachchristlichen Jahrhundert aus Eburacum abgezogen wurde, von verbündeten Hilfstruppen verstärkt worden war. Und die führten runde Schilde mit sich.

Harry Martindale hatte selbst nie die geringsten Zweifel an dem, was er im Keller des „Treasurer's House" gesehen hatte: „Ich glaube, ich habe eine Abteilung dieser Hilfstruppen gesehen, die zu irgend einem aussichtslosen Feldzug ausmarschierten, bei dem sie dann alle gefallen sind."[65]

Die Glaubhaftigkeit von Martindales Berichts hing für die Historiker von den über 1.600 Jahre alten Schutzschilden ab, deren Einsatz verifiziert werden konnte. Für den Polizisten, der sich nebenbei als Heizungsmonteur betätigt hatte, war das entscheidende Detail hingegen die Bodenhöhe: „Ich sah sie deshalb nur bis zu den Oberschenkeln, weil ihre Geister noch immer auf dieser alten, inzwischen verschütteten Straße entlang marschierten."[65]

PSI-Forscher sprechen von einem „ortsgebundenen Spuk", wenn dieser sich wiederholt an derselben Stelle manifestiert. Ein Spezialgebiet der Parapsychologie ist die sogenannte „Psychometrie". Die beschäftigt sich mit dem Phänomen, dass manche Orte oder Gegenstände regelrecht „imprägniert" sind von meist tragischen Geschehnissen aus der Vergangenheit. Eine „natürliche" Erklärung für Harry Martindales Abenteuer im Schatzkeller des Klosters wäre auch schwer vorstellbar.

31 „Oh Gott, der Film ist aus!“

Begegnung mit einer Legende

Seit mehr als 150 Jahren macht eine seltsame Legende in den abgelegenen, unwegsamen Bergen Nordamerikas die Runde. Es geht darin um hünenhafte, behaarte Wesen, die sich wie wir aufrecht auf zwei Beinen bewegen und dabei menschenähnliche Fußabdrücke hinterlassen. Ihre Größe variiert zwischen 1,80 und 2,40 Metern. Bis heute haben unzählige Augenzeugen behauptet, sie hätten in den Wäldern der Bergregionen im Nordwesten der Vereinigten Staaten und im angrenzenden Kanada affenähnliche Zweibeiner gesichtet, die bei aller Fremdartigkeit ziemlich menschenähnlich wirkten. In den USA werden sie „Bigfoot“ - wegen der charakteristischen, abnorm großen Trittspuren – genannt. In Kanada ist stattdessen die Bezeichnung „Sasquatch“ geläufig, die aus der Sprache der Indianer stammt. Selbst Australien nimmt die Existenz solcher Wesen für sich in Anspruch. Dort hat man für sie den Begriff „Yowie“ geprägt, doch dies nur am Rande.

So abgelegen können jedoch die verschiedenen Regionen nicht sein, als dass es nicht immer wieder zu Begegnungen mit diesen rätselhaften Geschöpfen kommt. Trotzdem ist ihre Existenz nach wie vor heftig umstritten. Dass es sie wirklich gibt, wird ihnen einzig von den Kryptozoologen zugebilligt – das sind jene Forscher, die nach „verborgenen“ Lebewesen suchen, welche von der offiziellen Wissenschaft hartnäckig ignoriert werden.

Einer der ältesten Berichte stammt aus dem Sommer 1884. Die in Victoria, der Hauptstadt der kanadischen Provinz British Columbia erscheinende Gazette „Daily British Colonist“ meldete, dass das Personal eines Zuges ungefähr 130 Kilometer östlich von Vancouver eine seltsame Kreatur, halb Mensch, halb Tier, eingefangen habe. Der ganze Körper war mit Ausnahme der Hände mit glänzenden und glatten Haaren bedeckt. Die Unterarme dieses Wesens waren deutlich länger als bei einem Menschen, und es besaß außergewöhnliche

Kräfte. Der Gefangene, den das Zugpersonal auf den Namen „Jacko" taufte, wurde in dem Städtchen Yale zur Schau gestellt.

Doch leider hat niemand ermitteln können, was weiter mit der unglücklichen Kreatur geschehen ist.[66]

Aber trotz einer langen Geschichte von Begegnungen, die von Tausenden meist gut beleumundeten Augenzeugen bestätigt wurden, gibt es leider noch immer keinen unumstößlichen Beweis für Bigfoots Existenz. Wie zum Beispiel in Form eines Leichnams, oder zumindest einiger Knochen. Zwar wurden über die Jahrzehnte jede Menge Fußabdrücke gesammelt, wie auch Haarbüschel und Exkremente. Das ist alles. Das Beste an visuellen Hinweisen, was wir bis heute besitzen, sind wenige Meter eines 16-Millimeter-Farbfilms. Die wurden im Herbst 1967 von Roger Patterson gedreht, einem jungen Rancher aus Yakima im US-Staat Washington. Schon länger an dem Bigfoot alias Sasquatch interessiert, war Patterson der Meinung, dass nur gutes und einwandfreies Filmmaterial dessen Existenz letztendlich beweisen könne.

Im Oktober 1967 hörte er von frischen Spuren am Bluff Creek im Norden von Kalifornien. Sofort machte er sich gemeinsam mit Bob Gimlin, einem erfahrenen Tierfährtenleser, auf den Weg, um so schnell wie möglich Nachforschungen anzustellen.

Die beiden suchten bereits seit eineinhalb Wochen die ganze Gegend zu Pferde ab, als sie am Nachmittag des 20. Oktober an eine Flussbiegung gelangten. Dort verdeckte ein mächtiger Baumstamm, der von einem Hochwasser niedergerissen und angespült worden war, die Sicht nach vorn. Plötzlich verhielt Pattersons Pferd, schnaubte nervös, und bäumte sich schließlich auf. Im nächsten Moment erkannte Patterson den Grund, warum das Tier so überaus heftig gescheut hatte.

Da lief links von ihm, am anderen Ufer, ein Sasquatch! Er war nur knappe 40 Meter entfernt. Sein Kopf wirkte trotz der fliehenden Stirn sehr menschlich. Die Stirn war breit, und das Wesen besaß auch breite Nasenlöcher. Beim Gehen hingen die Arme fast bis zu den

Knien herab. Das Fell war fünf bis zehn Zentimeter lang; unten braun und obenauf heller. Bis auf das Gesicht bedeckte es den gesamten Körper. Und das Geschöpf war weiblich, denn es besaß große, baumelnde Brüste.

Ohne wertvolle Zeit zu verlieren, griff Roger Patterson in seine Satteltasche und holte die Filmkamera heraus. Wie es in diesen spannden Minuten weiterging, erläuterte Fährtenleser Bob Gimlin 1985 in einem Interview:

„Währenddessen drehte sich dieses Wesen um und ging von uns weg, ganz langsam, wie ein Mensch, der die Straße entlanggeht. Gleichzeitig setzte Roger über den kleinen Fluss, stolperte dabei aber über eine Sandbank. Das alles ging Schlag auf Schlag. Er filmte, während er weiterlief. Im Stürzen schrie er mir zu: ‚Deck mich!' Ich wusste natürlich, was er meinte. Deshalb ritt ich durch den Fluss, zog mein Gewehr aus dem Sattelhalfter, und wartete ab, die Büchse auf das Vieh gerichtet, ohne jedoch genau zu zielen. Zu der Zeit war es nicht weit von mir entfernt, runde 30 Meter, und es drehte sich um und sah mich an; drehte sich nur so im Weggehen um. Es hielt keinen Augenblick an. Und dann hörte ich Roger sagen: 'Oh Gott, der Film ist aus!' Roger hatte unterwegs die ganze Zeit über Bilder von der Umgebung gemacht, und das war eine alte Kamera, bei der man den Film noch im Dunkeln wechseln musste."[50]

Als er die Filmkassette endlich gewechselt hatte, war der Sasquatch verschwunden. Für Bob Gimlin gab es nie Zweifel, dass der Bigfoot, den sie beide sahen, auch wirklich existierte. Patterson war zwischenzeitlich verstorben; Skeptiker hatten ihm überdies unterstellt, er hätte einen in ein Tierfell gehüllten normalen Menschen gefilmt. Gimlin berichtete weiter:

„Es wäre mir damals wirklich besser gegangen, wenn ich gesagt hätte, es sei ein Mensch in Fellkleidung gewesen, dann hätte ich mir viel Spott erspart. Aber Roger ist jetzt schon lange tot, und ich habe das Gefühl, ich schulde es den Leuten, zu sagen, dass wir es wirklich gesehen haben."[50]

Der Tierfährtenleser hatte keinerlei finanzielle Interessen an dem insgesamt neun Meter langen, etwas unscharfen Streifen. Er hätte jedoch leicht eine Menge Geld kassieren können, hätte er den Medien verkündet, dass es sich bei dem Bluff-Creek-Film um einen ausgemachten Schwindel gehandelt hätte. Dass er dies jedoch nicht getan hat, stützt Gimlins Aussage, dass Patterson auf dem Film tatsächlich einen echten Bigfoot aufgenommen hat. Diese Möglichkeit wollen indes auch nicht alle Wissenschaftler von vornherein ausschließen.

Neun Tage nach der abenteuerlichen Begegnung untersuchte Robert Titmus, ein früherer Tierpräparator aus Kitimat in der Provinz British Columbia, insgesamt zehn der imposanten Trittspuren des Bigfoot-Weibchens und fertigte hiervon sorgfältig Gipsabdrücke an. Titmus hatte sich zu diesem Zeitpunkt schon an die zehn Jahre mit dem Mysterium beschäftigt und auch genügend Erfahrungen gesammelt, um Fälschungen zu erkennen. Bei den Spuren von Bluff Creek konnte er sich keine Methode vorstellen, wie man diese Fährten hätte nachmachen können. Er hatte ausgerechnet, dass der Zweibeiner, von dem sie stammten, mindestens fünf bis sechs Zentner gewogen haben musste.[66]

Im Nordwesten Amerikas könnte tatsächlich noch immer eine bis zum heutigen Tage unklassifizierte Säugetierart existieren. Viele Regionen, in denen die geheimnisvollen Kreaturen beobachtet wurden, sind nach wie vor wild und sehr unzugänglich. In den Bundesstaaten Washington, Kalifornien und Oregon gibt es ungefähr 180.000 Quadratkilometer Wald die sich in Staatsbesitz befinden. Das zugehörige Kartenmaterial beruht zum Teil nur auf Luftbildvermessung vom Flugzeug aus. In Kanada ist die Provinz British Columbia noch weniger erschlossen. Eine Region, so groß wie Spanien und Portugal zusammen, wird nur von ein paar wenigen Autostraßen durchzogen, die eine Handvoll kleinerer Siedlungen verbinden. In einem derart idealen ökologischen Rückzugsraum würde es selbst einer größeren Spezies nicht übermäßig schwer fallen, sich erfolgreich vor dem Menschen zu verbergen.

Noch immer werden die Filmaufnahmen, die Roger Patterson am 20. Oktober des Jahres 1967 gedreht hat, kontrovers diskutiert. Befürworter wie Skeptiker stehen sich nach wie vor unversöhnlich gegenüber. Doch eine Lösung des Rätsels wird erst in greifbare Nähe rücken, wenn es gelingt, ein Exemplar des „Bigfoot“ in die Hände zu bekommen. Tot oder lebendig.

32 Tauchboot in der „Tongue of Ocean“

Zwei Paar Flossen und ein langer Hals

Eine der gravierendsten Fehleinschätzungen vieler Menschen ist die reichlich naive Annahme, wir hätten bereits sämtliche Regionen unseres Heimatplaneten restlos erforscht. Die im Mittelpunkt des vorangegangenen Abschnittes stehenden Wälder im Nordwesten Amerikas haben uns schon erahnen lassen, dass wir trotz moderner Satellitenüberwachung noch längst nicht alle verborgenen Winkel unserer Welt kennen.

Diese Erkenntnis gilt in ungleich größerem Maße für die Meere, die bekanntlich mit über 70 Prozent mehr als doppelt so viel Fläche einnehmen als alle Kontinente und Inseln zusammengerechnet. In ihren grundlosen Tiefen erstreckt sich ein unermessliches Universum, das noch weit fremdartiger und unerforschter ist als der uns umgebende Weltraum.

Mittlerweile haben Meeresbiologen eingeräumt, nicht mehr als einen verschwindend geringen Bruchteil jener Fauna erforscht zu haben, die in den Tiefen der Ozeane existiert. So sollte es wirklich nicht verwundern, wenn es immer wieder zu überraschenden Entdeckungen von Lebewesen kommt, die bis dato noch völlig unbekannt waren. Oder die man längst für ausgestorben hielt.

Das beste Beispiel hierfür ist der Quastenflosser. Lange Zeit galt als unumstößlich, dass dieser vor etwa 60 Millionen Jahren ausgestorben und vollkommen aus unseren Weltmeeren verschwunden war. Bis das erste noch immer quicklebendige Exemplar am 22. Dezember 1938 Fischern vor der Ostküste Südafrikas ins Netz ging. Zuvor konnte man diese Geschöpfe, deren Beinstummel entwicklungsgeschichtlich den allerersten Schritt auf dem Weg zum Landbewohner markierten, bestenfalls im Museum als Versteinerungen bewundern.[67,68]

Auch andere Lebewesen, die in längst vergangenen Zeitaltern die Ozeane der Urwelt bevölkerten, sollen in etwa zur selben Zeit – am

Ende der Kreideformation vor nunmehr 60 Millionen Jahren - ausgestorben sein. Manch eine abenteuerliche Begegnung lässt indes den gewagten Schluss zu, dass am Ende nicht alle von ihnen den „Weg alles Irdischen" gegangen sind ...

Im Oktober 1969 befand sich das Tiefseetauchschiff „Alvin" unter dem Kommando von Kapitän Albert McCamis in der „Tongue of Ocean". Dies ist ein über 2.000 Meter tiefer Meeresgraben zwischen der zu den Bahamas gehörenden Insel Andros und der Inselgruppe Exuma Keys. Der Kapitän und seine Crew hatten die Routineaufgabe, ein in dem Seegebiet verlegtes Tiefseekabel auf Beschädigungen zu untersuchen. Das Tauchboot befand sich dabei gerade in einer Tiefe von ungefähr 5.000 Fuß (etwa 1.500 Meter), als der Kapitän nochmals um gute 300 Fuß (etwa 90 Meter) tiefer tauchte, um eine unter einem Vorsprung gelegene Felsspalte zu erreichen. Dies war notwendig geworden, weil das Tiefseekabel, dessen Verlauf sie zu folgen hatten, diese Felsspalte überquerte.

Doch plötzlich bemerkte Captain McCamis eine schnelle Bewegung am Meeresgrund. Bei einer späteren Befragung gab er hierüber zu Protokoll:

„Ich dachte, wir bewegten uns an dem Unterseekabel entlang und überprüfte, ob wir nicht etwa durch die Strömung abgetrieben wurden. Dabei stellte ich aber fest, dass unser Tauchboot keinerlei Fahrt machte, sondern sich vielmehr das gesichtete Objekt bewegte. Nun kam mir der Gedanke, dass es vielleicht ein Markierungspfeiler war, vor allem wegen seines beträchtlichen Umfanges. Ich lenkte das Tauchboot in eine Kurve, um einen besseren Blick auf das Unterseekabel oder den Pfeiler oder was immer es war, zu bekommen."

Doch zu ihrer grenzenlosen Überraschung bekamen der Kapitän und seine Mannschaft nun einen dicklichen Körper mit zwei Paar Flossen, langem Hals und schlangenartigen Kopf zu Gesicht. Die Augen dieser seltsamen, unbekannten Kreatur starrten sie eisig und unverwandt an. Das Tier sah aus wie eine riesige Eidechse, die statt Beinen zwei Paar Flossen besaß. Außerdem war es um ein ganzes Stück länger als das Unterseeboot. Nach kurzer Zeit kehrte es der Besatzung des Tauchbootes seinen Rücken zu, dann schwamm es aufwärts davon und kehrte nicht wieder.

Während der gesamten Zeit dieser Beobachtung hatte sich das unbekannte Tier im Bereich der Außenkamera aufgehalten, die auf eine Entfernung von 15 bis 25 Fuß (4,50 bis 7,50 Meter) eingestellt war. Dem Kapitän gefiel die Sache nicht; ihn beschlich ein ziemlich unheimliches Gefühl. Ohne Zögern befahl er seiner Mannschaft das unverzügliche Auftauchen des Unterseebootes. Um nichts in der Welt wollte er noch einen Augenblick länger in der Nähe dieser unheimlichen Kreatur verweilen.

Pflichtgemäß hielt Kapitän McCamis alle Details dieser unerwarteten Konfrontation in seinem privaten Notizheft fest. Üblicherweise wurden solche Einträge stets ins Logbuch des Schiffes übernommen. Aber nicht in diesem Fall. Später wurde ihm nämlich zugetragen, dass sein Bericht durch die US-Navy, offenbar auf Anweisung vorgesetzter Stellen, zurückgehalten wurde.

Zwischenzeitlich hatte sich sein ungewöhnliches Abenteuer mit dem urtümlichen Meeresbewohner weithin herumgesprochen. Dies weckte das Interesse des bekannten Meeresbiologen und Forschers Dr. J. Manson Valentine (1902 – 1994). Der war lange Jahre als Kurator des „Museum of Science" in Miami sowie als Forschungsassistent des „Bishop Museum" in Honolulu tätig gewesen. Zudem hatte er sich als aktiver Taucher einen Namen gemacht.

Als Dr. Valentine Kontakt mit dem Kapitän des Tauchbootes aufnahm, fertigte er nach dessen Beschreibung eine Skizze des mysteriösen Meeresgeschöpfes an. Das Ergebnis war schlichtweg verblüffend: Die fertige Zeichnung präsentierte nämlich einen Plesiosaurus! Das war ein in den Meeren beheimatetes, großes Reptil, welches während der Jura- und Kreidezeit lebte. Nach offizieller Lehrmeinung also in einem Zeitraum zwischen 200 und 60 Millionen Jahren vor der heutigen Zeit. Und damit dürfte das Tier eigentlich nur mehr in versteinerter Form in den Naturkundemuseen dieser Welt präsent sein. Keinesfalls jedoch in freier Wildbahn, respektive in den Weltmeeren, so wie wir sie kennen.

Dessen ungeachtet, blieb Kapitän McCamis auch trotz wiederholter Nachfragen hartnäckig bei seiner Aussage. Selbst wenn manche Skeptiker dies nicht wahrhaben wollen: Genau ein solches Lebewesen hatten er und seine Mannschaft an Bord des Unterseeboots „Alvin" während ihrer denkwürdigen Tauchfahrt im Oktober 1969 beobachtet.[37]

33 Unerklärlicher Zeitgewinn

Flug durch den „Wolkentunnel"

Die einmotorige „Beechcraft J 35 Bonanza", ein formschönes Sport- und Reiseflugzeug, das in den 1950er Jahren entwickelt worden war, hatte sich unter Piloten rasch den guten Ruf einer alltagstauglichen und unverwüstlichen „Brot- und Butter-Maschine" erworben. Dieses 250 PS starke, viersitzige Flugzeug mit einer Länge von knapp acht sowie einer Spannweite von etwa zehn Metern erfreute sich dank einer ungewöhnlich großen Reichweite von fast 1.200 Kilometern noch bis in die 1980er Jahre hinein sehr großer Beliebtheit unter US-amerikanischen Privatpiloten.

Soweit die eher etwas trockenen technischen Daten. Nicht zu vergessen: Die Spitzengeschwindigkeit. Die lag bei stolzen 322 Kilometern in der Stunde. Was wichtig ist zum Verständnis der folgenden, wirklich unglaublichen Geschichte, die einmal mehr an die Grenzen unserer Realität stößt.

Mit einer solchen „Beechcraft Bonanza" durchlebte der Berufspilot Bruce Gernon jr. aus Boynton Beach in Florida am 4. Dezember 1970 den ungewöhnlichsten Flug seines Lebens. Seine Geschichte klingt zugegeben reichlich abgefahren und reizt daher auch ungemein zu „exotischen" Spekulationen über mögliche Anomalien von Zeit und Raum. Nichtsdestotrotz ist sie durch Gernons Bordbuch, den Co-Piloten und Bodenpersonal als Zeugen und sogar durch Treibstoffrechnungen minutiös dokumentiert.

Bruce Gernon war zum Zeitpunkt seines außergewöhnlichen Abenteuers 29 Jahre alt und ein routinierter Pilot mit damals bereits 600 Stunden praktischer Flugerfahrung. Da er seine Flugstunden zumeist zwischen Florida und den Bahamas zurückgelegt hatte, war ihm das Gebiet jenes mysteriösen Vorfalles auch sehr vertraut. Zu alledem galt der Flieger als nüchtern-sachlicher Zeitgenosse mit einem gut ausgeprägten Gedächtnis selbst für kleinste Details. Dies kam ihm in besonderem Maße zugute, als er sich später tatsächlich sämtlicher bizarrer Einzelheiten seines denkwürdigen Fluges zu erinnern vermochte.

An diesem 4. Dezember 1970 war Gernon jr. Zusammen mit seinem Vater, der als Co-Pilot fungierte, von der Insel Andros zu einem Flug über die Bahama-Bänke nach Bimini aufgebrochen. Dies ist eine kleine Inselgruppe, etwa 120 Kilometer östlich von Miami gelegen. Als er zu der ihm von der Bodenkontrolle zugewiesenen Flughöhe von 3.500 Metern aufstieg, bemerkte er plötzlich vor sich eine seltsame, ellipsenförmige Wolke.

Mit der ihm typischen Genauigkeit beschrieb der Flieger den Vorfall, der sich für ihn bald zu einem atemberaubenden Abenteuer zuspitzen sollte:

„Sie hing völlig harmlos und unbeweglich da. Ich war in diesem Moment dabei, meinen Flugplan zu ordnen und dachte deshalb nicht weiter über sie nach, sonst hätte ich viel früher erkannt, dass sie zu niedrig war. Ich flog in meinem Aufstieg von 300 Metern pro Minute über sie hinweg, bemerkte jedoch, dass sie genau so schnell wie ich aufstieg.

Manchmal bekam ich einen kleinen Vorsprung, doch jedes Mal holte sie mich wieder ein. Ich schätzte ihre Breite auf gut 25 Kilometer. Ich überlegte, ob ich versuchen sollte, nach Andros zurückzufliegen, kam aber schließlich aus der Wolke heraus, und da war der Himmel ganz klar.

Als ich aber zu der Wolke zurück schaute, sah ich, dass sie jetzt riesengroß war und die Form eines gigantischen Halbmondes hatte. Ein anderer Teil dieser Wolke befand sich in etwa 20.000 Meter Höhe vor uns. Der Bauch der Wolke schien bis in das Meer herabzuhängen; ganz anders als sonst bei Kumuluswolken, welche Regenschleier oder freien Raum unter sich haben.“[37]

Bruce Gernon wollte um die Wolke herum fliegen, aber zu seiner Bestürzung musste er feststellen, dass er sich nun in dem „Loch“ im Zentrum einer riesigen „Kringel“-Wolke befand. Darum suchte er nach einem rettenden Durchschlupf. Als er schließlich eine Öffnung entdeckte, raste er mit Vollgas auf sie zu. Doch sie wurde ständig kleiner, und verengte sich zuletzt zu einem zylindrischen Loch oder Tunnel in dem seltsamen Wolkengebilde. Als Gernon dieses Loch mit einer kritischen Fluggeschwindigkeit von 345 Stundenkilometern erreichte, hatte es nur noch etwa 70 Meter Durchmesser und verengte sich zunehmend weiter.

„Es war, als schaue man durch ein Gewehrvisier", ließ Gernon später verlauten. „Es schien ein etwa 1,5 Kilometer langer, genau auf Miami zu verlaufender, horizontaler Tunnel zu sein. Am anderen Ende konnte ich klaren blauen Himmel zwischen dem Tunnel und Florida sehen."

Mit gemischten Gefühlen jagte Gernon seine „Beechcraft" nun mit kritischer Fluggeschwindigkeit durch den seltsamen Tunnel. Dabei fiel ihm auf, dass die sich immer weiter verengenden Wände strahlend weiß schimmerten und ganz klar abgegrenzt waren. Außerdem kreisten kleine Wolkenflöckchen im Uhrzeigersinn über die Tunnelwände. Der Flieger, dem es in der Zwischenzeit richtig mulmig geworden war, hatte ein buchstäblich unglaubliches Glück: Durch die automatische Kurssteuerung wurden die Flügel in der Horizontalen gehalten. Andernfalls hätte er vermutlich wegen der kreisenden Wölkchen die Tragflächen verkantet und wäre dann in die Tunnelwand hineingeflogen.

Während der letzten 20 Sekunden seines Fluges berührten die Flügelspitzen auf beiden Seiten die Tunnelwand. In dieser Phase erlebten Vater und Sohn Gernon ein paar Sekunden lang völlige Schwerelosigkeit.

Als die „Beechcraft" mit den beiden Piloten endlich aus dem Wolkentunnel herausflog, war ringsum nur ein trüber, grünlicher Dunst zu sehen anstatt jenem blauen Himmel, den Bruce Gernon durch den Tunnel erblickt hatte. Und obwohl die Sicht offenbar kilometerweit zu reichen schien, war nichts zu erkennen, mit Ausnahme grünlichweißen Dunstes. Die genaue Position zu ermitteln, schlug fehl, da alle magnetischen und elektronischen Navigationsinstrumente ausgefallen waren. Und mit der Bodenkontrolle war gleichfalls keine Funkverbindung zu bekommen.

Also begann der Pilot zu rechnen. Nach seiner Flugzeit sollte er sich inzwischen unweit der Bimini-Keys befinden. Plötzlich jedoch schoss das, was er anfangs für eine Insel gehalten hatte, mit aberwitziger Geschwindigkeit durch den Dunst unter der Maschine. Fast gleichzeitig meldete sich die Radarkontrolle von Miami und teilte ihm mit, dass gerade ein Flugzeug mit exakt westlichem Kurs Miami überflöge. Bruce Gernon funkte zurück, dass es sich bestimmt um ein anderes Flugzeug handeln müsse, da er gemäß der Flugzeit höchstens über den Bimini-Keys sein könnte. Im nächsten Augenblick ereignete sich etwas höchst Bizarres:

„Plötzlich öffneten sich breite Schlitze rings um uns herum (in dem Dunst), und es war so, als fiele der Blick durch Jalousien. Die Schlitze verliefen parallel zu unserer Flugrichtung. Sie wurden breiter und breiter, und wir konnten auf einmal direkt unter uns Miami Beach sehen."[37]

Nachdem Bruce Gernon mit seinem Vater kurze Zeit später im nördlich von Miami gelegenen Palm Beach gelandet war, fiel den beiden auf, dass der Flug an Stelle der sonst üblichen 75 Minuten nur 45 Minuten gedauert hatte. Und dies, obwohl der Pilot nicht auf der direkten Flugstrecke von 300 Kilometern geflogen war, sondern insgesamt 375 Kilometer. Wie aber konnte die „Beechcraft Bonanza", deren Höchstgeschwindigkeit etwas über 300 km/h betrug, die besagten 375 Kilometer in nur einer Dreiviertelstunde bewältigen? Dies würde nämlich eine Durchschnittsgeschwindigkeit von 500 Kilometern in der Stunde voraussetzen!

Das Rätsel ließ Bruce Gernon keine Ruhe. Er verglich anhand von Tankquittungen den Treibstoffverbrauch früherer Flüge und stellte fest, dass seine Maschine für diese Flugstrecke normalerweise um die 150 Liter benötigt hatte. Doch an jenem 4. Dezember 1970 waren gerade einmal 100 Liter verbraucht worden – also um ein ganzes Drittel weniger. Der verblüffte Flieger resümierte hierzu: „Das würde auch die fehlende halbe Stunde Flugzeit erklären, denn die Bonanza würde 37 Liter Treibstoff für jene 30 Minuten Flugzeit brauchen, und in dieser Zeit ungefähr 150 Kilometer weit fliegen."[37]

Das rätselhafte Geschehen war für Bruce Gernon völlig unerklärlich. Er versuchte sich das unglaubliche Phänomen damit zu erklären, dass die seltsame Wolkenformation, während er durch den Tunnel geflogen war, sich selbst mit einer Geschwindigkeit von etwa 1500 Stundenkilometern fortbewegt habe. Dadurch hätte die „Beechcraft Bonanza" auf diesem Teil der Flugstrecke sogar unglaubliche 1800 Kilometer pro Stunde erreicht, was auch den geringen Treibstoffverbrauch erklären könnte.[37]

Es gibt jedoch bis zum heutigen Tag nicht den geringsten Hinweis darauf, was für eine ungewöhnliche „Wolke" das war, die ihm an jenem Dezembertag des Jahres 1970 das spannendste Abenteuer seines Lebens beschert hatte.

34 Sturz aus großer Höhe

Die wunderbare Rettung der Vesna Vulovic

Rein statistisch gesehen, stellt das Flugzeug nach wie vor das sicherste Verkehrsmittel auf unserem Planeten dar. Pro einhunderttausend zurückgelegter Kilometer sind im Bereich der zivilen Luftfahrt die mit Abstand wenigsten Opfer zu verzeichnen. Einsamer Spitzenreiter in der Unfallstatistik sind natürlich die individuellen Verkehrsmittel Auto und Motorrad mit der höchsten Anzahl an Todesopfern. Auf der anderen Seite trifft es, im Falle eines Flugzeugabsturzes, gleich eine ungleich größere Anzahl an Passagieren als bei den schlimmsten Massenkarambolagen auf der Autobahn. Und die Chancen, einen solchen Absturz zu überleben, gehen – wieder rein statistisch gesehen – entschieden gegen Null. So viel Glück wäre schon ein echtes Wunder.

Die Stewardess der staatlichen Fluggesellschaft der damaligen Republik Jugoslawien JAT (Jugoslavenski Aerotransport), Vesna Vulovic, hatte dieses ebenso unglaubliche wie einmalige Glück. Die Frau überlebte nämlich einen Absturz aus 10.000 Metern – das sind zehn Kilometer! – Höhe, welcher nach offiziellen Angaben durch die Explosion einer Bombe an Bord verursacht worden war. Bis zum heutigen Tag ist das Abenteuer dieser jungen Frau, die ohne Fallschirm vom Himmel fiel und dies auch noch überlebte, im „Guinness-Buch der Rekorde“ verzeichnet.

Am 26. Januar 1972 befand sich eine Douglas DC-9 der besagten Fluggesellschaft JAT, Flugnummer JU 367, auf dem Flug von Stockholm nach Belgrad, mit einer Zwischenlandung in der dänischen Hauptstadt Kopenhagen. Die Maschine befand sich gerade über der tschechischen Ortschaft Srbská Kamenice, dem früheren Windisch Kamnitz, als sie in 33.000 Fuß (10.000 Meter) Reiseflughöhe von einer Bombe auseinandergerissen wurde und in Tausenden Einzelteilen zu Boden stürzte. Als Drahtzieher des Anschlags machten die jugoslawischen Behörden radikale Mitglieder der verbotenen kroatischen

„Ustascha"-Bewegung verantwortlich. Diese kämpften im Exil für die Unabhängigkeit Kroatiens von Jugoslawien, die dann fast zwei Jahrzehnte später – nach dem blutigen Bürgerkrieg und dem nicht mehr aufzuhaltenden Zerfall des Vielvölkerstaates im Oktober 1991 – verwirklicht wurde.[21]

Nachdem der Absturz von JU 367 durch die Medien gegangen war, feierten Anhänger der „Ustascha" im schwedischen Malmö. Ein anonymer Anrufer hatte die Verantwortung für das Attentat übernommen. Ein Jahr zuvor war der jugoslawische Botschafter in Stockholm von kroatischen Emigranten erschossen worden. Medienberichten zufolge galt der Anschlag auf die Maschine der JAT dem damaligen jugoslawischen Ministerpräsidenten Dzemal Bijedic. Der hatte am Begräbnis des dänischen Königs Frederik IX. teilgenommen. Sein Glück war, dass er nicht an Bord von JU 367 saß, sondern bereits mit einer früheren Maschine zurückgeflogen war.[69]

Doch was geschah nun genau an jenem schicksalshaften Tag im Januar 1972 über der damaligen Tschechoslowakei? Und wie hatte die junge Flugbegleiterin das „Kunststück" geschafft, der furchtbaren Katastrophe lebend zu entkommen?

Als die Bombe im Gepäckraum der DC-9 explodierte, saß Vesna Vulovic im Heck des Flugzeugs, und zwar in der Reihe hinter den letzten Passagieren. Und wahrscheinlich war sie angeschnallt. Aufgrund der gewaltigen Detonation wurde das Heck abgerissen; es soll daraufhin in einer spiralförmigen Flugbahn zu Boden gefallen sein. Dort schlug es schließlich auf einem mit Schnee bedeckten Hang auf, wodurch der Sturz erheblich abgemildert wurde.[70]

Bei diesem Unglück unweit der Grenze zur damaligen DDR verloren 27 Menschen ihr Leben – 22 Passagiere und fünf von sechs Mitgliedern der Besatzung. Einzig die damals 22jährige Flugbegleiterin konnte mit lebensgefährlichen Verletzungen aus den Trümmern geborgen werden; sie lag danach 27 Tage im Koma. Ihre Überlebenschancen wurden zunächst als äußerst gering eingeschätzt. Sie bekam bei der intensivmedizinischen Versorgung insgesamt vier Liter Blutkonserven verabreicht. Es folgten danach noch 16 Monate Rehabilitationsmaßnahmen, bevor sie im Sommer 1973 ihre Arbeit bei der Fluglinie JAT wieder aufnehmen konnte. Allerdings nicht mehr als Flugbegleiterin, sondern bis zu ihrer Frühpensionierung beim Bodenpersonal in der Hauptstadt Belgrad.[70]

Noch heute leidet Vesna Vulovic unter den Folgen dieser Katastrophe. Ein weiterer schwerer Schlag für sie folgte dann noch im Januar 2009. Da stellten ein tschechischer Journalist und ein ARD-Korrespondent aus Prag die Behauptung auf, die DC-9 der JAT sei damals nicht von der Bombe der „Ustascha" zerrissen worden. Sondern vielmehr aus Versehen durch die Luftwaffe der CSSR abgeschossen worden. Allerdings räumte der Journalist der ARD später ein, dass es für einen Abschuss der Verkehrsmaschine keine handfesten Beweise, sondern allenfalls Indizien gäbe.[69]

In den Medien ihrer serbischen Heimat reagierte die einzige Überlebende von Flug JU 367 äußerst empört auf diese Unterstellungen. So betonte sie in einem Interview mit der Belgrader Tageszeitung „Vecernje Novosti", dass sie wirklich einen Sturz aus zehn Kilometern Höhe überlebt habe. Und auch die tschechische Luftfahrtbehörde wies die Behauptungen der beiden Journalisten als haltlose Spekulation zurück. So oder so, das Ganze bleibt ein ebenso einmaliger wie unglaublicher Vorfall in der Geschichte der zivilen Luftfahrt. Denn bereits bei einem Absturz aus nur ein paar hundert Metern Höhe ist die Überlebenschance der Passagiere gleich Null. Dies belegen tragische Beispiele auch aus jüngster Zeit.

35 Im Ausnahmezustand

Die verschwundenen fünf Tage

25. April 1977. Für einen ganz kleinen Kreis von Personen – dieser bestand aus einem Unteroffizier der chilenischen Armee, sieben einfachen Soldaten sowie einem an mysteriösen Vorfällen interessierten Dorfschullehrer – sollten die Nacht- und frühen Morgenstunden dieses Tages zu den aufregendsten in ihrer aller Leben werden. Ein unglaublicher Vorfall sollte rasch weite Kreise ziehen, obgleich schon ein paar Stunden später die Militär- und Geheimdienstmaschinerie auf Hochtouren zu laufen begann. Zum Glück vergeblich. Denn was sich damals, noch fast zu nächtlicher Zeit abgespielt hatte, gelangte dank dem Mut und der Entschlossenheit des erwähnten Dorfschullehrers an die Weltöffentlichkeit.

Frei nach dem großen deutschen Dichterfürsten Friedrich von Schiller (1759 – 1805): „Es ist nichts zu fein gesponnen, kommt es doch ans Licht der Sonnen."

An jenem schicksalshaften Morgen im April 1977 – es war genau 4.15 Uhr – saßen sechs Soldaten der chilenischen Armee um ihr wärmendes Lagerfeuer vor einer Militärbaracke in den Anden außerhalb des Städtchens Putre. Nur ein paar Schritte von ihnen entfernt schoben zwei weitere Kameraden Wache. Die Grenze zum Nachbarland Peru ist hier nicht weit; dort trieben seinerzeit die linken Rebellen des „Sendero Luminoso" – auf deutsch: „der leuchtende Pfad" – ihr Unwesen. Wachsamkeit war angesagt, denn von den instabilen politischen Verhältnissen Perus wollte man möglichst unbehelligt bleiben.

Urplötzlich tauchten wie aus dem Nichts zwei gleißend helle Flugobjekte am Himmel auf, die sich langsam auf das von Bergketten umgebene Gelände herabsenkten und vor den Augen der Soldaten umhermanövrierten. So vergingen ein bis zwei Minuten, bis eines der UFOs offensichtlich hinter den nahen Bergen niederging. Zwar befand es sich jetzt außerhalb des Sichtbereiches, doch von weitem war der helle Schein über der Landestelle zu erkennen. Das zweite Objekt schwebte hingegen nur wenige hundert Meter von den Soldaten entfernt dicht über dem Boden und kam bedrohlich nah an die kleine Truppe heran. Es besaß eine violett leuchtende Färbung, und zwei intensiv rote Punkte schienen sich im Inneren zu befinden.

Die Situation wirkte ohne Zweifel äußerst bedrohlich. Aus diesem Grund befahl der Patrouillenführer, der damals 22 Jahre alte Unteroffizier Armando Valdes, seine Mannschaft in Gefechtsbereitschaft. In diesem Augenblick kam das unbekannte Objekt noch näher an die Gruppe herangeschwebt, und so machte sich Valdes daran, das rätselhafte Fluggerät näher in Augenschein zu nehmen. Dies hätte er besser unterlassen. Denn was nun geschah, ließ allen seinen Kameraden das Blut in den Adern gefrieren.

Aus dem nur wenige Meter über dem Boden schwebenden Objekt schoss ohne jede Vorwarnung ein blendend heller Lichtstrahl. Ebenso unvermittelt war der Unteroffizier, der genau unter dem in der Luft verharrenden UFO gestanden hatte, spurlos verschwunden. Es war, als hätte ihn der Erdboden verschluckt. Nur wenige Meter daneben standen seine wie vom Donner gerührten Kameraden, die zu Zeugen des unfassbaren Szenariums geworden waren. In nächsten Augenblick flog auch das Objekt davon und verschwand sogleich hinter den nahen Bergen.

Nachdem sich der erste Schock ein wenig gelegt hatte, fahndeten die Männer fieberhaft nach Valdes. Doch sie fanden keine Spur. Ratlosigkeit und ein Gefühl der Machtlosigkeit mischte sich in das Entsetzen der Kameraden.

Diese standen noch immer am Schauplatz des Geschehens, völlig unfähig zu jeder gezielten Aktion, als Armando Valdes ungefähr 20 Minuten später wieder erschien. Als hätte er sich geradezu rematerialisiert, tauchte er vor seinen Leuten wieder auf. Dabei versuchte er noch etwas zu sagen, doch es drangen nur wirre, unverständliche Laute aus seinem Mund. Schließlich fiel er in eine tiefe und länger anhaltende Ohnmacht.

Ungefähr zwei Stunden später an diesem Morgen, es war gegen sieben Uhr, erlangte der Unteroffizier endlich sein Bewusstsein wieder zurück. Nun verriet ein Blick auf dessen Armbanduhr Erstaunliches. Der Chronometer zeigte, wie alle Zeugen später bestätigten, noch immer 4.30 Uhr an – exakt den Zeitpunkt des Verschwindens. Jedoch war der Datumsanzeiger um volle fünf Tage nach vorn gerückt. Und was noch viel unglaublicher war: Dem Mann war während der nur zwanzigminütigen Abwesenheit ein Bart gewachsen, als hätte er sich fünf Tage lang nicht rasiert. Oder, mit anderen Worten: In etwas mehr als einer Viertelstunde war Armando Valdes volle fünf Tage älter geworden![71]

Unmittelbar darauf ging das ungewöhnliche Erlebnis des Offiziers in der 2.000-Seelen-Gemeinde Putre um wie ein Lauffeuer. Zu den ersten, die davon erfuhren, gehörte auch der Lehrer Don Pedro Araneda. Der überlegte nicht lange und begab sich, ausgerüstet mit einem Kassettenrecorder, an den Schauplatz jenes albtraumhaften Vorfalles. Noch bevor erste Zensurmaßnahmen seitens der Militärbehörden und des Geheimdienstes verhängt werden konnten, gelang es ihm, ein Interview mit Valdes und dessen Kameraden zu führen und auf Band aufzunehmen.

Diesen beherzten Lehrer, dem die Welt das Wissen über einen der spektakulärsten Entführungsfälle verdankt, traf ich am 26. Februar 1996 zusammen mit meinem Autoren- und Forscherkollegen Dr. Johannes Fiebag (1956 – 1999) in Arica. Es ist die nördlichste, im Dreiländereck zu Peru und Bolivien gelegene Stadt Chiles. Zu dem Treffen brachte Don Pedro eine ganze Reihe von Original-Tonbändern jenes so dramatischen 25. April 1977 mit. Eine Dolmetscherin übersetzte simultan, worauf wir uns ein lebhaftes Bild der damaligen Ereignisse machen konnten.

Das nächtliche Geschehen muss in höchstem Maße traumatisierend für alle Beteiligten gewesen sein. An den aufgeregten und sich zeitweise sogar vor heftiger Panik überschlagenden Stimmen von Valdes und seinen Kameraden erlebten wir hautnah mit, wie tief der

Schock selbst Stunden später noch bei den Männern saß. Die Emotionen ließen ihre Stimmen in Weinen übergehen, immer wieder wurden inbrünstig Gebete gemurmelt. Keiner der Soldaten hatte wohl zu jener Zeit eine Ahnung, was da geschehen war. Sie alle wünschten sich wohl nur inständig, endlich aus diesem furchtbaren Albtraum zu erwachen.[72,73]

Kehren wir an dieser Stelle noch einmal zurück zu dem kleinen Vorposten außerhalb Putre und den weiteren Vorgängen des 25. April 1977. Es war uns möglich, am Tag nach dem Treffen mit dem inzwischen längst pensionierten Schullehrer an den Originalschauplatz des beängstigenden Geschehens zu gelangen. Da man nicht den ganzen Weg mit dem Bus fahren konnte, brachte uns letztendlich ein Fußmarsch von zwei Kilometern Länge zu den Militärbaracken. Dort waren noch immer Soldaten stationiert. Diese beäugten uns erst voller Misstrauen, dann kreisten sie uns, das Sturmgewehr im Anschlag, ein, als wir zu jener Stelle marschierten, an der der Offizier vor den Augen seiner entsetzten Kameraden seinerzeit buchstäblich im Nichts verschwand.

Doch wie ging Valdes' Abenteuer damals eigentlich weiter? Bis auf eine magere Agenturmeldung, die es in die eine oder andere Zeitung geschafft hatte[71], kamen seinerzeit keine weiteren Informationen mehr bei uns an. Was damals noch niemand wusste: Am gleichen Morgen, kurz, nachdem der Lehrer Don Pedro Araneda sein Tonband-Interview „im Kasten“ hatte, übernahmen hochrangige Militärs die Befehle. Der Entführte, und mit ihm auch sämtliche Zeugen, wurden völlig abgeschirmt. Von Putre aus wurde Valdes erst einmal nach Arica gebracht und von dort weiter in die Hauptstadt Santiago de Chile ausgeflogen, wo man ihn isoliert in einem Militärkrankenhaus unterbrachte.

Etwa ein Jahr danach kehrte Armando Valdes noch einmal nach Putre zurück. Begleitet wurde er dabei von zwei Männern in Zivil, ihrem Verhalten nach Agenten des Geheimdienstes. Denn sie ließen ihn keine Sekunde aus den Augen. Er durfte seine persönlichen Dinge abholen und sich von seinen Kameraden verabschieden. Jedoch achteten die „Schlapphüte“ unnachgiebig darauf, dass über die höchst dramatischen Ereignisse vom Morgen des 25. April 1977 kein einziges Wort gesprochen wurde. Für alle Beteiligten und Zeugen galt strengstes Redeverbot.[74]

Nach seiner Entlassung aus dem Militärhospital sowie der kurzen Visite bei seinen früheren Kameraden wurde Valdes im wahrsten Sinn des Wortes „ans Ende der Welt“ versetzt. Er kam nach Concepcion, einer Garnison etwa 500 Kilometer südlich von Santiago. Es kam dort übrigens 1979 zu einer neuerlichen Sichtung unbekannter Flugobjekte, und sämtliche Soldaten auf dem Stützpunkt sollen zu Zeugen des Phänomens geworden sein. Dieses Mal zeigte die Zensur Erfolg: Die Militärbehörden hatten ihre Finger auf das Geschehen gelegt, und die Welt erfuhr nichts darüber.[72,73]

Armando Valdes, 1955 geboren, ist heute wahrscheinlich nicht mehr im aktiven Militärdienst. Die Erinnerungen an sein unheimliches Abenteuer aber dürften ihn noch immer begleiten.

36 Die verhinderten Schwarzfischer

Unheimliche Begegnung im „Devil's Garden“

Anscheinend gibt es Orte, die etwas Unheimliches oder sogar Bedrohliches an sich haben. Nicht selten sollen sich dort seltsame Dinge ereignen, welche die Menschen in Panik, Angst und Schrecken versetzen. Zuweilen verraten bereits die Namen solcher Plätze, dass dort nicht immer alles geheuer ist.

Als eine jener Örtlichkeiten gilt „Devil's Garden“ – der „Garten des Teufels“ – in der englischen Grafschaft Cheshire. Obgleich in den hochindustrialisierten Midlands und im Einzugsbereich der Städte Liverpool und Manchester gelegen, ist diese Gegend südlich von Frodsham am Flüsschen Weaver eine abgeschiedene Ecke, mit einer teils noch urwüchsigen Natur. Und schon von alters her berüchtigt durch mysteriöse Vorfälle, welche die Menschen eher von dem Fleckchen Erde fernhielten.

Das hätten wohl auch jene vier jungen Männer im Nachhinein vorgezogen, die dort ein schockierendes Abenteuer erlebten. Am 27. Januar 1978 stapfte das Quartett, alle um die 20 Jahre alt, gegen 17.45 Uhr durch einsam gelegene Wiesen und Weiden zu dem Fluss Weaver hinab. Ihre geheime „Mission“ sollte nach Möglichkeit unbemerkt bleiben, denn ihr Ziel war eine Fischreuse, die sie dort einige Tage zuvor heimlich errichtet hatten. Da sich ihr Vorhaben deutlich außerhalb der Legalität bewegte, hätten sie höchstwahrscheinlich unter „normalen“ Voraussetzungen über das geschwiegen, was sie im „Devil's Garden“ erleben mussten. An jenem Januarabend wurden sie aber mit etwas so Haarsträubenden und Erschreckenden konfrontiert, dass sie all ihre diesbezüglichen Vorsätze nur allzu gerne über Bord warfen.

Als die vier jungen Männer den „Teufelsgarten“ erreicht hatten und sich den Früchten ihres verbotenen Tuns widmen wollten, erblickten sie auf einmal ein fliegendes Objekt, welches in sieben Metern Höhe über dem Fluss schwebte. Ihr Erstaunen hielt sich anfangs in Grenzen, dachten sie doch, dass sie es mit einem außer Kontrolle geratenen Satelliten zu tun hatten. Denn nur wenige Wochen zuvor war ein sowjetischer Spionagesatellit über den ausgedehnten Wäldern im Norden Kanadas abgestürzt.

Doch es war kein Satellit, sondern ein rundes, silbernes, offenbar metallisches Objekt mit einer Einkerbung an der unteren Seite. Unmittelbar darauf ging selbiges in einem nahegelegenen Unterholz nieder, wobei es Flammen versprühte. Als es dann am Boden stand, gab es ein lautes Geräusch von sich, das dem eines brausenden Windes ähnelte.

Hinter Büschen versteckt, beobachteten die vier jungen Männer das unheimliche Szenario aus vermeintlich sicherer Entfernung. Plötzlich ging ein eigenartiger, bläulicher Schein von dem gelandeten Flugobjekt aus, der ihre Augen heftig schmerzen ließ. Nun fürchteten die Zeugen, dass von dem UFO – wie bei besagtem russischen Spionagesatelliten – eine radioaktive Strahlung oder zumindest schädliches, ultraviolettes Licht ausging. Eilends machten sie sich auf, die Gefahrenzone zu verlassen. Doch es wurde noch viel unheimlicher und bedrohlicher.

Buchstäblich aus dem Nichts tauchte urplötzlich ein klein gewachsenes, humanoides Wesen bei dem Objekt auf. Neugierig musterte es ein paar Kühe, die unnatürlich bewegungslos auf einer benachbarten Weide standen. Anschließend ging es um das UFO herum und kehrte Sekunden später mit einem Begleiter wieder zurück. Zwischen sich schleppten die beiden Wesen ein gitterartiges Gestell, das wie ein Käfig aussah. Die kleinen Humanoiden, die in silberfarbene Anzüge gekleidet waren und Helme mit Lampen daran trugen, näherten sich nun einer der Kühe. Hierauf stülpten sie das besagte Gestell, welches offenbar nicht viel wog, über das ausgewählte Rindvieh und nahmen sorgfältig Maß, indem sie verstellbare Streben auf und ab bewegten.

Das war den vier verhinderten Schwarzfischern endgültig zu viel! In kopfloser Flucht rannten sie davon. Sie bekamen es mit der Angst zu tun und befürchteten, als nächste ruhig gestellt und untersucht zu werden. Ohne anzuhalten und sich umzudrehen, liefen sie weiter, bis sie ihr nahes Dorf erreicht hatten. Gleichgültig, dass sie damit auch ihre verbotenen Absichten preisgaben, berichteten sie dort über ihr bizarres Abenteuer.

Einer der jungen Männer behielt sogar vorübergehend eine schmerzhafte Erinnerung an die unheimliche Begegnung zurück. Im Genitalbereich verspürte er ein starkes Ziehen, das ihn regelrecht an den Schauplatz des Geschehens zurückzuzerren schien. Einige Tage lang klagte er über dieselben Symptome wie bei einem Sonnenbrand.

Erinnern wir uns: Das Ganze geschah an einem bereits dunklen Abend im Januar, als die Temperaturen in England alles andere als sommerlich waren.[75] Was war der wahre Grund für sein unangenehmes „Souvenir"?

37 Ein heißer Sommertag in Kansas

Der Indianer und die Büffelherde

Immer wieder erstatten in ihrem Weltbild zutiefst erschütterte Menschen Bericht über abenteuerliche Episoden, die sie für eine kurze Zeitspanne in eine andere Realitätsebene oder Epoche geführt haben sollen. Zwei derartige Vorfälle haben wir mit den englischen Lehrerinnen anno 1901 in Versailles und ihren Landsmänninnen 50 Jahre später an der Kanalküste (vgl. Kapitel 12 und 23) bereits kennengelernt. Waren das möglicherweise „Rückblenden" in die Tage der Französischen Revolution von 1789 respektive einer missglückten Invasion der Engländer unweit von Dieppe im Sommer 1942, so führt uns das folgende Abenteuer in eine Vergangenheit, wie wir sie heutzutage nur noch von den Wildwestfilmen aus der „Traumfabrik" Hollywood kennen.

Im Sommer 1985 arbeitete der amerikanische Student Keith Manies für die Verkehrsbehörden des Staates Kansas. Meistens war er mit „statistischen Erhebungen" beschäftigt – einer eleganteren Bezeichnung für die eher stumpfsinnige Arbeit, auf abgelegenen Landstraßen Verkehrszählungen durchzuführen. Strichlisten, auf denen PKWs, Motorräder und Trucks gesondert zu notieren waren. Für den damaligen Studenten bedeutete dies jedoch ein durchaus willkommenes Nebeneinkommen. Außerdem blieb ihm bei dieser Tätigkeit noch jede Menge Zeit, um sich nebenher in seinen Büchern und Skripten auf die Prüfungen vorzubereiten.

Es war ein ausgesprochen heißer Nachmittag im Juli 1985. Manies führte eine jener monotonen Zählungen an einer Straße oberhalb des Flusstales des Smokey Hill River westlich von Topeka durch. Der Tag versprach wie so viele andere mit dieser Beschäftigung langweilig und ereignislos zu werden. Doch mit einem Mal hörte Manies einen unangenehm lauten und hohen Ton, welcher ihn entfernt an eine Rückkopplung bei elektronischen Geräten erinnerte. Die erste Reaktion war, das Autoradio auszuschalten, jedoch zeigte das keine Wirkung.

Das irritierende Geräusch schien von hinter dem Wagen zu kommen. Deshalb stieg er aus, um nach dem Rechten zu schauen. Doch er fand nichts.

Also ging er auf der Straße ein paar Meter zurück, wo er ganz plötzlich auf eine Bewegung zu seiner rechten Seite aufmerksam wurde. Er drehte sich um – und zu seiner grenzenlosen Verwunderung fiel sein Blick auf einen Indianer, der neben der Straße auf seinem Pferd ritt.

Keith rieb sich die Augen - und sofort wurde ihm klar, dass dies kein Indianer unserer Tage war, die sich hier und da wieder auf deren uralte Traditionen besinnen. Auch in eine Filmaufnahme konnte er nicht geraten sein, denn weit und breit waren keine anderen Personen auszumachen. Die ganze Szene wirkte vielmehr wie ein lebensechter oder zumindest meisterhaft arrangierter Schnappschuss eines Indsmen-Kriegers aus der unruhigen Zeit um 1840. Er trug nichts als einen Lendenschurz aus Leder sowie ein Paar Mokassins. Wie damals üblich, ritt er ohne Sattel und Zaumzeug auf dem Tier; nur ein Seil war um den Kopf seines Ponys gebunden. In seiner rechten Hand führte der mysteriöse Indianer ein geradezu antik wirkendes Gewehr, und in der linken Hand hielt er ein Lasso.

Der anachronistische Anblick ließ dem Studenten beinahe den Atem stocken. Schließlich aber gewann dessen Neugier die Oberhand, und er rief dem Indianer etwas zu. Dieser jedoch würdigte ihn keines Blickes; er schien den am Straßenrand Stehenden überhaupt nicht zu bemerken. Als der Indianer bis zum nahe gelegenen Abhang geritten war, hielt er inne und beobachtete nun sichtlich angestrengt irgendetwas unten im Tal des Smokey Hill River. Das intensive Spähen des Indianerkriegers machte Manies neugierig, und so begab er sich gleichfalls zu der Stelle, die ihm einen guten Überblick über das Flusstal bot. Doch dort unten erwartete ihn die nächste Überraschung. Einmal mehr glaubte er seinen Augen nicht mehr trauen zu dürfen.

Eine gewaltige Büffelherde graste dort unten am Smokey Hill River, wo noch ein paar Minuten zuvor absolut nichts zu erkennen gewesen war. Der aberwitzige Anblick ließ seine Knie weich werden, wusste er doch genau, dass diese mächtigen Büffelherden längst der Vergangenheit angehörten. Denn sie wurden bereits Ende des 19. Jahrhunderts von gewissenlosen, gierigen Großwildjägern beinahe restlos abgeschossen und von den Prärien getilgt.

Als Keith Manies wieder einigermaßen zu Sinnen gekommen war und sich davon vergewissert hatte, dass er wohl nicht träumte, wandte er sich dahin, wo er den Indianer und sein Pony zuletzt gesehen hatte. Er lief zu der Stelle am Abhang und überschaute das ganze Flusstal. Doch er suchte vergebens. Er vermochte weder den roten Krieger noch die Büffelherde, die er nur wenige Augenblicke zuvor leibhaftig gesehen hatte, wiederzufinden. Er verspürte stattdessen wieder die glühend heiß und unbarmherzig vom Himmel brennende Sonne dieses Julitages. Deshalb ging er langsam zum Auto zurück. Auch der laute und hohe Ton, den er am Anfang bemerkt hatte, war verschwunden.

Noch eine ganze Weile saß der Student in seinem Auto und überlegte angestrengt, was ihm da Seltsames widerfahren sein mochte. Hatte ihm ein Scherzbold einen üblen Streich gespielt an diesem fürchterlich heißen Sommertag? Hatte er den Geist eines Indianers und gleichzeitig den einer riesigen Herde längst ausgerotteter Präriebüffel gesehen? Oder war er Zeuge eines Risses im Raum-Zeit-Gefüge geworden? Deutete jener mysteriöse „Rückkopplungseffekt“, den er unmittelbar vor seinem unerklärlichen Erlebnis hörte, vielleicht auf eine Störung im Magnetfeld oder auf eine elektrische Entladung hin? Noch am Abend desselben Tages suchte ein ungewöhnlich heftiger Gewittersturm die ganze Gegend am Smokey Hill River heim. Keith Manies, der selbst aus der extrem gewitterreichen „Tornado Alley“ von Kansas stammte, konnte sich beim besten Willen nicht daran erinnern, jemals ein so heftiges Gewitter erlebt zu haben. Führten die Entladungen elektrischer Energie am Ende zu einem Riss in Raum und Zeit?

Über seine verwirrende Begegnung mit dem Indianer sowie der Büffelherde fügte er später noch hinzu: „Ich hatte ein höchst seltsames Gefühl, als ich dieses elektrische Surren oder Jaulen vernahm, das mich hinter dem Auto nachsehen ließ. Ich kann nicht sagen, was dieses sogenannte Gefühl war – vielleicht zum einen Teil der Reiz durch den hohen Ton und zum Teil das unbestimmte Gefühl, dass nicht alles so war, wie es schien. Man darf nicht vergessen, dass dies ein langer und eintöniger Tag war, an dem ich nichts anderes tat, als im heißen und staubigen Kansas die Fahrzeuge zu zählen. Also war dieses Ereignis ein abrupter und erschütternder Bruch in meinem Status Quo.

Ich kann auch nur Vermutungen anstellen, was ich da erlebt habe. Ich glaube, es war sowas wie ein 'Fenster in der Zeit'. Ich wurde unvermittelt Zeuge eines Vorgangs, der dort vor mehr als 150 Jahren stattgefunden hatte. Dieser Indianer würdigte mich keines einzigen Blickes, und er ging seiner Tätigkeit nach, als ob ich einfach nicht dagewesen wäre. Das Ganze dauerte auch nicht länger als ein oder zwei Minuten. Ich vermute, ich wurde Zeuge einer Episode aus der Vergangenheit, die aus irgendeinem Grund im Ablauf der Zeit vorwärts geglitten ist."[76]

Dass uns solche Abenteuer gehörig durcheinander bringen können, kommt nicht von ungefähr. Wir glauben uns sicher in unserem scheinbar unverrückbaren „Koordinatensystem" – das aus drei räumlichen Dimensionen besteht, sowie der Zeit als der vierten. Von Kindesbeinen an lernen wir, die Zeit auf der Uhr abzulesen. Minuten summieren sich zu Stunden, und diese zu Tagen, Wochen, Monaten und Jahren.

Doch sind Uhr und Kalender nur Hilfsmechanismen mit der Aufgabe, unser alltägliches Leben zu organisieren und System in das Chaos zu bringen. Werden wir aber unvorbereitet mit Abläufen konfrontiert, die diese unsere Ordnung auf den Kopf stellen, kann uns das recht schnell den vermeintlich festen Boden unter den Füßen entziehen. Dies ist der Augenblick, in dem wir feststellen müssen, dass die Realität, wie wir sie zu kennen glauben, nichts weiter als eine Illusion ist.

38 „Living Buddha“

Abenteuer in zwei Leben

Der Titel dieser Geschichte am Rande unserer Realität dürfte auf den ersten Blick ein wenig verwirrend sein. Die Erlebnisse dahinter sind es nicht minder. Ist es überhaupt denkbar, dass sich ein Abenteuer, ein Handlungsstrang, eine Folge von Ereignissen wie eine Fortsetzungsgeschichte über zwei voneinander getrennten Existenzen erstrecken? Unser rationaler Hausverstand würde hier erst einmal sein Veto einlegen. Und doch ...

In den Kulturen des Fernen Ostens ist der Begriff der Reinkarnation, also der Wiederverkörperung eines Menschen nach seinem körperlichen Tode, keine Frage des Glaubens. Viele Menschen sind dank zahlloser, bestens dokumentierter Beispiele überzeugt davon. Übrigens war der Gedanke an eine Wiedergeburt auch in der christlichen Lehre zu finden – bis er beim fünften ökumenischen Konzil anno 553 als Irrlehre verdammt wurde.[77] Was nicht überrascht: Andernfalls ließe sich der ganze Nonsens mit dem Fegefeuer, der ewigen Verdammnis und den damit einhergehenden Gängeleien nicht mehr unter das willfährige Volk bringen!

In der Glaubenswelt des Buddhismus tibetischer Prägung gilt der Mensch als die „Schnittstelle“ zwischen seiner unsterblichen, geistigen Komponente (wir würden „Seele“ dazu sagen) sowie dem durch Zeugung hervorgegangenen Körper. Der tibetische Buddhismus kennt und verehrt zwei Autoritäten. Eine davon ist der Gyalwa Rinpoche, besser bekannt als Dalai-Lama, als weltlicher und geistlicher Herrscher des Staates auf dem „Dach der Welt“. Mindestens genauso bedeutend aber ist auch der Gyalwa Karmapa. Er gilt nämlich als die wahre Wiederverkörperung Gautama Buddhas, des „erleuchteten Boddhisattva“. Die Linie Gyalwa Karmapas ist die längste, nicht unterbrochene Inkarnationslinie in Tibet. Seit Dusum Khyenpa (1110-1193), dem allerersten Karmapa, dauert sie bereits mehr als 900 Jahre an. Keine andere Linie besteht so lang und wurde so über die Jahrhunderte kontinuierlich und gewissenhaft dokumentiert. Sogar der Dalai-Lama respektiert den Gyalwa Karmapa als die älteste aller bewussten Wiedergeburten.

Rangjung Rigpa Dorje, der 16. Karmapa in dieser Reihe, segnete 1981 in Zion bei Chicago das Zeitliche. „Er hatte freiwillig das Los des Krebses auf sich genommen, um den Gläubigen in einer neuen Inkarnation seine Wiederkehr zu beweisen", zeigten sich seine Anhänger überzeugt. Wie auch beim Dalai-Lama war es beim Karmapa üblich, dass dieser vor seinem Tode ganz konkrete Hinweise auf seine Wiedergeburt hinterlässt. Mit einem Brief, in dem er selbst die Namen der Eltern des Neugeborenen, in dessen Körper er wiederzukehren gedachte, ebenso das Geburtsjahr und den Bezirk im Osten Tibets angegeben hatte, verabschiedete der 16. Gyalwa Karmapa sich von dieser Welt.

Die schon seit Jahrhunderten festgeschriebenen Sitten und Gebräuche einhaltend, übernahmen sofort nach seinem Ableben vier „Linienhalter" die geistlichen Aufgaben. Wie auch der Interimsregent beim Dalai-Lama führen diese in der bis zu mehreren Jahren andauernden Zeitspanne zwischen den beiden Inkarnationen alle Geschäfte des Verstorbenen weiter. Eine festgelegte Zeit nach dessen Dahinscheiden öffneten sie den Brief mit den Hinweisen, die der 16. Karmapa noch gegeben hatte und verlasen seinen letzten Willen. Daraufhin machte sich Jamgan Kontrul Rinpoche, der ranghöchste der erwähnten vier „Linienhalter", mit seinem Auto auf den Weg nach Osten, um dort die Spur der künftigen Wiederverkörperung Gyalwa Karmapas aufzunehmen.

Er sollte jedoch nicht weit kommen. Als unerwartet eine Schar Vögel hinter einer Kurve auf der Fahrbahn auftauchte, versuchte Jamgan Kontrul Rinpoche noch, ihnen auszuweichen. Dabei verlor er die Kontrolle über das Fahrzeug, verunglückte und erlag noch an der Unfallstelle seinen Verletzungen. Durch dieses tragische Unglück wurde natürlich auch die Suche nach dem neuen Gyalwa Karmapa um etliche Monate zurückgeworfen.

Szenenwechsel. Am 25. Juli 1985 kam die Frau eines Nomaden auf der Hochebene im Osten Tibets mit einem „Stammhalter“ nieder: Urgyen Thinley Dorje. Die ersten Lebensjahre wuchs dieser im Zelt auf und lernte schon früh, mit den harten Bedingungen in der Region zurechtzukommen. Die strenge Kälte der langen Winter in diesem kargen und unwirtlichen Teil der Welt macht das Überleben nicht gerade einfach. Meist gibt es nur „Tsampa“ zu essen: Geröstetes Gerstenmehl mit ranzig schmeckendem Buttertee dient den Wanderhirten als tägliche Nahrung und Wärmespender.

In der Zwischenzeit war es unter den Tulkus, den vorher bereits erwähnten Linienhaltern, zu einer erbitterten Auseinandersetzung gekommen. Einer der verbliebenen drei wollte mit einem Mal die Echtheit jenes Briefes mit den Hinweisen auf die Wiederverkörperung Karmapas nicht mehr anerkennen. Die beiden anderen Vertreter des Würdenträgers gaben aber nicht auf und machten sich trotz des Widerstands auf die Suche nach ihrem wiedergeborenen Meister. Zeitgemäß ausgerüstet mit modernen Allrad-Jeeps, aber ebenso inkognito wie ihre Vorfahren, setzten sie unbeirrt ihre Suchaktion fort. Atemberaubende Landschaften auf dem „Dach der Welt“ bildeten die Kulisse für abenteuerliche Nachforschungen. Daran, dass ihre Mission erfolgreich sein würde, hegten sie ohnehin nicht die geringsten Zweifel. Denn einem jeden tibetischen Buddhisten ringt es höchste Bewunderung ab, wenn der Geist eine solche Macht über den Tod beweist, dass er planvoll in einem anderen Körper wiederkehrt. Die Aussicht, schließlich doch auf Karmapas neue Inkarnation zu stoßen, lohnte die lange und nicht ungefährliche Expedition.

Langer Rede kurzer Sinn: Die Nachforschungen wurden von Erfolg gekrönt. Über die komplizierte und zeitraubende Suche sowie das zu guter Letzt erfolgreiche Auffinden des neuen Gyalwa Karmapa berichtete der deutsche Dokumentarfilmer Clemens Kuby in seinem opulenten Epos „Living Buddha“. Darin vermittelte er mit ungewöhnlicher Klarheit das Gefühl, selbst dabei gewesen zu sein. Auch kritische und skeptische Geister schweigen im Angesicht dieses cineastischen Meisterwerks, das so unglaublich dicht an der Realität ist, dass es beinahe schon wie ein Traum anmutet. Sieben lange Jahre begleitete der Filmemacher die Beteiligten, doch hat sich die harte Arbeit sichtlich gelohnt.

Der Film bietet Unfassbares, nie zuvor Dagewesenes. Zum ersten Mal konnte man einen Menschen in zwei Leben erleben! Das Geheimnis, wie es hierzu kam, lüftete Regisseur Clemens Kuby in seinem gleichnamigen Buch:

„In einem Zelt hatten sie einen Fernsehapparat nebst Videorecorder aufgestellt, selbstverständlich von einem Notstromaggregat angetrieben, denn in Tsurphu gibt es noch keinen elektrischen Strom. Ich hatte meinen Videofilm, Tsurphu – Home of the Karmapa' dabei. In diesem kommt eine Passage mit dem (verstorbenen) 16. Karmapa vor, welche aus dem Streifen „The Lions Roar' stammt. Ich dachte mir, was wird er wohl für ein Gesicht machen, wenn er auf einmal seiner vorangegangenen Inkarnation auf dem Bildschirm begegnen würde? Unauffällig brachte ich beide Kamerateams in die richtige Position und schärfte ihnen ein, drehbereit zu sein - komme, was da wolle.

Dann legte ich wortlos die Kassette ein und wartete. In dem Augenblick, als der 16. Karmapa auf dem Bildschirm auftauchte, reagierte der kleine Urgyen Thinley Dorje wie elektrisiert. Er beugte sich gespannt vor, und betrachtete mit wahrhaft selbstvergessener Intensität jene Zeremonie, die da vor seinen Augen ablief. Und es wurde ganz deutlich, dass ihm zwar die laufenden Kameras bewusst waren, er sich jedoch völlig spontan verhielt. Er machte eine Geste zu uns herüber, die so aussah, wie 'Da, schaut her! Der Karmapa. Das ist es, worum es geht!' Wann immer ich diese Szene am Schneidetisch wiederholte, entstand dabei derselbe Eindruck. Der Eindruck einer überwältigenden und vollkommen erwachten Bewusstheit."[78]

Am 27. September 1992 wurde der 17. Karmapa – inzwischen war dieser sieben Jahre alt – im Kloster von Tsurphu inthronisiert. Die letzten Zweifel an seiner Identität waren ausgeräumt, denn auch der 14. Dalai-Lama hatte ihn offiziell als die wahre Wiedergeburt seines Vorgängers anerkannt. Und für eine pikante Pointe sorgte indessen die Politik: Zu den Feierlichkeiten hatte Peking einen hohen Minister mitsamt seinem Stab von Funktionären gesandt. Die Zentralregierung der Volksrepublik erkannte damit gleichfalls den neuen Gyalwa Karmapa an, „legalisierte" somit die Anerkennung durch den Dalai-Lama.[77]

Zum Zeitpunkt, da ich diese Zeilen verfasse, zählt der 17. Gyalwa Karmapa 34 Jahre. Noch insgesamt vier Mal soll er, nach einer uralten Prophezeiung, wiederkehren. Denn in der seit gut 900 Jahren ununterbrochenen Reinkarnationslinie sind insgesamt 21 Wiederkünfte vorhergesagt. Dann, so sagt die Bestimmung, sei der irdische Weg Karmapas erfüllt.

39 Schockierende Beobachtungen

Die Entführung der Linda C.

Ein spektakuläres Erlebnis, in das auch noch weitere, eigentlich unbeteiligte Personen hineingezogen werden, hat einen riesigen Vorteil im Vergleich zu einem solchen, das man nicht teilt. Es fällt jenen Zeitgenossen, die ungewöhnliche Erfahrungen regelmäßig in Bausch und Bogen negieren, ohne dabei gewesen zu sein, deutlich schwerer, sie ins Reich der Fabel zu verweisen. Auch, wenn das Ganze so abgefahren klingt, dass sich die Betroffenen wünschen, es hätte wirklich nie stattgefunden. Wenn da nur die unfreiwilligen Zeugen nicht wären. Was das nachfolgend geschilderte Erlebnis betrifft, werden auch sie nie mehr vergessen, was sie sahen.

Manhattan ist ein wichtiger Stadtteil von New York, der zum größten Teil auf der gleichnamigen Insel zwischen Hudson River und East River liegt. Am südlichen Ende verbindet die Brooklyn Bridge Manhattan mit dem auf Long Island gelegenen Stadtbezirk Brooklyn. Soviel zum Verständnis des nachfolgend beschriebenen Vorfalls. Wir schreiben den 30. November 1989. Gegen drei Uhr morgens begibt sich die damals 35jährige Linda C. in ihrer Wohnung im 12. Stock eines Hochhauses endlich zu Bett. Ihr Gatte schläft bereits neben ihr, sowie im Zimmer nebenan die zwei Söhne Steven und Johnny. Dann schläft auch Linda ein.

Doch kurz darauf erwacht sie wieder, und nichts ist mehr so, wie es war. Irgendjemand scheint sich noch in ihrem Schlafzimmer zu befinden. Und was noch schlimmer ist: Sie ist plötzlich wie gelähmt, kann sich nicht mehr bewegen. Ein Gefühl von Taubheit versetzt sie in helle Panik, das von den Zehen aus direkt nach oben kriecht. Doch das ist noch nicht das Schlimmste. Zu ihrem Entsetzen muss sie beobachten, wie drei kleine graue Wesen mit großen Köpfen und schwarzen, schräg im Gesicht stehenden Augen das Zimmer betreten. Ihr Mann, der kurz zuvor noch geschnarcht hatte, liegt nun bewegungslos und wie tot neben ihr. Linda hat furchtbare Angst – Angst um ihn, wie auch um ihre beiden im Nebenraum schlafenden Kinder. Was, um alles in der Welt, geschieht da um sie herum? Und warum ist sie nicht mehr in der Lage, sich zu bewegen? Die Hilflosigkeit wird schier unerträglich.

Im nächsten Moment berühren sie die drei albtraumhaften Kreaturen. Die Frau beginnt zu schweben. In einer embryonalen Haltung, vollkommen zusammengerollt, gleitet sie aus dem Bett. Und dann fliegt sie, zusammen mit den drei unheimlichen Wesen, durch das geschlossene Fenster aus dem Hochhaus. Zwölf Stockwerke über dem Boden schweben alle mitten in der Luft, als ein blauweißer Lichtstrahl sie erfasst und nach oben zieht. Und dann mitten hinein in ein grell leuchtendes, scheibenförmiges, fliegendes Objekt, in dem die vier nun verschwinden.[10,72]

Was sich in dem Objekt abgespielt hat, bringt später eine regressive (rückführende) Hypnose ans Licht. Um sie herum ist alles in einen grellen Schein getaucht. Die fremden Kreaturen hantieren mit seltsamen Apparaturen, und scheinen – völlig emotionslos – irgendwelche Untersuchungen oder Eingriffe an ihr vorzunehmen. Etwas bohrt sich tief in ihre Nase, was bei ihr eine ungeheure „Explosion aus Schmerzen“ auslöst.

Dann reißt der Film. Ganz unvermittelt befindet sie sich in ihrem Bett, in das sie aus einer gefühlten Höhe von einem halben Meter zurückgefallen ist. Sie rüttelt an ihrem Mann, doch dieser liegt noch immer vollkommen bewegungslos da. Als nächstes springt sie hoch und läuft in das Zimmer ihrer Söhne. Auch die liegen noch immer wie tot in ihren Betten und lassen keinerlei Lebenszeichen erkennen. Linda spürt keinen Puls und kann keine Atmung feststellen. Panisch hastet sie ins Badezimmer und holt einen Spiegel, den sie Johnny unter die Nase hält. Als dieser beschlägt, verspürt sie grenzenlose Erleichterung. Und beinahe gleichzeitig beginnen beide Kinder wieder zu atmen; sie fallen aus ihrer todesähnlichen Starre zurück in einen normalen, tiefen Schlaf. Auch aus dem eigenen Schlafzimmer vernimmt sie nun das vertraute Schnarchen ihres Ehemannes. Der Alptraum scheint vorbei zu sein.

Am folgenden Morgen ruft Linda C. den ebenfalls in New York lebenden Budd Hopkins an, damals einer der bekanntesten Erforscher des Entführungsphänomens in den Vereinigten Staaten. Hopkins veranlasst jene bereits erwähnte, hypnotische Rückführung, in deren Verlauf Linda sich erstaunlich genau an die Vorgänge im Inneren des scheibenförmigen Flugobjekts zu erinnern vermag. Im Laufe dieser Hypnosesitzung wird ihr dann bewusst, am Morgen jenes 30. November 1989 ein Implantat, also einen Fremdkörper, in den Nasenansatz eingepflanzt bekommen zu haben. Eine Art Sonde, die man ihr unter höllischen Schmerzen durch das linke Nasenloch nach oben getrieben hatte.

Noch am gleichen Tag wird außerdem eine Röntgenaufnahme angefertigt, die das Unglaubliche zur Gewissheit werden lässt: Tatsächlich steckt ein kleines, zylinderförmiges Objekt in Lindas Kopf. Jedoch nicht lange, denn anscheinend wird die Frau wenige Tage danach noch einmal entführt, und dabei das mysteriöse Implantat entfernt. Das Röntgenbild existiert jedoch, und kann nicht wegdiskutiert werden. Wie die Aussagen von Zeugen, die belegen, dass das unfassbare Ereignis wirklich stattfand.[79]

Im Februar 1991 erhält Budd Hopkins unerwartet ein Schreiben, welches zwei Sicherheitsleute mit den Namen Dan und Richard verfasst hatten. In dem Brief schildern die beiden, wie sie an einem frühen Morgen Ende November 1989 zwischen 3.00 und 3.30 Uhr mit ihrem Wagen unter dem FDR Drive (einer auf Brückenstelzen gebauten, parallel zum Hudson River verlaufenden Hochstraße in Manhattan) unterwegs waren und dabei etwas wirklich Haarsträubendes beobachtet hätten. Sie fuhren einen hochrangigen Politiker – später wurde die Behauptung aufgestellt, es sei kein Geringerer als der damalige Generalsekretär der UN, Perez de Cuellar, gewesen – zum Hubschrauberlandeplatz der Vereinten Nationen. Ganz plötzlich ging der Motor ihres Fahrzeugs aus und streikte. Wie ihnen ein kurzer Blick verriet, blieben sämtliche Autos auf der gegenüber liegenden Brooklyn Bridge ebenso unvermittelt stehen.

Zufällig blickte einer der Bodyguards nach oben. Was er nun zu sehen bekam, verschlug ihm buchstäblich die Sprache. Wenige hundert Meter entfernt schwebte über einem Hochhaus ein gewaltiges, scheibenförmiges Objekt, getaucht in grelles, bläulich-weißes Licht. Was dann geschah, war ein veritabler Schock. Aus einem der Fenster im 12. Stockwerk schwebte plötzlich eine zusammengekrümmte, mit nichts als einem weißen Nachthemd bekleidete Frau. Gemeinsam mit ihr drei kleine, hässliche, menschenähnliche Wesen. Eines glitt voran, die zwei anderen folgten der Frau. Und alle befanden sich mitten in der Luft!

Mit dem Fernglas konnten die Sicherheitsmänner genau erkennen, wie die Gruppe von einem grellblauen Lichtstrahl erfasst wurde und innerhalb weniger Sekunden in dem Objekt verschwand. Dann sei das UFO über ihnen beziehungsweise über den erwähnten FDR Drive geflogen und hinter der Brooklyn Bridge unweit dem Pier 17 einfach in den Hudson River eingetaucht. Als sie ungefähr 45 Minuten später ihre Fahrt fortsetzten, war das fremde Objekt noch nicht wieder aus den Fluten hervorgekommen.[72]

Dies waren nicht die einzigen Zeugen, die sich bei Budd Hopkins meldeten. Im November 1991 bekommt er nämlich noch einen Brief, zusammen mit einer Reihe von Zeichnungen des unheimlichen Geschehens. All das stammte von einer Frau, die ungenannt bleiben wollte und unter dem Pseudonym „Janet" geführt wurde. Ihr Weg führte gleichfalls am frühen Morgen des 30. November 1989 über die Brooklyn Bridge, als gegen 3.00 Uhr die Scheinwerfer ihres Autos immer schwächer wurden und schließlich ganz ausgingen. Dann blieb auch der Motor stehen. Bei den nachfolgenden Fahrzeugen geschah genau dasselbe. „Janet" bekam es mit der Angst zu tun. Würde sie Opfer eines Überfalls werden? Würde sie da überhaupt mit heiler Haut herauskommen?

Lange konnte sie sich den Gedanken um ihre Sicherheit aber nicht hingeben. Denn nun erblickte auch sie von ihrem unfreiwilligen „Parkplatz" auf der Brooklyn Bridge aus vier unheimliche Wesen die

- eines nach dem anderen - aus dem Hochhaus herausschwebten. Zuerst waren es nur „vier zusammengerollte Bälle", welche sich aus dem zweiten Fenster von links im 12. Stockwerk lösten. Ihr wurde aber schnell klar, dass es lebende Wesen waren, die sie zunächst für Kinder hielt. Während sie schockiert beobachten musste, wie alle vier in dem schwebenden Objekt verschwanden, hörte sie die Menschen auf der Brücke hinter sich panisch schreien. Diese waren wie sie selbst zu Zeugen jenes unfassbaren Abenteuers geworden, auf das Linda C., Ehefrau und Mutter von zwei Kindern, mit Sicherheit gerne verzichtet hätte.[79]

40 Archaisch und bedrohlich

Unheimliche Begegnung mit dem „Chupacabra"

Dass sämtliche Protagonisten der nachfolgend berichteten Aventüre gleichfalls nur allzu gerne auf diese verzichtet hätten, muss ich an dieser Stelle nicht vermuten – denn ich weiß es zufällig aus sicherster Quelle. Ich weilte nämlich persönlich mit ein paar jener lokalen Ermittler am Original-Schauplatz der Ereignisse, die damals mit den geschockten Zeugen sprachen.

Puerto Rico, die östlich der Dominikanischen Republik gelegene, mit den USA assoziierte Antilleninsel, sollte eigentlich ein echtes karibisches Paradies sein. Wären da nicht unheimliche, ja bedrohlich auftretende Kreaturen unterwegs, die dort seit Jahrzehnten für mächtig Angst und Schrecken sorgen. Jene berühmt-berüchtigten „Inkarnationen des Schreckens" sind unter der Bezeichnung „Chupacabras" (Einzahl: Chupacabra) – zu deutsch „Ziegensauger" – zu einem feststehenden Begriff geworden. Auf der Insel kennt sie buchstäblich jedes Kind.

In ihrem Erscheinungsbild werden sie überwiegend als humanoid - also entfernt menschähnlich - beschrieben, jedoch mit einer Größe, die zwischen 1,20 und 1,50 Meter liegt. Der große Kopf ist birnenförmig, mit einigermaßen sichtbaren Ohren sowie zwei kleinen Löchern an Stelle der Nase. Der Mund ist ein lippenloser Schlitz; einige Zeugen wollen darin lange, bedrohlich wirkende Zähne gesehen haben. Ungewöhnlich große Augen liegen schräg im Schädel und leuchten im Dunkeln unheimlich rot, mit Ausnahme der vertikalen, schwarzen Pupillen. Ihre langen, dünnen Arme sind mit klauenähnlichen Greifwerkzeugen versehen, welche drei oder vier Finger tragen. Auch die Füße sind lang und klauenähnlich, und ihre Haut wird mit der von Reptilien verglichen.

Viele Zeugen konnten beobachten, dass besagte Chupacabras ungewöhnlich schnell laufen und unglaublich hoch springen können.

Am Rücken tragen sie archaisch anmutende, spitze „Stacheln", welche sie je nach Bedarf ausfahren und wieder einziehen. Diese Stacheln reichen vom Nacken bis hinab zum Steiß und können offenbar die Farbe wechseln. Es ist hier wohl überflüssig zu erwähnen, dass sie äußerst bedrohlich wirken.

Warum nennt man sie eigentlich „Ziegensauger"? Wo immer sie ihre unheilvolle Spur hinterlassen haben, fanden sich schrecklich zugerichtete, getötete Nutztiere: Nicht nur Ziegen und Schafe, sondern auch Schweine, Kühe, Pferde, Hunde und Geflügel. All diesen Opfern gemeinsam sind tiefe, äußerst sauber ausgeführte Schnitte oder punktförmige Inzisionen im ganzen Körper. In der Regel fehlt auch das Blut vollständig, und rund um die Kadaver finden sich nicht die geringsten Blutspuren. Vielen der derart niedergemetzelten Tiere fehlen die inneren Organe wie Herz, Nieren und Drüsen, aber ebenso die Geschlechtsorgane, Lippen und Zungen sowie die Augen und andere Weichteile.[80]

Das sind wahrlich keine angenehmen Zeitgenossen und auch niemand, dem man allzu gerne begegnen möchte. Schon gar nicht in der Nacht.

Eine Begegnung mit einer solchen Inkarnation des Horrors erlebten Mrs. Madelyne Tolentino und deren Familie in der zweiten Augustwoche des Jahres 1995 – und dies am hellichten Tage. Der Schauplatz dieses unheimlichen Geschehens war das Wohnhaus der Tolentinos in Barrio Campo Rico, einem Vorort der Stadt Canóvanas. Die liegt östlich der Inselhauptstadt San Juan, eingebettet in eine eigentlich friedliche und idyllische Landschaft. Gegen 16.00 Uhr am Nachmittag dieses Tages war Mrs. Tolentino damit beschäftigt, ihrer Mutter beim Einzug in das gemeinsame Haus behilflich zu sein. Als Madelyne einmal kurz aus dem Fenster zur Straße sah, fiel ihr ein dort geparktes Auto auf. Irgendetwas schien mit dessen Fahrer nicht zu stimmen. Denn dieser saß mit vor Entsetzen unnatürlich geweiteten Augen im Wagen, und machte sich gerade auf, diesen fluchtartig zu verlassen.

Was diesen Mann so unglaublich in Panik versetzt hatte, konnte Madelyne erkennen, als sie etwas näher an das große Fenster herantrat, das zur Straße hin liegt. Eine auf zwei Beinen gehende Kreatur, die offensichtlich gerade erst um die Ecke gebogen war, starrte aus ihren großen, schrägstehenden, dunklen Augen durch das Fenster direkt auf sie. Diesen unheimlichen, schauderhaften Augen fehlte die weiße Farbe der Augäpfel. Sie hatten absolut nichts Menschliches an sich. Das gedrungen wirkende, ungefähr 1,20 Meter große Geschöpf besaß an Händen und Füßen jeweils drei dünne, lange Finger beziehungsweise klauenartige Zehen. Die Arme waren sehr lang und wie in Angriffsposition zurückgezogen. Der Mund war nichts als weiter ein schmaler Schlitz, den das Wesen geschlossen hielt, so dass man keine Zähne ausmachen konnte. Und statt der Nase hatte es nur zwei kleine Löcher im Gesicht.

Völlig ungewöhnlich präsentierte sich die Rückenpartie - dort zog sich nämlich eine Reihe eng anliegender Stacheln der Länge nach den Rücken hinunter. Sie waren verbunden mit einer Art rot leuchtender Membran oder Haut.

Als dieses äußerst bedrohlich aussehende Wesen Madelyne anstarrte, entrang sich ihr ein lauter Schrei des Entsetzens. In größter Sorge um die Tochter kam nun deren Mutter in das Zimmer gelaufen und wollte nach dem Rechten sehen. Hierauf ergriff die fremdartige Kreatur die Flucht. Gegenüber dem Domizil der Familie Tolentino liegt ein freier Durchgang, welcher in den nahen Wald führt. Das war der Fluchtweg des unheimlichen Geschöpfes. Diese Örtlichkeiten konnte ich selbst in Augenschein nehmen.

Ganz zufällig befand sich im selben Augenblick ein junger Mann vor dem Haus, der öfters für Mr. Tolentino arbeitete. Und da dieser häufig mit Tieren zu tun hatte, lagen in seinem Auto stets ein paar dicke Arbeitshandschuhe griffbereit. Als er unvermittelt zum Zeugen jenes grotesken Szenarios wurde, schnappte er sich schnell die Handschuhe und machte sich daran, den Chupacabra zu verfolgen. Und tatsächlich: Er hatte die Kreatur schon beinahe eingeholt und griff beherzt nach ihr, als die Situation unversehens zu eskalieren begann.

Urplötzlich schnellten die erwähnten „Stacheln" hervor und standen nun furchterregend auf dem Rücken des Ungeheuers. Zusätzlich öffnete es das Maul, in dem lange und kräftige Zähne blitzten. Es scheint einleuchtend, dass der junge Mann in diesem Augenblick von jeder weiteren Verfolgung der Kreatur absah.

In der Zwischenzeit war auch Madelynes Mutter aus dem Hause gestürzt und versuchte gleichfalls, nach dem Wesen zu greifen. Das aber setzte seine Flucht nun mit noch größerem Tempo fort, wobei die Füße den Boden nicht mehr zu berühren schienen. Dann verschwand es spurlos in der Wildnis.

Madelyne Tolentino sollte bald darauf noch eine zweite abenteuerliche Begegnung mit solch einer unheimlichen Bestie beschieden sein. Nicht einmal fünf Monate später, am Abend des 4. Januar 1996, war sie gerade gegen 19 Uhr mit ihrem zweijährigen Sohn auf dem Rückweg vom Einkaufen. Die beiden passierten gerade den Ortsrand von Barrio Cambalache, ebenfalls ein Vorort von Canóvanas, als Madelyne die Kreatur am Straßenrand stehen sah.

Ein abstoßend strenger, mit Salmiak vergleichbarer Geruch zog in ihre Nase und drohte ihr förmlich die Luft zu nehmen. Unheimlich orangerot leuchteten die Augen des Ungeheuers in der Dunkelheit. Voller Panik raste die zu Tode erschrockene Frau, so schnell sie nur konnte, mit ihrem Wagen nach Hause zurück. Dort angekommen, stürzte sie, das Kind im Arm, nur noch ins Haus. Ihr Ehemann Miguel fragte sie erschrocken, was passiert sei, und sie erzählte ihm, dass sie gerade erneut einem Chupacabra begegnet wäre. Mr. Tolentino alarmierte daraufhin einen nahen Verwandten und begab sich gemeinsam mit diesem auf die Suche.

Am Rande von Barrio Cambalache angekommen, durchkämmten sie die gesamte Umgebung. Als sie jedoch nach längerer Suche nicht fündig wurden, wollten sie sich schon auf den Heimweg machen. Im selben Augenblick sahen sie die Kreatur auf sich zukommen. Sie hatten dabei den Eindruck, als würde sie nicht gehen, sondern sich vielmehr schwebend fortbewegen, allen Gesetzen der Schwerkraft trotzend. Und als sie das Wesen zu fangen versuchten, flüchtete es mit schier unglaublicher Geschwindigkeit. Ein weiteres Mal war ihnen die „Inkarnation des Schreckens" entwischt.[81]

Bei einer späteren Befragung durch private Ermittler für rätselhafte Phänomene beschrieb das Ehepaar Tolentino die Haut der Kreatur als ausgesprochen „gummiartig". Auch waren sie bei Weitem nicht die einzigen Einwohner von Canóvanas und der umliegenden Orte, die im Jahr 1995 eine abenteuerliche Begegnung mit der Schreckgestalt hatten. Noch mindestens 15 weitere mehr oder weniger schockierte Augenzeugen berichteten von ihren unheimlichen Erlebnissen, und bis zum heutigen Tage sind die Begegnungen mit dem Unfassbaren auf der Karibikinsel nicht abgerissen.

41 .357 Magnum

Vor den Augen im Nichts verschwunden

Ich gebe es zu: Bei diesem fraglos verwirrenden Vorfall bin ich doch sehr hin- und hergerissen. Selbst seit etlichen Jahren aktiver Sportschütze, bin ich natürlich mit den ganzen Details bestens vertraut. Wer den regelmäßigen Umgang mit scharfen Waffen gewöhnt ist, weiß auch ganz genau um deren Gefahrenpotential. Genaugenommen ist an einer Schusswaffe selbst nichts Bedrohliches. Auch wenn von gewissen Seiten immer wieder polemisch Stimmung gemacht wird: Erst der Mensch entscheidet durch sein Verhalten, ob die Sache sich zum Guten oder Schlechten wendet. Und von Forderungen, den Menschen abzuschaffen, habe ich noch nichts gehört.

So bewege ich mich hier also zwischen der faszinierenden Vorstellung, mit einer großkalibrigen Waffe einmal auf etwas ganz anderes als auf eine Zielscheibe aus Papier zu feuern, sowie der gesetzeskonformen Einstellung, dass sportliches Übungsschießen unter Einhaltung aller Sicherheitsaspekte auf einem behördlich zugelassenen Stand zu erfolgen hat. Und nur dort. Was jedoch nichts an der Tatsache ändert, dass sich nachfolgend geschildertes Abenteuer in der freien Natur abgespielt hat. Und meinem vor einigen Jahren verstorbenen Autorenkollegen Ernst Meckelburg (1927 – 2010) exakt so berichtet wurde.

Es war ein sonniger Tag im Oktober 1997 mit noch recht angenehmen Temperaturen. Michael W. (Pseudonym) machte sich gemeinsam mit seinem Bruder Bernd auf den Weg, um an der „Mohrwiese“ am Zweierberg, zwei Kilometer außerhalb von Waldbüttelbrunn bei Würzburg, Schießübungen mit seinem Trommelrevolver im Kaliber .357 Magnum zu machen. Die Zusatzbezeichnung „Magnum“ unterscheidet Kaliber mit einer verstärkten Treibladung; für solche Munition ausgelegte Waffen müssen in ihren beanspruchten Teilen gleichfalls rundherum verstärkt sein. So kann man aus einem Revolver des Kalibers .357 Magnum zwar die schwächere „.38 Special“ verfeuern, da der Geschossdurchmesser bei beiden Kalibern neun Millimeter beträgt. Umgekehrt würde die Sache gehörig ins Auge gehen, weil eine Waffe in .38 Special dem viel höheren Gasdruck der Magnum-Patrone nicht widersteht.

Michael W. war zum Zeitpunkt des Vorfalls nicht nur Polizeibeamter, sondern auch passionierter Jäger, der auf Genauigkeit bei der Schussabgabe und Pflege der Waffen größten Wert legte. Als Schusswaffenexperte war er zudem längere Zeit für die Aus- und Weiterbildung einer Spezialeinheit der Polizei zuständig. Die in einem kleinen Waldgebiet in der Nähe der B 27 gelegene Feuerstelle eines verlassenen Grillplatzes eignete sich vortrefflich für Schießtests; weit und breit waren keine Menschen zugange, die man damit hätte in Gefahr bringen können.

Da solche Örtlichkeiten von so manchem „Besucher" leider nie in besenreinem Zustand hinterlassen werden, erregte eine geleerte Ein-Liter-Bierdose der dänischen Faxe-Brauerei W.'s Aufmerksamkeit. Die griff er sich und füllte sie an einer nahegelegenen Quelle mit Wasser, um spektakulärere Treffer zu erzielen. Dann stellte er die Dose auf ein etwa 40 Zentimeter hohes Mäuerchen, vor und hinter dem sich Waldboden mit etwas Laub und Gras befand. Ringsherum erstreckte sich lichter Wald aus Birken und Buchen.

Dann legte Michael W. seine schwere Magnum auf zehn Meter Entfernung an und feuerte auf die wassergefüllte Bierdose. Die Kugel traf genau und durchschlug das Ziel, wobei Wasser in sämtliche Richtungen spritzte und dabei auch das etwa zehn Zentimeter hohe Gras vor und hinter dem Mäuerchen benetzte. Was dann jedoch geschah, damit konnte wirklich niemand rechnen.

Die Brüder sahen noch, wie das Wasser aus der Bierdose spritzte, als diese kerzengerade abhob, um dann in einer Höhe von einem Meter vor den Augen der beiden buchstäblich „im Nichts" zu verschwinden. Eigentlich hätte die Büchse in unmittelbarer Nähe herunterfallen müssen, doch dies war nicht der Fall. Sofort suchte das Brüderpaar W. den gesamten Umkreis ab, doch ganz offenbar hatte sich das Zielobjekt in Luft aufgelöst.

Nach längerer, weiträumiger Suche traten Michael und Bernd erst einmal den Heimweg an. Doch das Rätsel ließ ihnen keine Ruhe. Deshalb setzten sie ihre Nachforschungen am nächsten und auch am übernächsten Tag fort. Jeder Quadratzentimeter Boden wurde akribisch unter die Lupe genommen, und auch die Büsche sowie das Geäst aller umstehenden Bäume inspiziert. Eigentlich hätten sie die Bierdose finden müssen; mit einem Liter Inhalt ist das Gefäß nicht zu übersehen. Doch einmal mehr Fehlanzeige.

Michael W. machte sogar noch einen Kontrollversuch unter denselben Bedingungen. Bei dem Schuss trieb es die Dose rund eineinhalb Meter in die Höhe, dann fiel diese mit einem restlichen Inhalt von einem Viertelliter in einer Entfernung von ebenfalls eineinhalb Metern zu Boden. Dies war der Normalfall, so und nicht anders hätte es der ersten „Faxe"-Dose ergehen müssen!

Das wirklich Schockierende war, dass der unglaubliche Akt des Verschwindens vor beider Augen geschah. So sagte Michael W., noch immer sichtlich beeindruckt von dem Geschehen: „Mein Bruder und ich konnten das momentane Verschwinden der Dose genau beobachten. Sie verschwand vor unseren Augen, 'wie ausgeknipst'. Wir beide waren wie vor den Kopf gestoßen. Es war wirklich eine groteske Situation. Wir standen nur da, ungläubig, verschreckt, und wir versuchten, das eben Erlebte geistig umzusetzen."[82]

42 Max, der Einbrecherschreck

„Rückkehr“ im richtigen Augenblick

Es besteht schon seit vielen Jahrtausenden, jenes ebenso intensive wie mysteriöse Verhältnis zwischen Mensch und Hund. Von Anbeginn ein echtes „Dreamteam“, scheint die beiden ein geheimnisvolles Band zu einen, seitdem ihre Vorfahren zum ersten Mal aufeinandertrafen. Diese Schicksalsgemeinschaft lässt sich mit den bekannten Sinnen alleine kaum erfassen oder bewerten. Vielleicht erfolgt sogar der überwiegende Teil unserer Kommunikation mit den Vierbeinern, denen von Anfang aller Zeiten die Liebe zum Menschen ins Gesicht geschrieben steht, auf übersinnlichem Wege. Die Beispiele und Geschichten darüber sind wirklich unzählbar. Was aber soll man davon halten, wenn der bereits Monate zuvor verstorbene Liebling urplötzlich und wie aus dem Boden gewachsen auftaucht, um seine Besitzerin vor einer schlimmen, wenn nicht gar fatalen Konfrontation mit Verbrechern zu bewahren?

So unglaublich die Geschichte klingt: Sie hat sich kurz vor Weihnachten 2000 tatsächlich in der niederbayerischen Gemeinde Johanniskirchen ereignet. Nachdem sich diese im Nachbarlandkreis zu meinem befindet, konnte ich jene Dame, der dies widerfahren war, persönlich kennenlernen. Vollkommen bodenständig, machte sie auf mich keineswegs den Eindruck einer Phantastin.

Die Frau hatte im Sommer des Jahres 2000 auf tragische Weise ihren langjährigen Begleiter, den Hund „Max“, verloren. Max war ein bildhübscher und treu dreinblickender Mischling zwischen Schäfer- und Jagdhund, mit einem rehbraunem Fell. Zu seiner Besitzerin war er als Welpe von gerade einmal sieben Wochen gekommen, und als er unter ungeklärten Umständen starb, war er gerade elf Jahre alt. In diesen Jahren ihres Zusammenlebens hatte sich zwischen den beiden ein so tiefes Verstehen und Vertrauen herausgebildet, dass die Frau aus Niederbayern überzeugt war, dass sie gegenseitig alle ihre Gedanken erfassen konnten. Wer nicht selbst einen solchen intensiven „Draht“

zu einem Tier entwickelt hat, wird diese Gedanken und Gefühle schwer nachvollziehen können.

Und wenn dann so ein Geschöpf von dieser Welt geht, das für seinen Besitzer – besser angebracht wäre hier wohl der Ausdruck „Lebenspartner" – weit mehr als „nur" ein Haustier war, bricht oft eine ganze Welt zusammen. Die Trauer ist grenzenlos. Nicht selten ist der verbliebene Part für Wochen und Monate unfähig, am normalen Leben teilzunehmen.

Diese schmerzhafte Erfahrung musste auch die Dame aus Johanniskirchen machen. Inzwischen war die Adventszeit gekommen, und am liebsten hätte sie an der alljährlichen Weihnachtsfeier ihrer Firma nicht teilgenommen. Doch die Kollegen ließen ihr keine Ruhe und konnten sie letztlich doch noch überreden. So wagte sie sich erstmals wieder in die Gesellschaft fröhlicher Menschen, was ihr zumindest an dem Abend ein bisschen aus dem Stimmungstief half. Sie freute sich über den Auftritt des „Weihnachtsmannes", genoss das festliche Abendessen, dem natürlich noch selbstgebackene Plätzchen nebst dem obligatorischen Weihnachtspunsch folgten. Als sich die Gesellschaft langsam aufzulösen begann, ging es bereits deutlich auf Mitternacht zu. Höchste Zeit, nach Hause zu fahren. Und das mit gutem Gewissen, denn in punkto Alkohol hatte sie sich sehr diszipliniert verhalten.

Ein schneidend kalter Wind wehte der Frau ins Gesicht, als sie das Firmengebäude verließ und ihren Wagen aus der Tiefgarage holte. Es hatte den ganzen Abend geschneit und so war sie froh, das Auto nicht erst mühsam abräumen zu müssen. Beim Anblick der weißen Pracht musste sie wieder an ihren Hund Max denken. Der hatte es geliebt, wenn sie Schneebälle nach oben warf, die er noch in der Luft auffing. Das Spiel exerzierte er oft bis zur totalen Erschöpfung.

Auf dem Heimweg musste sie sehr langsam und vorsichtig fahren, denn die Straßen waren schneeglatt. Endlich erreichte sie die Einfahrt zu ihrem Haus. Als sie ausstieg, um das Tor zu öffnen, fielen ihr Fußabdrücke im frisch gefallenen Schnee auf, die schnurstracks zum Haus führten. Sie überlegte noch kurz, wer ihr wohl während ihrer

Abwesenheit seine Aufwartung machen wollte. Aber dann stieg sie wieder in ihr Auto, um auf den Hof zu fahren.

Plötzlich stockte ihr das Blut in den Adern, ihre Knie wurden weich und sie glaubte, ihr Verstand hätte ausgesetzt. Denn vor ihr, mitten im Scheinwerferlicht des Wagens und nur wenige Meter entfernt, saß ein Hund. Ein Hund, der haargenau so aussah wie ihr verstorbener „Max". Nein, sie hatte fast nichts getrunken. Nur ein kleines Glas Bier zum Essen und ein Gläschen Punsch – doch das alles verteilt auf fünf Stunden. Wie kam der Hund in ihren Garten, zumal der Zaun fast zwei Meter hoch ist?

Wieder fielen ihr die Spuren im frisch gefallenen Schnee auf. Zwischen ihnen und dem Hund, der einfach nur dasaß und sie unverwandt ansah, wanderten ihre Blicke hin und her. Sie schloss ihre Augen – in der Hoffnung, der ganze Spuk möge doch vorbei sein, wenn sie sie wieder aufmacht. Fehlanzeige. Denn als sie die Augen wieder öffnete, saß der Hund noch immer an derselben Stelle. Im Lichtkegel ihres Wagens konnte sie den weißen Fleck auf der Brust des Hundes erkennen wie auch das rechte Schlappohr, das immer ein wenig nach außen gedreht war.

Sie legte den Gang ein und ließ den Wagen etwas anrollen, damit der Hund weglaufen würde, falls er denn existierte. Der wich jedoch keinen Zentimeter zur Seite und saß etwa zwei Meter vor ihrem Auto. Er wedelte mit dem Schwanz und drehte den Kopf seitlich, wobei eine Narbe unterhalb des linken Auges sichtbar wurde. Erinnerung an eine Blessur, die er sich bei einer wüsten Rauferei mit einem stärkeren Hund zugezogen hatte. Ein unverkennbares Merkmal, an dem sie ihren „Max" unter tausenden anderen Hunden zuverlässig herauskennen würde. Einem Nervenzusammenbruch nahe, wähnte sie sich, ein Fall für die Psychiatrie geworden zu sein. Der Hund, der vor ihr im Schnee saß, war eindeutig ihr im Sommer gestorbener Mischlingsrüde „Max".

Noch einmal schloss sie ihre Augen. Doch noch immer saß der Vierbeiner wie angewurzelt da, nachdem sie sie zaghaft wieder geöffnet hatte. Endlich fasste sie den Mut, aus dem Auto zu steigen und dem Spuk ein Ende zu bereiten. Sie würde einfach auf ihn zugehen, ihn streicheln – und wenn sie dabei ins Leere greifen würde, konnte sie sicher sein, dass ihr Unterbewusstsein ihr alles nur vorgegaukelt hatte.

Langsam ging sie auf den Hund zu und sprach ihn mit den Worten an: „Max, wo kommst du denn her?“ Der wedelte wie wild mit dem Schwanz, gab jedoch keinen Laut von sich. Die Stille war fast greifbar; sie wurde noch verstärkt von dem Schnee, der ohnehin fast jeden Laut verschluckte. Langsam näherte sie sich nun dem Hund. Als sie beinahe dessen Kopf berühren konnte, drehte er sich um und lief seitlich am Auto vorbei, um vor dem Garagentor stehenzubleiben. Die Frau folgte ihm, doch kaum hatte sie ihn wieder erreicht, lief er erneut ein paar Meter weiter. Wollte er mit ihr spielen? Sie formte einen Schneeball und warf ihn in die Luft. Wie ein geölter Blitz schoss der Hund nach oben und fing ihn mitten im Flug auf.

Ein unbeschreibliches Glücksgefühl ergriff die Frau. Sie hatte ihren geliebten Hund wieder, spielte sogar mit ihm. Der rannte die Straße hinunter, und sie warf immer wieder mit Schneebällen, die er geschickt auffing. Einmal kam sie bis auf Handbreite an ihn heran, versuchte ihn zu berühren. Doch der Vierbeiner sprang sofort zurück, als wolle er sie hinter sich herlocken, und sah sie mit seinen treuen Augen an, als würde er sich um sie sorgen. Eben hatten sie das Ende der Straße erreicht, wo er sich erneut in den Schnee setzte und wartete. In dem Augenblick rutschte die Frau aus, und fiel der Länge nach hin, doch zum Glück hatte die weiße Pracht den Aufprall gemildert. Als sie sich wieder aufgerappelt hatte, war „Max“ plötzlich weg. Wie von Sinnen rannte oder vielmehr rutschte sie bis zur nächsten Straßenecke, doch sie konnte ihn nirgendwo mehr entdecken. Ihr Hund war ebenso unvermittelt verschwunden, wie er ein paar Minuten zuvor aufgetaucht war.

Gedankenverloren schlurfte sie den Weg zurück, blickte sich aber immer wieder um, ob ihr der Hund nicht folgte. Zurück am Grundstück, stand ihr Auto nach wie vor mit laufendem Motor in der Einfahrt. Im Licht der Scheinwerfer fielen ihr erneut die Fußspuren im frischen Schnee auf. Seltsamerweise waren dort keine Spuren von Hundepfoten zu erkennen, obwohl der mysteriöse Vierbeiner mehrmals nach den in die Luft geworfenen Schneebällen gesprungen und um das Auto herum gelaufen war. Hatte sie sich diese Begegnung nur eingebildet, so unglaublich real sie auch schien?

Endlich stellte sie den Motor ab und ging zur Haustüre. Die eingeschaltete Hofbeleuchtung ließ sie erkennen, dass nun auch Spuren vom Haus wegführten. Die waren zuvor noch nicht dagewesen, als sie heimgekommen war. Nachdem sie die Haustüre geöffnet hatte und im Flur Licht machen wollte, fiel sie aus allen Wolken. Unter jedem Schritt knirschte es vernehmlich, denn sie stand in einem Haufen Glasscherben. Die ersten drei Stufen der Treppe nach oben lagen ebenfalls voller Scherben und sie sah, dass das Gangfenster von außen eingeschlagen war. Ein riesiger Schreck durchfuhr sie: Einbrecher waren im Haus! Minutenlang war sie zu keiner Regung fähig. Als sich der Schock etwas gelegt hatte, stürmte sie aus dem Haus und fuhr mit dem Auto in den Ort hinein. „Nichts wie weg!“ war ihr einziger Gedanke. Dann alarmierte sie mit ihrem Handy die Polizei.

Es verging eine gefühlte Ewigkeit, bis die Beamten bei den winterlichen Straßenverhältnissen endlich bei ihr eintrafen. Die ganze Zeit über war sie aus Angst, die Täter könnten noch hier sein oder zurückkommen, in ihrem Wagen sitzengeblieben. Dann durchsuchte sie zusammen mit den Polizisten das von den Einbrechern nach Wertsachen durchwühlte Haus. Sie erzählte ihnen auch von den Spuren im Schnee, die zuerst nur in das Haus hineingeführt hatten, und dass sie nach kurzer Zeit wieder zurückgekehrt sei, um nochmals nachzusehen. Nur von „Max“, ihrem lange verstorbenen Mischlingsrüden, der offenbar als „Einbrecherschreck“ oder „Schutzengel“ für kurze Zeit auf diese Welt zurückgekommen war, erzählte sie den Polizisten wohlweislich nichts.

Vermutlich hätten die sie am Ende für unzurechnungsfähig gehalten. Denn für die Organe dieses Staates existiert so ein Phänomen bekanntlich nicht ...[83]

43 Der Wächter des letzten Königs

Monsterschlange im finsteren Schacht

Im Oktober 2005 unternahm ich eine interessante Reise, die mich durch die mittelamerikanische Halbinsel Yucatan mit ihren unzähligen prähistorischen Bauten führte. In Guatemala begegnete ich einem deutschen Auswanderer, der mir von einem Abenteuer berichtete, das er etwas mehr als ein Jahr zuvor erlebt hatte. Jenes schien so unglaublich und bizarr, doch machte mir der Mann einen absolut seriösen Eindruck. Auch waren die Details seines unheimlichen Erlebnisses in sich schlüssig, beziehungsweise ließen sie sich an uralten Motiven vor Ort belegen.

Peter K., ein bereits während der 1970er Jahre nach Zentralamerika ausgewanderter Deutscher, lebte zum Zeitpunkt unseres Zusammentreffens bereits fast 35 Jahre in Guatemala. Dort machen die in zahlreiche Untergruppen aufgesplitterten Nachfahren der Mayas knapp 50 Prozent der Gesamtbevölkerung aus. Der Deutsche spricht mehrere Maya-Dialekte. Er verriet mir auch, woher diese seine detaillierten Sprachkenntnisse stammten, doch zum Schütze seiner Privatsphäre lasse ich die eigentlich simple Erklärung hier außen vor. Ursprünglich von Beruf Agrartechniker, führt er wahrscheinlich noch heute gerne deutschsprachige Gruppen oder Individualreisende durch den Péten. Das ist die ziemlich dünn besiedelte Nordprovinz Guatemalas, gewissermaßen die „Grüne Hölle“ mit noch ungezählten und ungehobenen, im tiefsten Dschungel versteckten Heiligtümern und Ansiedlungen der Mayas.

Wann immer es seine Zeit erlaubte, brach Peter K. auf eigene Faust, am liebsten mit dem Geländemotorrad, auf, und begab sich auf Entdeckungsreise durch das nicht gerade ungefährliche und hauptsächlich von Moskitos, Schlangen und Kaimanen besiedelte Land. Noch bestens in Erinnerung sind mir seine Warnungen vor einer recht aggressiven und hochgiftigen Lanzenotternart. Sie schlägt sich nicht ins Unterholz wie die meisten ihrer Artgenossinnen, wenn das

Getrampel unbedarfter Touristen näherkommt. Vielmehr verteidigt sie entschlossen ihren Platz an der Sonne, und greift dann unvermittelt aus dem Hinterhalt an.

In besagter Urwaldregion hatte er um die Jahreswende 2003/2004 ein äußerst mysteriöses Erlebnis, das ihn bis zum heutigen Tag erschauern und zugleich nachgrübeln lässt. Eine ausgedehnte Tour führte den Auswanderer in die uralte heilige Stadt Las Vinyas der Qeq Che Mayas. Dieser Stamm war erst wenige Jahre zuvor wieder aus den südlich gelegenen „Nebelwäldern" in die alte Heimat westlich der Laguna Perdida zurückgezogen, die er vor Hunderten Jahren verlassen hatte. Als Peter K. dieser ehrwürdigen Stätte einen ersten Besuch abstattete, führte der Häuptling seinen Gast durch den ganzen Ort. Er zeigte ihm eine Anzahl von Stufenpyramiden, auf welchen heutzutage Mais angebaut wird, sowie alle Behausungen des Stammes. Einzig um einen halbverfallenen Stollenzugang machte der Indio einen großen Bogen. Kein Zweifel: Hier musste ein uraltes Tabu darüber liegen. Auch von den anderen Stammesmitgliedern war ein jeder peinlich darauf bedacht, diesem „Eingang in die Unterwelt" nicht zu nahe zu kommen.

Tabus kommen nicht von ungefähr, und ihre Hüter kennen kein Pardon. Doch die Neugier, was sich dahinter verbergen mochte, ließ Peter nicht mehr in Ruhe. Als er sich einmal unbeobachtet glaubte, machte er eine „entschuldigende Geste" mit der Hand. Dann huschte er in gebückter Haltung in den geheimnisvollen Stollen. Schwärzeste Finsternis umfing ihn schon nach ein paar zaghaften Schritten. Doch zum Glück hatte er eine Taschenlampe dabei, die er nun aufleuchten ließ. Die rettete ihm vermutlich sein Leben. Denn nach ein paar Metern erblickte er gerade noch rechtzeitig einen riesigen Abgrund, der sich vor ihm auftat. Wäre er dort hineingestürzt, dann wäre sein Schicksal besiegelt gewesen. Und ich hätte niemals von ihm erfahren, was er da unten vorfand.

Nachdem sich seine Augen halbwegs an die pechschwarze Dunkelheit gewöhnt hatten, leuchtete er mit der Lampe in den Abgrund hinunter, der mehrere Meter tief und exakt wie ein Brunnenschacht herausgearbeitet war. Entsetzt prallte er zurück: Denn am Boden zusammengerollt lag eine riesige Schlange von wahrhaft Angst erregenden Dimensionen. Wie von distanziertem Interesse hob sie gemächlich ihren gewaltigen dreieckigen Kopf und musterte ihren unangemeldeten „Besucher" eine geraume Zeit lang. Dem lief es nur noch eiskalt über den Rücken. Doch dann legte das monsterhafte Reptil seinen Kopf wieder auf den eingerollten Körper und kümmerte sich nicht im Geringsten mehr um den völlig perplexen Eindringling. Selbst das wiederholte Aufblitzen von Peters Fotoapparat schien das Ungetüm nicht zu interessieren.

Zurückgekehrt von seinem Abstecher in die heilige Stadt der Qeq Che Mayas, beschrieb er mehreren in Guatemala arbeitenden Zoologen detailliert die von ihm beobachtete Schlange. Selbige trug einen großen, grün-schwarzen Kopf sowie eine sehr auffällige, ornamentale Zeichnung auf dem Rücken. Und damit begann eine unglaubliche Serie von Fragen und Rätseln rund um das mysteriöse Reptil. Die befragten Zoologen vermochten beim besten Willen keine Zuordnung zu bekannten Schlangenarten zu treffen. Alles war rätselhaft: Wie kam die Schlange dorthin? Und wovon ernährte sich das riesige Untier da unten in dem tiefen, jeglicher Nahrung entbehrenden Schacht?

Verlassen schien sie diesen nicht zu können, waren doch die Wände senkrecht und glatt. Die überaus gelassene Reaktion des Reptils auf Peters unvermutetes Auftauchen ließ zudem den Schluss zu, dass es nicht akut am Verhungern war. Wurde es von den Bewohnern der heiligen Stadt versorgt? Aber der Zugang zu dem Schacht lag unter einem Tabu, und alle Bewohner machten einen großen Bogen um ihn herum.

Endgültig irritierend war die Aussage des Indiohäuptlings, dem der heimliche Alleingang des neugierigen Deutschen beileibe nicht verborgen geblieben war. Er hatte dessen dreiste Eigenmächtigkeit nur aus dem Grunde toleriert, weil Peter die erwähnte „entschuldigende" Geste gegenüber der unter einem Tabu stehenden Stätte gemacht hatte. Der Häuptling erklärte, bei der Monsterschlange handle es sich um den Leibwächter des letzten Königs des Stammes, der vor vielen hundert Jahren geherrscht hatte, bevor die Qeq Che Mayas in die südlicher gelegenen „Nebelwälder" ausgewandert waren. Und genauso lang schon harre der zum Reptil gewordene Wächter in der trostlosen Tiefe jenes finsteren Schachtes aus, in dem auch der König begraben liegt.

Eine ebenso faszinierende wie unglaubliche Geschichte! Doch Peter K. schwor mir bei allem, was ihm heilig war, bei dem Abenteuer seines Lebens hätte sich alles genau so und nicht anders zugetragen.

Die besagte ornamentale Zeichnung auf dem Rücken der nicht klassifizierbaren Schlange entsprach übrigens exakt einem ornamentalen Muster, welches in Las Vinyas an vielen Stellen zu sehen ist. Das ist das Zeichen des bereits erwähnten letzten Königs vor dem Auszug in die südlichen Wälder. Ein Angehöriger eines anderen Maya-Stammes, der Quiché, mit dem der Deutsche kurz darauf noch einmal den ominösen Schacht mit der riesigen Schlange besuchen konnte, verstarb nur sechs Monate später an einer Lungenentzündung. Keine allzu verbreitete Todesart in dieser Region. Und seltsamerweise sind die – mit Blitz gemachten – Fotos der Monsterschlange allesamt nichts geworden ...[84]

44 Der Fremde im Trenchcoat

Spurlos im Museum verschwunden

Wenn jemand in „freier Wildbahn“ abhandenkommt, können wir dies irgendwie nachvollziehen. Die Welt „da draußen“ birgt bekanntlich jede Menge unkalkulierbarer Risiken. Menschen verschwinden eben hier und da, und in den meisten Fällen tauchen sie auch wieder auf. Aber was soll man davon halten, wenn jemand mitten in einem öffentlichen Gebäude, etwa in einem Museum, plötzlich unauffindbar ist?

Februar 2004, irgendwo im Mittelwesten der Vereinigten Staaten. Jean und Bob, ein Ehepaar, waren mit dem Auto auf großer Tour durch diesen Teil von Nordamerika. In einer kleinen Stadt legten sie einen Zwischenstop ein, um spontan ein Museum zu besuchen. Sie trafen dort gegen 15 Uhr am Nachmittag ein. Im Museumsgebäude schlugen sie sofort unterschiedliche Richtungen ein, denn beide wollten die dort ausgestellten Exponate nach ihrem jeweiligen Interesse und mit freier Zeiteinteilung besichtigen, ohne auf den anderen Rücksicht nehmen zu müssen. Ihrem Ehemann hatte Jean gesagt, dass sie ihre „Innere Uhr“ auf zwei Stunden programmiert habe, damit sie spätestens um 17 Uhr wieder beim Ausgang wäre. Um diese Zeit schließt das Museum.

Dann trennten sich die Wege der beiden. Als Jean knapp zwei Stunden später mit ihrem Rundgang durch die Hallen fast fertig war, näherte sich ihr ein Mann in einem Trenchcoat. Dieser zog einen silberfarbenen Aktenkoffer auf einem Gepäck-Trolley hinter sich her. Jean wunderte sich noch kurz darüber, wie jemand die ganze Zeit über einen Aktenkoffer durch ein Museum schleifen konnte, doch dann wandte sie ihre komplette Aufmerksamkeit einem an der Wand hängenden Bildschirm zu.

Auf besagtem Bildschirm waren Videosequenzen aus den 1960er Jahren zu sehen. Die sah sich der Mann im Trenchcoat ein paar Augenblicke lang schweigend an, dann meinte er: „Hm. Das sieht ganz so aus, als ob es heute wäre."

Als ob es ihm vollkommen gleichgültig wäre, ob er auf seine Bemerkung eine Antwort erhält, ging der Fremde weiter. Dabei zog er unverdrossen sein Gepäckwägelchen mitsamt dem Aktenkoffer hinter sich her. Nur wenige Minuten später verließ Jean die Ausstellungshallen, fast auf die Minute zwei Stunden, nachdem sie das Museum betreten hatte.

Am Ausgang angelangt, rannte ihr Bob aufgebracht und atemlos entgegen. Er wollte sofort wissen, wo sie denn die ganze Zeit über gewesen sei. „Ich wollte eben den Sheriff anrufen und eine Vermisstenanzeige aufgeben", ließ ihr Mann in einer aufgeheizten Mischung aus Panik und Zorn vernehmen. Jean war ihrerseits schockiert über ihren völlig aufgelösten Ehemann und entgegnete diesem, dass sie die ganzen zwei Stunden über nirgendwo anders als in diesem Museum gesteckt hätte.

Fast empört schüttelte der den Kopf. Bob seinerseits behauptete, dass er wiederholte Male durch das ganze Museumsgebäude gelaufen sei, um nach ihr zu suchen. Er hätte jedoch nicht die geringste Spur von Jean gefunden. Um seine Angaben zu bekräftigen, zählte er mehrere Mitglieder des Museumspersonals auf, die ihm dabei geholfen hätten. Doch vergeblich: keiner von ihnen hatte seine Frau auch nur von weitem gesehen.

Jean hielt nun ihrerseits ihrem Mann entgegen, dass sie ihn einmal ganz zufällig zwischen den Vitrinen hindurch huschen sah, er hatte sie jedoch offensichtlich nicht bemerkt. Ebenso waren ihr mehrere Angehörige des Personals aufgefallen. Diese hätten ihr aber keinerlei Aufmerksamkeit gewidmet, als ob es Jean überhaupt nicht gäbe. Wie konnten Bob und die Leute vom Museum behaupten, dass diese sie nicht sehen konnten, während sie die anderen so klar erkannt hatte? Und wie waren sie auf die seltsame Idee gekommen, dass jemand in solch einem vergleichsweise kleinen Gebäude verloren gehen konnte?

In dem Moment fiel ihr wieder der Fremde im Trenchcoat mit dem Gepäck-Trolley ein, der die Ausstellungshallen eigentlich kurz vor ihr verlassen haben musste. Der schien sich in Luft aufgelöst zu haben. Denn weder Bob noch einem der Wächter im Museum war aufgefallen, dass eine solche Person das Gebäude betreten oder verlassen hatte.

Nur wenige Minuten zuvor hatten auch mehrere Wachen eine letzte Kontrollrunde durch alle Säle des Museums gedreht, wie dies üblich ist vor Schließung des Gebäudes. Sie erklärten, dass sich niemand mehr darin aufgehalten hätte. Doch als Bob gerade seinen Entschluss gefasst hatte, den Sheriff vom spurlosen Verschwinden seiner Frau zu informieren, kam diese aus dem Museum.[85]

Wo war Jean in den fraglichen zwei Stunden geblieben? Warum konnten die anderen Beteiligten sie nicht sehen? War sie für diese tatsächlich unsichtbar, während sie ihren Mann wie auch die Museumswächter klar und deutlich erkennen konnte? Und wer war jener ominöse Mann im Trenchcoat, der sie ganz offensichtlich wahrgenommen haben musste, weil er ein paar Worte mit ihr sprach? Jean, die an einer größeren Universität in den USA arbeitete, fand nie eine befriedigende Antwort auf all ihre Fragen.

Vielleicht kann man ihr Abenteuer, ohne sich allzu weit aus dem Fenster zu lehnen, wie folgt interpretieren: Für begrenzte Zeit war sie in einer anderen Realität eingebunden als jener, wie wir sie kennen.

45 Zwei Wanderer im Busch

Wie ich Anubis im Outback fand

Dieses Buch beginnt mit einem ebenso spannenden wie tragischen Abenteuer, das ein ägyptischer Prinz und dessen Reisegefährten vor gut 4.500 Jahren mitten im australischen Outback erlebten. Der Kreis schließt sich hier mit einem Erlebnis, das mich auf den Spuren jenes Adeligen und seiner ungewöhnlichen Expedition am Ort des Geschehens in seinen Bann zog. Es war im August des Jahres 2007, also vor relativ kurzer Zeit.

Ich hatte bereits gegen Ende der 1990er Jahre, als ich mich auf einer Vortragstour an der Ostküste Australiens befand, von den geheimnisumwobenen „Hieroglyphenfelsen" in der Nähe von Gosford gehört - und auch den Wiederentdecker dieser seltsamen Örtlichkeit, den Hobby-Forscher Paul White, persönlich kennengelernt. Mir war vollkommen klar, dass ich wiederkehren und mich dort in die Wildnis begeben musste, um selbst einen Eindruck von dem nicht unumstrittenen Fund zu bekommen.

Am 24. August 2007 war es schließlich soweit. Mit ein paar australischen Freunden und Forscherkollegen fuhr ich – per Taxi! – auf dem „Pacific Highway" von Sydney aus nach Norden. Mein Ort der Begierde liegt, wie ich kurz zuvor erfahren hatte, nur ein paar Kilometer außerhalb der kleinen Ortschaft Kariong, auf dem Territorium des „Brisbane Water National Park". Mittendrin im Outback. Jenem typisch australischen Buschland, das gleich dort beginnt, wo die letzten Häuser des Ortes enden.

Besagter „Pacific Highway" führt über die „Broken Bay", welche das Mündungsgebiet des Hawkesbury River darstellt – dieser heißt sinnigerweise „Berow-Ra" oder übersetzt „Fluss des Sonnengottes" in der Sprache der dortigen Aborigines. Verlässt man den Highway an der Ausfahrt Gosford, erreicht man nach ein paar hundert Metern die

Ortschaft Kariong. In der örtlichen Shell-Tankstelle hoffte ich auf einige Tipps, um nicht selbst im Busch verloren zu gehen. Wie groß war meine Überraschung, als mich die Dame an der Kasse, ehe ich noch die ersten Worte heraushatte, in einem lupenreinen Tiroler Dialekt ansprach. Es sollte auch nicht die einzige ungewöhnliche Begegnung an diesem Tag bleiben.

Nur knapp 100 Meter nach der Tankstelle zweigt die „Woy Woy Road" zum gleichnamigen Nachbarort ab. Von da aus waren es nur noch etwa zwei Kilometer, bis linkerhand ein kleiner Parkplatz auftauchte. Eigentlich waren es nicht mehr als ein paar Quadratmeter flacher, felsiger Untergrund vor einer Absperrung mit dem Hinweis „Lyre Trig Fire Trail". Von hier aus würden wir, so hatte mir die freundliche Dame von der Tankstelle erklärt, allerhöchstens 20 bis 30 Minuten bis zum „Lyre Trig Mountain" benötigen. Von wegen Berg: Das ist eine bescheidene Anhöhe von gerade einmal 241 Metern über dem Meeresspiegel, auf dessen höchstem Punkt eine Art Windrose thront. Dort endet auch der Trail. Wir erreichten die Stelle nach ungefähr 20 Minuten forcierter Gangart.

Vom Gipfel des Lyre Trig Mountain aus würde die kleine Felsenschlucht mit den Hieroglyphen einfach zu finden sein. Aber: Auf welcher Seite sollte ich suchen? Als ich mich ein wenig in das Dickicht vorwagte, raschelte es plötzlich ganz verdächtig, kaum einen Meter vor meinen Füßen. Ein leichtes Grauen bemächtigte sich meiner, als ich mir den Verursacher des Geräusches vorstellte. Ein schwacher Trost war, dass zu jener Jahreszeit, im Winter der Südhalbkugel, immerhin drei der giftigsten Schlangen Australiens, deren Biss meistens tödlich endet, ihren Winterschlaf halten. Es sind dies der bis vier Meter lange, armstarke Taipan, die Death Adder („Todesotter") und der Copperhead. Aber da wäre ja immer noch „Pseudonaja textilis", die Östliche Braunschlange, welche schon vor 4.500 Jahren den ägyptischen Prinzen Djeseb vom Leben zum Tode beförderte. So zog ich mich instinktiv wieder zurück, denn auf einen Schlangenbiss im Outback konnte ich bedenkenlos verzichten. Auch wenn die ärztliche

Versorgung dort heute besser sein dürfte als zur Zeit der ägyptischen Expedition.

Als nächstes fiel mein Blick auf einen schmalen Trampelpfad, der sich zuerst an der Südseite des Lyre Trig Mountains um ein langgestrecktes Felsplateau zog, um sodann talwärts zu führen. Vorsichtig und mit stets nach unten gerichteten Blick tasteten wir uns über den üppig bewachsenen Boden. Wir wollten es um jeden Preis vermeiden, unliebsame Bekanntschaft mit der nicht immer harmlosen Fauna zu machen. Dazwischen streiften unsere prüfenden Blicke immer wieder alle Steinklötze, die steil vor uns aufragten. Soweit wir auch blickten, die von uns so gesuchten Hieroglyphenfelsen waren nicht darunter.

Eine ebenso bekannte wie banale Spruchweisheit sagt, dass man im Leben nichts erzwingen kann. Ich hatte mich bereits mit der enttäuschenden Option abgefunden, unverrichteter Dinge den Rückweg anzutreten. Außer Spesen nichts gewesen. Wir hatten auch schon den Weg nach oben zum Gipfel des Lyre Trig eingeschlagen, da tauchten plötzlich, wie aus dem Boden gewachsen, zwei einsame Wanderer vor uns auf. Geradezu unmöglich war deren Marschbekleidung; sie trugen nämlich kurze Hosen und Sandalen. Überall lauern die Giftstachel von Spinnen und Schlangen – eigentlich ein absolutes „No-go", wo immer man im Outback unterwegs ist.

Doch Kleiderordnung hin oder her, ich witterte meine Chance. Und fragte die beiden frei heraus, ob ihnen diese Schlucht mit den altägyptischen Hieroglyphen ein Begriff sei. Und tatsächlich: Jene so unvermutet auf den Plan getretenen Buschwanderer kannten die Stelle und erklärten sich auch spontan bereit, sie uns zu zeigen. Wir hatten sie kurz zuvor nur um ein paar Meter verfehlt. Kaum einen Steinwurf weiter, als wir uns schon befunden hatten, führte eine Art steinerner Rutsche nach unten. Wir mussten uns vorsichtig mit den Händen abstützen, und als der Steig eine 90-Grad-Wendung nach links machte, befanden wir uns am Ziel.

Staunend standen wir zwischen zwei etwa 20 Meter langen, über und über mit Schriftzeichen übersäten Felsen. Sie stehen so nahe parallel beieinander, dass man sie mit ausgestreckten Armen berühren kann. Am Ende des einen Felsens ist zudem eine Darstellung des ägyptischen Totengottes Anubis eingemeißelt. Entgegen meiner ursprünglichen Befürchtung wollte mich der geheimnisumwitterte Ort nun doch noch haben.[86]

Die beiden so unvermutet aufgetauchten Männer hatten uns in die Felsenschlucht begleitet. Etwas unsicher, ob ich denn auch den Rückweg finden würde, fragte ich sie, ob sie noch ein paar Minuten Zeit für uns hätten. Ich würde nur rasch ein paar Aufnahmen machen, und dann könnten sie uns wieder auf den richtigen Pfad zurückbringen. Doch einer der beiden Buschwanderer meinte nur kryptisch: „I know, you gonna find your way" – „ Ich weiß, dass du deinen Weg finden wirst." Dann wandten sie sich wortlos um und kletterten die steinerne Rutsche, auf der wir gemeinsam heruntergekommen waren, wieder nach oben.

Eine spontane Eingebung ließ mich ihnen nur ein paar Sekunden später folgen. Doch wie grenzenlos war meine Überraschung, als sie nicht mehr da waren! Obwohl dort nur ganz wenige Bäume herumstehen, waren die beiden „rettenden Engel" wie vom Erdboden verschluckt. Eigentlich hätte ich sie auf Hunderte Meter sehen müssen, doch so weit wären sie in der kurzen Zeit nicht gekommen.

Ich zerbreche mir noch heute meinen Kopf, wer oder was diese zwei einsamen Wanderer im Outback wirklich waren, die mich an den Ort meiner Wünsche geführt hatten.

46 „ALF“

Sensationsfund im Museumskeller

Eine gottverlassene Wüstenregion in Südamerika, irgendwann Mitte der 1980er Jahre. Der Hobby-Paläontologe und Gastronom Sebastian N. besitzt das, was man einen gut geschärften Blick für ganz besondere Funde nennt. Als er unter brennender Sonne auf einen gut zwei Meter langen Felsklotz stößt, entschließt er sich spontan, diesen mitzunehmen und per Schiff in einem Container Kurs Heimat zu bringen. Es könnten sich ja interessante Fossilien darin befinden, die er seiner beständig wachsenden Sammlung von prächtigen Versteinerungen aus längst vergangenen Erdzeitaltern angliedern würde.

Zurückgekehrt von der Reise, stehen jedoch erst einmal ganz andere Prioritäten auf Sebastians Agenda. Er besitzt eine Gastronomie südlich von Rosenheim, die seine Zeit ganz intensiv in Anspruch nimmt. So wandert der Klotz erst mal in einen Lagerschuppen, wo er die nächsten Jahre gemeinsam mit Ammoniten und weiteren Versteinerungen einer ungewissen Zukunft entgegendämmert.

Erst gute 20 Jahre später – wir schreiben inzwischen 2010 – ist es endlich soweit. Der Hobby-Geologe und Paläontologe, der sehr geschickt mit dem entsprechenden Rüstzeug umzugehen weiß, macht sich vorsichtig daran, den innen hohlen Klotz zu öffnen. Und ist wie vom Donner gerührt! Tatsächlich stößt er darin auf versteinerte Knochen, das komplette Skelett einer Kreatur, wie sie die Welt noch nicht gesehen hat.

Nach der Präparierung wandert das Fossil, das mit einem geschätzten Alter von etwa 20 Millionen Jahren geologisch in das Tertiär-Zeitalter datiert werden kann, in eine gut zwei Meter lange und einen Meter breite Kiste. Durch eine dicke Plexiglasscheibe geschützt, hat es seinen Platz in dem Urweltmuseum gefunden, das sich der begeisterte Hobby-Paläontologe in der Zwischenzeit in einer weitläufigen unterirdischen Halle neben seiner Ausflugsgaststätte errichtet hat. Zwischen Trilobiten aus dem Silur, Ur-Haien aus dem Jura und Ichthyosauriern aus der Kreidezeit. Die Besucher, die seither an der Kiste vorbeimarschierten, warfen wohl nicht mehr als einen flüchtigen Blick auf das noch zum Teil im Umgebungsgestein eingebettete Artefakt, Welche unglaublichen Geheimnisse sich dahinter verbergen dürften, ist ihnen dabei mit großer Sicherheit vollkommen entgangen.

Einzig sein Entdecker Sebastian N. mag eine seltsame Ahnung darüber gekommen sein: Denn ein mit ihm schon länger befreundeter Paläontologe attestierte ihm, dass dieser Fund weltweit einzigartig und somit noch keiner bislang bekannten Spezies zuzuordnen sei.[87]

Ich selbst glaube schon lange nicht mehr an Zufälle. Und so mag es auch keiner gewesen sein, dass Sebastian das seltsame Fossil mit dem Namen „ALF“ bedachte – nach dem gleichnamigen drolligen ET aus der Fernsehserie seligen Angedenkens.

Szenenwechsel. Es ist Pfingstsonntag, der 9. Juni 2019. Da ich an diesem Tag in der Gegend unterwegs war, nutzte ich die Gelegenheit zu einem Besuch im Urweltmuseum, das derzeit noch einen echten Geheimtipp darstellt. Bereits seit meinen Jugendjahren an den versteinerten Zeugen aus längst vergangenen Jahrmillionen interessiert, drehte ich meine Runden in dem mit Fossilien reich ausgestatteten Museumskeller, der eigentlich ein Kellermuseum ist. Schließlich fiel mein Blick auf „ALF“, und ich war regelrecht elektrisiert.

Die Kreatur ist etwa zwei Meter groß und – wie auf einem am Plexiglasdeckel angebrachten Schild zu entnehmen ist – ein bis dato unbekanntes Säugetier oder Reptil. Des weiteren sind eine Reihe von Details aufgelistet, welche im Großen und Ganzen den anatomischen Eigenheiten des menschlichen Körpers entsprechen. Wie etwa das Becken, die Rippen sowie der Schulterbereich. „ALF“ besitzt Ober- und Unterschenkel, Ober- und Unterarme. Da sind jedoch auch signifikante Unterschiede. Der Kopf ist langgezogen wie bei einem Vogel oder Reptil, mit ungewöhnlich großen Augenhöhlen darin. Allerdings ohne die raubtiertypischen Zähne. Wie mir der Besitzer erklärte, stieß er im Zuge der Präparierung auf Schneide- und Backenzähne, ganz ähnlich wie wir Menschen sie besitzen.[87]

Doch das mit Abstand Erstaunlichste offenbarte sich an den Extremitäten des unbekannten Wesens. Sowohl die Arme als auch die Beine besitzen jeweils drei lange Klauen, wie dies bei den Reptilien typisch ist.

Wer, oder vor allem was, war „ALF"? Die drei erwähnten Klauen am Ende der Extremitäten weisen sehr deutlich auf eine Verwandtschaft zu den Reptilien hin. Sie erinnern jedoch auch frappierend an jene „Nazca-Mumien", über die in jüngster Zeit berichtet wurde. Auch sie zeichnen sich durch dieselbe anatomische Besonderheit aus, sie besitzen ebenfalls je drei klauenartige Finger und Zehen. Zudem wurden sie in etwa im selben geographischen Raum wie „ALF" gefunden. Auf dort entdeckten Felszeichnungen, Keramiken und Webereien finden sich Darstellungen von Wesen mit drei Fingern. Die Überlieferungen nennen sie „Chincha" – hochintelligent, sollen sie einst eine Art „Chefberater" der Inka-Herrscher gewesen sein.[88]

Eine jener „Nazca-Mumien" trug sogar etwas wie drei Eier im Unterleib – was gleichfalls an Reptilien erinnert, die sich auf diese Weise fortpflanzen.[88]

In meinem Buch „Götterbotschaft in den Genen", das sich mit bislang ungeklärten Widersprüchen in unserer Entwicklung befasst, stelle ich die Frage, welche Spezies wohl unseren Planeten heute dominieren würde, wäre das einstmals so mächtige Geschlecht der Dinosaurier nicht vor geschätzten 65 Millionen Jahren nach einem Meteoritenimpakt ausgestorben. Hätte sich womöglich eine reptiloide Intelligenz entwickelt, welche statt uns die Erde beherrschen würde?

Der aussichtsreichste Kandidat für diese hypothetische Möglichkeit wäre der Stenonychosaurus gewesen. Der lebte vor etwa 80 Millionen Jahren, in der späten Kreidezeit, und besaß bereits ein relativ großes Gehirn.[89]

Der kanadische Paläontologe Dale Russell hielt es für recht wahrscheinlich, dass der Stenonychosaurus im Falle seines Überlebens ein noch größeres Gehirn und die Chance zur Entwicklung einer Zivilisation gehabt hätte. Eine figürliche Darstellung, wie ein solches intelligent gewordenes Reptil aussehen könnte, ähnelt – speziell was die riesigen Augen im Schädel betrifft – "ALF" mehr als verblüffend. Wir müssen uns wohl mit der Tatsache anfreunden, dass wir Menschen nicht die einzigen Anwärter auf die Ausbildung von Intelligenz unter dieser Sonne waren.[89]

Noch einmal stelle ich die Frage: Wer oder vielmehr was war „ALF"? War er ein vor etwa 20 Millionen Jahren lebender Vorfahre jener „Chincha", die noch in den Tagen der Inka in Peru lebten? Entkamen einige Saurier dem großen Artensterben am Ende der Kreidezeit und entwickelten einen hohen Grad an Intelligenz? Oder stammt er überhaupt nicht von dieser unserer Welt? Fest steht indes, dass es sich nicht um eine Fälschung handelt – da ist nichts gestückelt, die fossilen Knochen sind zum Teil noch mit dem sie umgebenden Felsgestein verbacken. Und wie ließe sich solch ein komplexes Skelett fälschen?

Das mysteriöse Wesen dürfte eigentlich überhaupt nicht existieren, und ich bin sicher, dass es uns noch einiges Kopfzerbrechen bereiten wird!

Danksagung

Am Ende eines jeden Buches folgt in schöner Regelmäßigkeit der Anhang mit einer Reihe alles andere als unwichtiger Punkte. Jener Teil des Anhangs, der mir persönlich am wichtigsten ist, ist der hier vorliegende. Darin möchte ich all denen meinen herzlichsten Dank zukommen lassen, ohne deren Hilfe und Unterstützung dieses Buch mit an Sicherheit grenzender Wahrscheinlichkeit nicht zustande gekommen wäre.

Es lässt sich leider nicht mehr ändern, dass bereits drei meiner Freunde und Autorenkollegen, denen ich sehr viel zu verdanken habe, nicht mehr unter uns weilen. Die Rede ist von Johannes Fiebag, Peter Krassa und Ernst Meckelburg. Und es tröstet auch nicht wirklich, zu wissen, dass sie nicht von uns, sondern nur ein ganz kleines Stück Weges vorausgegangen sind – in jenes Land, für das wir alle bereits Pass und Visum in der Tasche tragen.

Manchmal ertappe ich mich bei dem Gedanken, was aus mir und meinem Leben wohl geworden wäre, hätte es nicht vor mittlerweile 50 Jahren eine Art „Initialzündung“ gegeben, deren Wirkung bis zum heutigen Tage anhält. Da war dieser Schweizer, den die meisten anfangs für verrückt hielten und .... ach, langer Rede, kurzer Sinn: Danke, merci, mille grazie Erich von Däniken! Ebenso für Rainer Holbe („mon cher Admiral“), der die Phantastischen Phänomene in aller Munde brachte.

Ein herzlicher Dank geht an all die Freunde und Kollegen, die dasselbe Terrain „beackern“: Johannes v. Buttlar, Julie Byron, Franz Bätz, Vincent Gaddis, Christian Keltermann, Walter-Jörg Langbein, Lucy Guzman de Plá, Brad Steiger sowie meine australischen Freunde, mit denen ich im Outback einen der geheimnisvollsten Orte in „Down Under“ besuchte. Und an Fredi L., meinen Freund und Spielkameraden aus frühesten Kindertagen, wo immer er sich nun befinden mag. Mit ihm teilte ich ein Erlebnis, das ich mir bis zum heutigen Tag nicht erklären kann.

Da ich alles andere als ein Experte in Sachen digitaler Medien bin (die Hemmschwelle, alles hinzuschmeißen, wenn die „Kiste" nicht so will wie ich, liegt bei mir erschreckend niedrig), bin ich unendlich dankbar für die Hilfe wie auch die unermüdliche PC-Arbeit von Andrea Benschig und Renate Dorfner. Und meinem außerordentlich engagierten Freund und Verleger, Werner Betz, dass auch dieses Buch so überaus rasch den Weg von der Idee bis zur Verwirklichung nehmen konnte.

Das Buch war eigentlich schon fertig, das Manuskript beim Verlag, da kam mit „ALF" noch eine veritable Sensation daher, die ich meinen geschätzten Lesern nicht vorenthalten wollte. Mein ganz besonderer Dank geht daher auch an Sebastian N., der mir ausführlich Rede und Antwort zu dem wirklich mehr als rätselhaften Fund stand!

Sollte ich irgendjemand vergessen haben, so bitte ich, mir dies nachzusehen. Nobody is perfect. Wen ich jedoch auf keinen Fall vergessen darf, das sind die Menschen, die meine Bücher lesen. Darum geht hier noch ein herzliches Dankeschön hinaus, in alle Welt, wo mir eine beständig wachsende Leserschar nun schon ein Vierteljahrhundert lang die Treue hält!

Hartwig Hausdorf

Quellenverzeichnis

1. Versch. Autoren: Thor Heyerdahl, auf: https://de.wikipedia.org/wiki/Thor_Heyerdahl
2. White, Paul: „Egyptian Enigma - Our History Rewritten“, in „Exposure Magazine“, Vol. 2/Nr. 6, Feb./Mar. 1996
3. Summers, David M.: „Ancient Secrets Revealed.“ A Film by CNI/Exposure TV. Noosa Heads, Queensland, Australia 1996
4. o.V.: „Braunschlange, östliche“, auf: http://goruma.de
5. Fiebag, Johannes: „Die Marienerscheinungen von Guadelupe (Mexiko, 1531)“, in: Däniken, Erich von (Hrsg.): „Neue kosmische Spuren. Sensationelle Entdeckungen der Präastronautik auf fünf Kontinenten.“ München 1992
6. Langbein, Walter-Jörg: „Bevor die Sintflut kam.“ München 1996
7. Johnston, Francis: „Das Wunder von Guadelupe.“ Stein am Rhein 1986
8. Grochtmann, Harald: „Unerklärliche Ereignisse, überprüfbare Wunder und juristische Tatsachenfeststellungen.“ Langen 1989
9. Schmidt, J.: „Collectanea Chronica und denkwürdige Sachen pro Chronica Lucernensi et Helvetiae. Band 1.“ Luzern 1969
10. Fiebag, Johannes: „Die Anderen. Begegnungen mit einer außerirdischen Intelligenz.“ München 1993
11. Carrico, James A.: „Life of the Venerable Mary of Agreda.“ San Bernardino/CA 1962

12. Keller, Werner: „Was gestern noch als Wunder galt.“ Zürich und Gütersloh 1973

13. o.V.: „Pater Pio, Biographie“, auf: http://www.padrepio.catholicwebservices.com

14. Goethe, Johann Wolfgang v.: „Dichtung und Wahrheit.“ Band 6 der 14bändigen Gesamtausgabe. Hamburg 1964

15. Kolosimo, Peter: „Schatten auf den Sternen. Der Vorstoß ins All.“ Wiesbaden 1971

16. Gossler, Marcus: „Lexikon der Grenzwissenschaften.“ Landsberg/Lech 1988

17. Schopenhauer, Arthur: „Über den Willen in der Natur.“ Leipzig 1836

18. Kammerer, Paul: „Das Gesetz der Serie.“ Wien 1919

19. Gaddis, Vincent: „Invisible Horizons.“ Philadelphia 1965

20. Chariton, W.O.: „The Great Texas Airship Mystery.“ Plano/Texas 1991

21. dtv-Lexikon in 20 Bänden. Mannheim und München 1997

22. Ballard, George A.: „British Fregates of 1875. The Inconstant and Raleigh“, in: „Mariners Mirror“, Vol. XXII, Jan. 1934

23. Colby, C.B.: „Strangely Enough.“ Sydney 1959

24. Winer, Richard: „Ghost Ships. True Stories of Nautical Nightmares, Hauntings and Desasters.“ Berkeley (CA) 2000

25. Kolosimo, Peter: „Woher wir kommen.“ Wiesbaden 1972

26. Versch. Autoren: „Unglaublich aber wahr. Erstaunliche Tatsachen und merkwürdige Begebenheiten aus aller Welt.“ Stuttgart, Zürich und Wien, o.J.

27. o.V.: „Die Rätsel von Raum und Zeit. Ungeklärte Fragen zwischen Himmel und Erde." Gütersloh 1987

28. Bätz, Franz: „Geheime Kräfte." Gnas (Osterreich) 2000

29. Govinda, Lama A.: „Der Weg der weißen Wolken." München 1988

30. Harrer, Heinrich: „Wiedersehen mit Tibet." Frankfurt/Main und Berlin 1988

31. David-Néel, Alexandra: „With Mystics and Magicians in Tibet." London 1936

32. Spießberger, Karl: „Der Tschöd-Lama aus Graz und seine Initiation im „Kloster zum Schwarzen Khan", in: „esotera", Nr. 1-3/1971

33. Eliade, Mircea: „Schamanismus und archaische Ekstasetechnik." Zürich 1975

34. Kolosimo, Peter: „Sie kamen von einem anderen Stern. Frühkulturen aus dem Weltall." Wiesbaden 1969

35. Lindbergh, Charles A.: „The Spirit of St. Louis." New York 1953

36. Byron, Julie: „Amazing Psychic Experiences of the Famous." Lutterworth/England 1993

37. Berlitz, Charles: „Spurlos. Neues aus dem Bermuda-Dreieck." Hamburg und Wien 1977

38. o.V.: „Wahrzeichen deutscher Forschungsflüge in der Antarktis", in: „Meyers Schweizer Frauen- und Modeblatt" Nr. 1 vom 9. Januar 1959. Zürich 1959

39. Bickel, August: „Jahrtausende steigen ans Licht. Das große Abenteuer der Archäologie." Nürnberg 1962

40. Däniken, Erich von: „Zurück zu den Sternen. Argumente für das Unmögliche.“ Düsseldorf 1969

41. Hausdorf, Hartwig: „Eine vergessene Sensation. Die Felsbilder im Tassili-Gebirge“, in: „UFO-Nachrichten“, Nr. 6, November-Dezember 2018

42. Hausdorf, Hartwig: „The Chinese Roswell.“ Boca Raton (Florida) 1998

43. Smarsch, Karl H.: Persönliche Korrespondenz mit dem Autor vom 28. Juli 2004

44. Diercke, C. und Dehmel, R.: „Diercke Weltatlas.“ Braunschweig 1966

45. Kolosimo, Peter: „Viel Dinge zwischen Himmel und Erde.“ Wiesbaden 1970

46. Fawcett, Percy H.: „Geheimnisse im brasilianischen Urwald.“ Zürich 1953

47. Homet, Marcel F.: „Die Söhne der Sonne. Auf den Spuren vorzeitlicher Kultur in Amazonas.“ Olten (Schweiz) und Freiburg i.Br. 1958

48. Hausdorf, Hartwig: „Die Rückkehr der Drachen. Den letzten lebenden Dinosauriern auf der Spur.“ München 2003

49. o.V.: „Brasiliens neuer Präsident legt Axt an den Regenwald“, dpa-Meldung in: „Passauer Neue Presse“ vom 3. Januar 2019

50. Bord, Janet und Colin: „Unheimliche Phänomene des 20. Jahrhunderts.“ Rastatt/Baden 1990

51. Steiner, Rudolf: „Aus der Akasha-Chronik.“ Dornach 1990

52. Steiner, Rudolf: „Aus der Akasha-Forschung. Das fünfte Evangelium.“ Dornach 1991

53. Hynek, J. Allen: „UFO-Begegnungen der ersten, zweiten und dritten Art.“ München 1979

54. „North American Newspaper Alliance“ vom 7. Juli 1952, zitiert in: Leslie, Desmond und Adamski, George: „Flying Saucers Have Landed.“ London 1953

55. Edwards, Frank: „Flying Saucers - Serious Business.“ New York 1966

56. Braunburg, Rudolf: „Geheimnisvolle Stimmen“, in: Holbe, Rainer (Hrsg.): „Unglaubliche Geschichten.“ München 1985

57. Abel, Günter: „Die Hexe“, in: Holbe, Rainer (Hrsg.): „Unglaubliche Geschichten.“ München 1985

58. Kammerhofer-Assermann, Ulrike (Hrsg.): „Sagenhafter Untersberg.“ Salzburg 1991/92

59. Lex, Hjalmar von: Persönliches Schreiben an Peter Krassa vom 23. Juli 1992

60. Krassa, Peter und Habeck, Reinhard: Die Palmblatt-Bibliothek und andere geheimnisvolle Schauplätze dieser Welt.“ München 1993

61. Dopatka, Ulrich: „Lexikon der Präastronautik.“ Düsseldorf 1979

62. o.V.: „US-Astronomen entdeckten zehnten Planeten unseres Sonnensystems“, in: „Passauer Neue Presse“ vom 28. Oktober 2005

63. Hausdorf, Hartwig: „Ungelöste Rätsel der letzten 5000 Jahre. Von antiken Sternencomputern bis zum Wettlauf ins All.“ Marktoberdorf 2013

64. Meckelburg, Ernst: „Zeittunnel. Reisen an den Rand der Ewigkeit.“ München 1991

65. Bannister, Paul: „Strange Happenings.“ New York 1978

66. Shuman, James B.: „Schneemenschen in den Rocky Mountains?“ in: „Das Beste aus Reader's Digest“, August 1969

67. Smith, J.L.B.: „Old Fourlegs. The Story of the Coelacanth.“ London 1956

68. Gerlach, Richard: „Lebende Urfische“, in: „ORION“ Nr. 18, September 1949

69. Robelli, Enver: „Die Zehn-Kilometer-Lüge“, in: „Süddeutsche Zeitung“ vom 14. Januar 2009

70. Keltermann, Christian: „Rätselhafte Kräfte.“ Im Eigenverlag, o.A.

71. o.V.: „Das UFO-Fieber hat die Chilenen erfasst“, in: „Passauer Neue Presse“ vom 24. Mai 1977

72. Fiebag, Johannes: „Von Aliens entführt. Die 25 spektakulärsten Fälle seit Roswell.“ Düsseldorf und München 1997

73. Hausdorf, Hartwig: „Begegnungen mit dem Unfassbaren. Reiseführer zu phantastischen Phänomenen.“ München 2008

74. Hausdorf, Hartwig: „Das unheimliche Erlebnis des Korporal Valdes: Neue Fakten zu einem 'alten' Entführungsfall“, in: „UFO-Kurier“, Nr. 5/1996

75. Versch. Autoren: „Phänomene. Die Welt des Unerklärlichen.“ Erlangen 1993

76. Manies, Keith: „Honest Injun. Government Worker stampeded by 1840's Era Indian Brave, Buffalo Herd“, auf: http://www.forteantimes.com/happened/indiantime.shtml

77. Hausdorf, Hartwig: „Rückkehr aus dem Jenseits. Das phantastische Phänomen der Wiedergeburt. Wie wir unseren Tod überleben.“ Marktoberdorf 2007

78. Kuby, Clemens: „Living Buddha." München 1994
79. Hopkins, Budd: „Witnessed. The True Story of the Brooklyn Bridge Abductions." New York 1996
80. Plá, Lucy Guzman de: „Chupacabras in Puerto Rico." Private Zusammenstellung der Fakten für den Autor vom 10. August 1997
81. Plá, Lucy Guzman de und Rodriguez, José Manuel: Interview mit Madelyne Tolentino und José Miguel Agosto vom 20. März 1996
82. Meckelburg, Ernst: „Jenseits der Ewigkeit. Wie man die Zeit manipuliert. Selbstversuche und Erfahrungen." München 2000
83. Hausdorf, Hartwig: „Animal PSI. Die geheimnisvollen Fähigkeiten unserer Mitgeschöpfe." Peiting 2007
84. Persönlicher Bericht des Reiseführers Peter K. während meines Aufenthaltes in Guatemala vom 15. bis 18. Oktober 2005
85. Steiger, Brad: „Bumps on the Time Track", in: „FATE Magazine", Ausgabe Dezember 2004
86. Hausdorf, Hartwig: „Nicht von dieser Welt. Dinge, die es nicht geben dürfte." München 2008
87. Persönliches Gespräch des Autors mit dem Entdecker und Präparator am 9. Juni und am 7. Juli 2019
88. Däniken, Erich von: „Neue Erkenntnisse. Beweise für einen Besuch von Außerirdischen in vorgeschichtlichen Zeiten." Rottenburg 2018
89. Hausdorf, Hartwig: „Götterbotschaft in den Genen. Wie wir wurden, wer wir sind." München 2012

Bildquellen

Archiv Autor: Abbildungen 2, 5, 8, 9, 10, 11, 12, 13, 14, 15, 16, 17

Gabriele Mühlthaler: Abbildung 6

Pixabay: Abbildungen 1, 3, 4, 7

Literatur zu den Rätseln der Geschichte dieser Welt und weiteren faszinierenden Themen finden Sie im Verlagsprogramm des Ancient Mail Verlags:

Hartwig Hausdorf

Götterkriege

Dramatische Eingriffe einer überlegenen Intelligenz

ISBN 978-3-95652-230-7, Din A5, Hardcover, 240 Seiten, 21 s/w-Abbildungen, **€ 19,80**

Vor langer Zeit bekriegten sich fremde, aus den Tiefen des Alls gekommene Intelligenzen auf unserem Planeten, beobachtet von unseren frühen Vorfahren, die sie für Götter hielten. Als dann die Zeiten furchbarer Götterschlachten vorüber waren, begannen die Menschen, sich gegenseitig zu bekämpfen. Kriege, an denen die Geschichte der Menschheit so reich ist, dauern bis in unsere Tage fort, ebenso die Eingriffe geheimnisvoller, unbekannter Fremder, die sich mehr oder weniger offen in das Kampfgeschehen einmischten und dies noch immer tun, mit zum Teil spektakulären Auswirkungen ...

Hartwig Hausdorf

Steinzeit-Medizin

Unglaubliche Operationen in der Vorzeit

ISBN 978-3-95652-258-1, Din A5,
Hardcover, 216 Seiten,
32 s/w-Abbildungen, **€ 19,80**

Wir sind stolz auf unseren heutigen medizinischen Fortschritt. Doch es gibt unzählige Zeugnisse einer vorzeitlichen Heilkunst, die den Vergleich mit unserer Zeit nicht zu scheuen braucht. Da gab es „Rituale" im alten Ägypten, die sich als Anwendungen moderner Notfallmedizin erwiesen. Ähnliches beherrschten auch die Ureinwohner der Kanarischen Inseln. An steinzeitlichen Schädeln findet man Bohrungen, wie sie heute zum Einsetzen von Elektroden für Gehirnschrittmacher gebräuchlich sind, und bei einigen Exemplaren findet man sogar die Spuren perfekt eingeheilter Transplantate. Woher aber stammt dieses revolutionäre Wissen, das schon in grauer Vorzeit Anwendung fand?

Remo Kelm/Daniela Mattes

Mystische Welt

Von Jenseitskontakten und Todeswäldern

ISBN 978-3-95652-215-4, Din A5, Paperback, 184 Seiten, 87 größtenteils farbige Abbildungen,**€ 17,80**

Der Mensch fürchtet das am meisten, was er nicht erklären kann. Ein Satz mit zeitloser Gültigkeit. Doch leider sind es auch gerade diese Sachen, die auf uns die größte Faszination ausüben. Wir lieben Mysterien und sind von Ihnen fasziniert. Viele vermeintlich unerklärliche Phänomene lassen sich nach eingehender Prüfung schlüssig und sachlich mit ganz weltlichen Begründungen aufklären. Andere wiederum stellen sich im Laufe der Zeit als Fälschungen heraus.

Und dann gibt es noch jene Fälle, für die man erst nach Jahren, Jahrhunderten oder auch nie eine einigermaßen plausible Erklärung findet. Und gerade diese Fälle sind es, die uns am meisten faszinieren und beschäftigen und bei denen wir darauf erpicht sind, mehr zu erfahren, um endlich dem Geheimnis auf den Grund zu gehen.

In diesem Buch stellen wir Ihnen einige dieser unerklärlichen Fälle vor, die zum Teil noch offen und zum Teil recht unbefriedigend gelöst sind. Vielfach stellt man sich auch dann noch die Frage „Wie?" und „Warum?" Begleiten Sie uns in diesem Buch zu mysteriösen Orten und in fremde Welten. Betrachten Sie mit uns historische Mordfälle und blicken Sie in psychologische Abgründe. Lösen Sie literarische Rätsel, folgen Sie den Fährten spurlos Verschwundener und staunen Sie über seltsame Wesen.

Roland Roth

Die fremde Dimension

Begegnungen mit dem Unfassbaren und anderen Realitäten

ISBN 978-3-95652-116-4, Din A5, Pb, 223 Seiten, 40 zum Teil farbige Abb., **€ 17,80**

Die Welt des Rätselhaften besteht nicht nur aus Nessie, Big Foot und Co.

Sind Zeitrisse, Dimensionssprünge und merkwürdige Begegnungen real? Sind die unheimlichen Erlebnisse, die manche von uns schon einmal erlebt haben, Belege für die Interaktion von verschiedenen Universen? Sind lebende Tote nur eine Erfindung aus Hollywood? Können Menschen in anderen Dimensionen verloren gehen? Sind seltsame Wesen gar vielleicht aus fremden Welten in unsere Realität gelangt? Haben die zahlreichen Rätsel und Mysterien möglicherweise sogar alle einen gemeinsamen Kern?

Dieses Buch nimmt Sie mit auf einen ausgewählten Streifzug durch diese Welt der Mysterien. Lesen Sie von einem rätselhaften Österreich, vom grausigen Lindwurm, von seltsamen Botschaften und einer phantastischen Vergangenheit. Kommen Sie mit auf eine Spurensuche über kosmische Rätsel und unseren Ursprung, über bizarre Lebensformen in unbekannten Tiefen und fremden Welten. Folgen Sie dem Autor zu einer Achterbahnfahrt der Mysterien und riskieren Sie einen facettenreichen Blick in die phantastische Welt der Realität.

Werner Betz/Udo Vits/Sonja Ampssler

Riss in der Matrix

Begegnung mit einer anderen Dimension

ISBN 978-3-95652-272-7, Din A5, Paperback, 220 Seiten, 39 Farb-Abbildungen sowie die kompletten Scans der original Aufzeichnungen von Jean de Rignies, **€ 19,50**

Jean de Rignies, ein Mann mit einer ungewöhnlichen Lebensgeschichte, hat uns ein ganz besonderes Vermächtnis hinterlassen. Es besteht aus einem Heft mit handschriftlichen Aufzeichnungen, die ihm ein außerirdischer UFO-Kommandant namens Lilor, dem er auf seinen Wanderungen in den französischen Pyrenäen immer wieder begegnet ist, diktiert hat. Das Besondere an diesen Aufzeichnungen ist, dass es sich zu großen Teilen um mathematische und physikalische Formeln und Erläuterungen handelt, die Jean zu diesem Zeitpunkt gar nicht kennen konnte. Aus den Texten geht hervor, dass ihm Lilor Fehler in Einsteins Theorien und andere Denkfehler der „irdischen" Wissenschaftler erklärt hat. Gehen diese vielleicht sogar über unser heutiges Wissen hinaus und können wir aus ihnen etwas erfahren, was wir noch nicht wissen?

In diesem Buch ist der gesamte Text erstmals im Original mit deutscher Übersetzung veröffentlicht und kann somit überprüft werden. Sollte sich herausstellen, dass nur ein Teil des Inhalts zutrifft und wissenschaftlich bestätigt werden kann, so müssen wir uns fragen, woher die Informationen kommen. Dann können wir nicht mehr ausschließen, dass sie uns tatsächlich von einer außerirdischen, intelligenten Spezies übermittelt wurden.

Hat uns Jean de Rignies mit seinen Aufzeichnungen den Beweis für deren Existenz hinterlassen?